十八大以来

国务院发展研究中心优秀成果选粹

打造升级版
深化供给侧结构性改革

A Step Forward

Deepen Supply-Side Structural Reform in China

王一鸣　陈昌盛 等　著

图书在版编目（CIP）数据

打造升级版：深化供给侧结构性改革/王一鸣等著
.—北京：中国发展出版社，2022.9
ISBN 978－7－5177－1247－3

Ⅰ.①打… Ⅱ.①王… Ⅲ.①中国经济—经济改革—研究 Ⅳ.①F12

中国版本图书馆 CIP 数据核字（2021）第 277759 号

书　　　名：打造升级版：深化供给侧结构性改革
著作责任者：王一鸣　陈昌盛　等
责 任 编 辑：葛　伟　梁婧怡
出 版 发 行：中国发展出版社
联 系 地 址：北京经济技术开发区荣华中路 22 号亦城财富中心 1 号楼 8 层（100176）
标 准 书 号：ISBN 978－7－5177－1247－3
经　销　者：各地新华书店
印　刷　者：河北鑫兆源印刷有限公司
开　　　本：710mm×1000mm　1/16
印　　　张：17.75
字　　　数：266 千字
版　　　次：2022 年 9 月第 1 版
印　　　次：2022 年 9 月第 1 次印刷
定　　　价：78.00 元

联 系 电 话：（010）68990535　82097226
购 书 热 线：（010）68990682　68990686
网 络 订 购：http：//zgfzcbs.tmall.com
网 购 电 话：（010）68990639　88333349
本 社 网 址：http：//www.develpress.com
电 子 邮 件：271799043@qq.com

出版说明

Publisher's Note

中国发展出版社成立30多年来，出版了大批智库类图书，涵盖经济、管理、文化、社会、民生等多个领域，受到广大读者的欢迎。为回馈读者，集中展示智库成果，强化智库型出版社品牌，我社隆重推出“高端智库策论选粹”系列丛书，计划分批分类将政府智库、民间智库、国外智库等各类重要研究成果结集出版。此次“十八大以来国务院发展研究中心优秀成果选粹”丛书作为首批系列丛书重点推出。

“十八大以来国务院发展研究中心优秀成果选粹”丛书是国家高端智库——国务院发展研究中心十八大以来的优秀研究成果，包括年度重大重点课题以及中国发展研究奖获奖课题等，共18种，内容涵盖宏观经济、改革开放、产业转型、区域发展、社会治理、绿色生态、创新共享等我国经济社会发展的热点难点问题。这些成果社会影响较大、学术价值较高，当年出版后广受读者欢迎。此次，我们将这些在今天仍具有较强理论价值和实践意义的研究成果结集再版，以新的面貌再次推出。

关于本套丛书的具体修订工作，特作以下几点说明：

1. 为了突出丛书的整体性，提升图书品质，我们统一设计了封面和版式。

2. 除对原书的疏漏之处进行修正，未对书稿内容进行大幅改动，尽可能保持原汁原味，以便读者系统掌握我国经济社会的热点难点问题的变化趋势，厘清政策的演进脉络，加深对现实的了解和把握。

3. 原书中作者信息特别是课题组成员的职务信息，如今已多有变化，但出于保持时代特点的考虑，此次再版修订未对作者信息进行更新。

本次再版，我们本着对读者负责和精益求精的态度，对系列丛书进行了修订和完善，但由于水平所限，书中难免有疏漏之处，敬请读者批评指正。

中国发展出版社
2022 年 8 月

深化供给侧结构性改革推动高质量发展

（代序）

2018 年底召开的中央经济工作会议明确指出，我国经济运行主要矛盾仍然是供给侧结构性的，必须坚持以供给侧结构性改革为主线不动摇，更多采取改革的办法，更多运用市场化、法治化手段，在“巩固、增强、提升、畅通”八个字上下功夫。这是在我国发展的外部环境深刻变化、国内发展面临近年来少有的复杂局面的背景下，中央对深化供给侧结构性改革作出的新的战略部署。深化供给侧结构性改革，核心内涵在“巩固、增强、提升、畅通”，关键在坚定不移深化改革，进而为经济高质量发展开辟新途径。

一、坚持以供给侧结构性改革为主线

2018 年自第二季度特别是下半年以来，我国经济运行“稳中有变”。“变”主要表现在，外部环境发生明显变化，特别是美国单方面挑起经贸摩擦，对我国企业生产经营和市场预期造成多方面不利影响；国内结构调整和去杠杆的阵痛效应显现，基础设施投资大幅回落，消费增速降至两位数以下，内需增长放缓，融资难、融资贵问题再现，民营企业和小微企业困难增多。内外压力交互作用使市场预期走弱，企业避险情绪上升，资本市场出现较大波动。这些变化，使我国经济面临近年来少有的复杂局面。

2019 年我国经济仍将面临多方面挑战。从国际看，全球经济增速可能“见顶回调”，美国经济强劲增势有可能减弱，欧元区、日本经济复苏势头放缓；发达国家货币政策转向和利率水平上升，有可能引发全球特别是新兴经济体金融市场振荡；国际经贸规则加快重构，贸易保护主义引发的全球供应链调整，以及部分地区地缘政治动荡，也增大了外部环境不确定性。从国内看，居民消费有可能继续稳中趋缓，投资增长动力不足，出口增速受到全球经济放缓和2018年高基数的影响将有所回调，企业生产经营面临困难增多，防范风险的压力增大。

面对内外经济形势的复杂变化，是从需求侧发力，还是坚持供给侧结构性改革为主线？这是两种不同的选择。从当前我国经济运行面临的矛盾和问题看，既有需求侧的也有供给侧的，既有周期性的也有结构性的，既有短期的也有长期的，但主要矛盾仍然是供给侧结构性的，强化需求侧刺激，短期可能起作用，但难以解决深层次结构性问题，一段时间后，产能过剩、库存高企、杠杆率攀升等问题有可能再现，过去几年供给侧结构性改革取得的成果可能会得而复失。因此，不能因为经济下行压力加大，就放弃供给侧结构性改革，必须抓住主要矛盾，在稳定总需求的情况下，坚持以供给侧结构性改革为主线不动摇。

二、打造供给侧结构性改革升级版

2015年以来，供给侧结构性改革以推进“三去一降一补”为重点展开，取得明显进展。从去产能看，钢铁、煤炭供大于求、产能过剩问题得到缓解，供求关系明显改善，工业品价格回暖，企业盈利能力和资产负债表改善。从去库存看，一、二线城市库存大幅下降，三、四线城市库存扩张放缓。从去杠杆看，宏观杠杆率逐步趋稳，企业部门杠杆率有所下降，地方政府隐性债务扩张态势得到遏制。从降成本看，陆续出台减税降费和降低电价、物流成本等措施，企业生产经营成本有所降低，特别是推进放管服改革，进一步降低了市场主体的制度性交易成本。从补短板看，各级政府对农业农村、水利、脱贫攻坚、生态环保等投入都明显加大。实践证明，将供给侧结构性改革确立为经济工作的主线，是对我国经济发展思路和工作着力点的重大调整，对调整经济结构、实现供需动态平衡起到了重要作用。从2015年以来全要素生产率止跌回升的态势看，供给侧改革对提高资源配置效率和经济发展质量也发挥了积极作用。

与此同时，随着国内外环境的深刻复杂变化，加之受到体制机制的制约，供给侧结构性改革也面临诸多新挑战。例如，在去产能方面，上游煤炭、钢铁淘汰了一大批落后产能，但部分落后产能没有出清，特别是“僵尸企业”出清仍面临债务处置、人员安置等约束，而随着上游产品价格回升，下游加工制造企业原材料成本上升，加之市场需求变化，经营面临更多困难。在去库存方面，过去一个时期降低按揭贷款利率和推进棚改货币化安置，化解了部分房地产库存，但同时提升了居民部门的杠杆率，对消费增长形成了“挤出效应”。在去杠杆方面，短期内集中出台各项举措形成的政策叠加效应，一度对金融市场形成较大冲击。在降成本方面，减税降费采取了很多措施，特别是营改增实现全覆盖，但市场主体感觉还不明显。在补短板方面，农业、基础设施、环保等投入增加，但关键核心技术“卡脖子”的问题凸显，成为最紧要最事关全局的“短板”领域。

这些矛盾和问题背后都有着深刻的体制性因素。例如，去产能中“僵尸企业”退不出来，就是因为市场化的出清机制不健全。去库存中形成的新一轮房地产价格攀升，背后也有城乡土地双轨制问题。过去一个时期杠杆率快速攀升的一个重要因素就是利率还没有完全市场化，致使商业银行表外业务、非标业务快速膨胀。企业成本高企，有税费的因素，但更主要的是体制性因素，包括准入限制、不公平竞争等。“短板”领域中关键核心技术“卡脖子”问题，也有科技成果市场化激励机制不健全的因素。总体上看，主要是要素市场化改革相对滞后。可以说，我国商品和服务已基本实现市场化，但要素市场化还没有完全解决。解决这些问题，根本出路在于推进深度市场化改革。

2018 年底召开的中央经济工作会议强调，深化供给侧结构性改革要“在‘巩固、增强、提升、畅通’八个字上下功夫”，“更多采取改革的办法，更多运用市场化、法治化手段”，明确了深化供给侧结构性改革的方向。

“巩固”，就是要巩固“三去一降一补”成果，重点是加大处置“僵尸企业”力度，强化市场功能，加快市场出清，停止向“僵尸企业”输血，妥善处置债务、人员安置等问题。这样做，有利于进一步降低杠杆率，提高资源配置效率。

“增强”，就是要增强微观主体活力，充分发挥市场主体作用，减少政府行政性干预。从根本上说，就是要激发企业家的主观能动性，让企业家创新源泉充分涌流，创造活力充分迸发。

“提升”，就是要提升产业链水平，通过外部倒逼和市场竞争，推动科技创新和体制创新，建立科技成果市场化激励机制，释放科技人员创新潜力，加快解决关键核心技术“卡脖子”问题，培育产业竞争新优势。

“畅通”，就是要畅通国民经济循环，通过要素市场化配置改革和加快建设统一开放、竞争有序的现代市场体系，破除要素自由流动的障碍，疏通供给和需求、金融和实体经济的传导机制，形成国内市场和生产主体、经济增长和就业扩大、金融和实体经济良性循环。

这八个字，强调的是发挥市场配置资源的决定性作用，强调的是激发市场主体活力，强调的是生产要素市场化改革，强调的是营造公平竞争环境。从根本上说，就是要进一步推进深度市场化，大幅减少政府对资源的直接配置，凡是市场能自主调节的就让市场来调节，凡是企业能干的就让企业去干，让市场机制在更大范围、更深层次上发挥作用。

三、深化供给侧结构性改革根本在改革

深化供给侧结构性改革，出发点和落脚点都是改革。要坚持向改革要动力，强化竞争政策的基础性地位，进一步完善产权制度，深化土地、技术等要素市场化配置改革，加快推进国资国企、财税金融、市场准入等领域改革，为推动经济高质量发展创造条件。

强化竞争政策的基础性地位。竞争是市场经济的本质要求。强化竞争政策基础性地位，完善公平竞争的市场环境，是深化供给侧结构性改革的重要基础条件。当前，最迫切的是要确立“竞争中性”原则，在要素获

取、准入许可、经营运营、政府采购和招投标等方面，对各类所有制企业平等对待。加快建立公平竞争审查制度，加强对政策法规的公平竞争审查，除了符合“例外规定”的领域，都要以遵循竞争政策为基本原则。同时，通过立法明确竞争政策在经济政策体系中的基础地位。

进一步完善产权制度。产权制度是市场经济的基础性制度。要健全以公平为核心的产权制度，形成促进各种所有制经济依法平等使用生产要素、公开公平公正地参与市场竞争、同等受到法律保护的制度环境。提高民营企业使用土地、资金等生产要素的机会和可得性，在市场准入上为非公有制经济扫清障碍、降低门槛，在法律保护的制度上对民营企业一视同仁。营造法治化制度环境，保护民营企业家人身安全和财产安全，增强民营企业信心和投资热情。

深化土地制度改革。土地是最重要的生产要素。深化土地制度改革，提高资源配置效率，是深化供给侧结构性改革的重要途径。要深化集体经营性建设用地入市改革，建设城乡统一的建设用地市场，允许农村集体经营性建设用地在符合用途管制和规划的前提下出让、租赁、入股，实行与国有土地同等入市、同价同权。探索宅基地所有权、资格权、使用权“三权分置”改革，落实宅基地集体所有权，保障宅基地农户资格权和农民房屋财产权，适度放活宅基地和农民房屋使用权、交易权，重点结合发展乡村旅游、返乡下乡人员创新创业等先行先试，盘活利用农村闲置农房和宅基地，促进城乡要素双向流动。

探索科技成果市场化激励机制。创新是发展的第一动力。近年来，我国科技创新取得重大进展，已成为具有重要影响力的科技大国。但也要看到，关键核心技术受制于人的局面尚未得到根本性改变，科技成果转化能力不强，科技人员创新潜力没有充分释放。这些问题根源在体制机制，核心是科技成果激励机制不健全，根本是产权激励机制不到位。要探索赋予科研人员科技成果所有权，推进科技成果初始权益分配改革，在科研项目立项之前或立项之初，由科研团队与单位之间签订协议，明确知识产权处置办法和科技成果分配比例，让科研项目研究与研发人员收益直接挂钩，激发科技人员积极性，提高科技供给质量和效率。

加快推进国资国企改革。坚持政企分开、政资分开和公平竞争原则，改革国有资本授权经营机制，推进国有资产投资、运营公司改革试点，加快实现从管企业向管资本转变。深化国有企业改革，完善公司治理结构，健全市场化经营机制，加快建立职业经理人等制度。积极稳妥推进混合所有制改革，扩大重点领域混合所有制改革试点范围，加快一般竞争性领域混合所有制改革步伐。

深化财税金融改革。推进中央与地方财政事权和支出责任划分改革，健全地方税体系，规范地方政府举债融资机制。以金融体系结构调整优化为重点深化金融体制改革，发展民营银行和社区银行，推动城商行、农商行、农信社业务逐步回归本源。促进多层次资本市场稳步发展，提高直接融资特别是股权融资比重，完善交易制度，增强资本市场活力。

进一步放宽市场准入。放宽石油、天然气、电力、电信、铁路、金融、医疗、教育、文化、体育等基础产业和服务业领域市场准入，鼓励社会资本投入重点项目，鼓励社会资本发起设立股权投资基金，鼓励投资项目引入非国有资本参股。进一步缩减市场准入负面清单，推动“非禁即入”普遍落实。

深化供给侧结构性改革要充分调动各方面积极性。在做好顶层设计的同时，要给地方和基层更多的探索空间，鼓励地方根据当地实际进行各具特色、富有成效的探索，鼓励基层干部积极主动作为，激发各方面的积极性、主动性、创造性，形成强大合力，推动供给侧结构性改革不断深化。

王一鸣
国务院发展研究中心副主任、研究员

前言 Preface

国务院发展研究中心是直属国务院的政策研究和咨询机构，主要职能是研究国民经济社会发展和改革开放中的全局性、战略性、前瞻性、长期性以及热点、难点问题，开展对重大政策的独立评估和客观解读，为党中央、国务院提供政策建议和咨询意见。

跟踪分析宏观经济形势，研究提出宏观走势判断、调控思路和政策建议，是国务院发展研究中心的一项重要职能。为了加强与同行和学界的交流，并为政策制定部门提供参考，继 2016 年出版《重构新平衡：宏观经济形势展望与供给侧结构性改革》、2017 年出版《聚力供给侧：宏观经济形势展望与深化供给侧结构性改革》、2018 年出版《高质量发展：宏观经济形势展望与打好三大攻坚战》后，今年我们又结集出版《打造升级版：深化供给侧结构性改革》一书。书中选录了国务院发展研究中心宏观形势分析小组 2018 年完成的部分研究报告和文章，它们大多数是第一次公开发表。

2018 年 12 月，中央经济工作会议强调，我国经济运行主要矛盾仍然是结构性的，矛盾的主要方面在供给侧，必须坚持以供给侧结构性改革为主线不动摇，更多采取改革的办法，更多运用市场化、法治化手段，在“巩固、增强、提升、畅通”八个字上下功夫。这八字方针，是当前和今后一个时期深化供给侧结构性改革，推动高质量发展总的要求。基于此，我们将全书分为四个部分，第一部分突出“巩固”，重点围绕如何进一步巩固去产能成果，加快房地产去库存、结构性去杠杆，以及提升减税降费效果和补短板、降低物流成本，加强有效投资展开。第二部分突出“增强”，着力从如何强化竞争政策的基础性作用、推动价格机制和要素市场改革、优化政府支出结构以及提升环境执法效力进行论述并提出政策建议。第三部分突出“提升”，主要就构建协同发展的产业体系、提升产业链水平和安全、深化农业供给侧改革三个层面开展深入研究。第四部分突出“畅通”，聚焦于如何构建统一开放、竞争有序的现代市场体系，实现高质量消费，培育区域经济增长和创新极，进一步优化货币政策传导机制以及就业政策五个方面，对下一步推动形成国内市场和生产主体、经济增长和就业扩大、金融和实体经济良性循环局面提出政策建议。

本书的出版得到了国务院发展研究中心领导和各研究部所的大力支持，李伟主任、马建堂书记对多份报告提出了指导意见，王安顺、张军扩、张来明、隆国强、余斌等领导对有关报告提出了修改意见。发展部、农村部、产业部、社会部、外经部、市场所、企业所、金融所、资环所、中国发展研究基金会等兄弟部门提供了不可或缺的帮助。本书的顺利出版，也离不开中国发展出版社的支持和编辑的辛勤工作，在此一并表示衷心感谢。

唯实求真，守正出新。我们力求恪守专业精神，对宏观经济和主要领域的阶段性、趋势性变化给出客观分析和判断，提出对策建议。但受理论水平、经验积累和不确定因素的影响，有的观点判断难免有不当之处，还望各位专家学者和广大读者批评指正。

国务院发展研究中心
宏观形势分析小组
2019 年 3 月

目录 Contents

第十二章

第三部分 “提升”：提升产业链水平

第十三章

第十四章

第十五章

第四部分 “畅通”：畅通国民经济循环

第十六章

第十七章

第十八章

第十九章

第一章

打造供给侧结构性改革升级版①

供给侧结构性改革已取得阶段性成效，低端无效产能有所削减，房地产库存明显化解，宏观杠杆率逐步趋稳，企业经营成本有所下降，补短板取得积极进展。然而，随着外部环境趋紧和经济运行稳中有变，微观活力不足、供给体系质量偏低、体制机制约束等问题突显，对供给侧结构性改革提出了新要求。为巩固供给侧结构性改革的成果，更好地适应宏观环境变化，瞄准当前的主要矛盾和突出问题，充分激发微观主体活力，应认真贯彻落实“巩固、增强、提升、畅通”八字方针，做好巩固“三去一降一补”成果、增强微观主体活力、提升产业链水平、畅通国民经济循环等方面的重点工作，打造供改升级版。

一、供给侧结构性改革取得的阶段性成效

2015 年 11 月 10 日，习近平总书记在主持召开中央财经领导小组第十一次会议时，提出在适度扩大总需求的同时，着力加强供给侧结构性改革，从此拉开了供给侧结构性改革的序幕。2016 年 1 月 26 日，习近平总书记在主持召开中央财经领导小组第十二次会议时，提出去产能、去库

① “供给侧结构性改革升级版”在下文简称为“供改升级版”。

存、去杠杆、降成本、补短板，从生产领域加强优质供给，减少无效供给，扩大有效供给，提高供给结构适应性和灵活性，指明了供给侧结构性改革的阶段性重点。过去三年，供给侧结构性改革正是围绕“三去一降一补”展开，至今供给侧结构性改革已取得阶段性成果。

一是低端无效产能有所削减。2015 年，我国粗钢产能近 12 亿吨，实际产量仅有 8 亿吨，产能利用率约 67%，自 2012 年偏离 80% 左右的合理水平后，降至新的低点；煤炭产能达 57 亿吨，实际产量为 37 亿吨，产能过剩 20 亿吨，产能利用率约 65%，比钢铁产能利用率更低。面对产能严重过剩问题，我国全面清理淘汰落后产能，切实解决产能过剩问题。2016 年，退出钢铁产能超过 6500 万吨、煤炭产能超过 2.9 亿吨；2017 年，超额完成压减钢铁产能 5000 万吨左右，退出煤炭产能 1.5 亿吨以上，淘汰、停建、缓建煤电产能 5000 万千瓦以上的年度目标任务；2018 年，压减钢铁产能 3000 万吨左右，退出煤炭产能 1.5 亿吨左右，淘汰关停不达标的 30 万千瓦以下煤电机组等目标也如期实现。经过三年扎实推进去产能工作，相关行业产能利用率明显好转，产品价格回升，企业盈利能力得以恢复。2018 年，工业产能利用率为 76.5%，保持近期较高水平；规模以上工业企业利润率上升至 6.5%，创历史新高。

二是房地产库存明显化解。2015 年末，商品房待售面积达 7.2 亿平方米，2016 年 2 月份进一步上升到 7.4 亿平方米，达到历史峰值，尤其是三、四线城市库存压力很大。针对房地产库存高企的现象，通过住房金融、棚改货币化、户籍制度、财政补贴等政策，多措并举，实现了房地产库存持续下降。2018 年底，商品房待售面积下降至 5.2 亿平方米。其中，住宅 2.5 亿平方米，较 2015 年底减少 2 亿平方米；商业营业用房降至 1.4 亿平方米以下，较 2017 年初峰值减少 2300 万平方米。

三是宏观杠杆率逐步趋稳。2008 年全球金融危机后，我国杠杆率呈现较快上升势头。根据国际清算银行测算，我国宏观杠杆率从 2008 年底的 138.1% 升高至 2015 年底的 231.1%，年均提高 13.3 个百分点，而且是在我国经济较快增长时期，债务余额增速已远超经济增速，积累了大量风险隐患。经过深入推进去杠杆，我国宏观杠杆率快速增长的势头初步得到遏制，杠杆率年均增速降至个位数。国际清算银行最新数据显示，2018 年 6 月，我国宏观杠杆率为 253%，较上一季度略降 0.3 个百分点。从债务结构看，非金融企业部门去杠杆成效较为明显，特别是近期杠杆率有所下降。同时，增长较快的居民部门杠杆率增速也有所放缓。

四是企业经营成本有所下降。2015 年，工业企业每百元主营业务收入中的成本一度超过 86 元，企业盈利水平下降。近年来，着眼促进企业降成本，全面推开营改增以及小微企业税收优惠政策大幅降低企业税收负担，压减政府性基金项目 30% 以上，削减中央政府层面设立的涉企收费项目 60% 以上，阶段性降低“五险一金”缴费比例，下调用电价格，降低用能、物流、电信等成本，多措并举推动降低企业成本。2018 年底，工业企业每百元主营业务收入中的成本为 83.9 元，较 2015 年底下降 1.8 元，主营业务收入利润率则提高至 6.5%，处于历史较高水平。

五是补短板取得积极进展。加大关键领域和薄弱环节补短板工作力度，在脱贫攻坚、污染防治、重大软硬基础设施建设、新产业新动能培育等短板方面投资加快。例如，2016～2018 年的三年间，生态保护和环境治理业固定资产投资年均增长 35.3%，农业固定资产投资年均增长 20.5%，显著高于整体投资增速。从实施效果看，全国农村贫困人口持续减少，2016～2018 年分别减少 1240 万人、1289 万人和 1386 万人，贫困发生率降低至 1.7%；生态环境逐步好转，空气质量优良天数比率、地表水达标比例有所提高；实施棚户区改造工程，改善大量住房困难群众居住条件；创新发展持续发力，新动能继续较快增长。

二、为什么需要打造供改升级版

提出供给侧结构性改革的背景是经济增速下降、工业品价格下降、实体企业盈利下降、财政收入增幅下降、经济风险发生概率上升，经济运行的主要矛盾是供需结构性矛盾，矛盾的主要方面在供给侧。经过三年的实践，供给侧结构性改革已取得积极成效，“四降一升”问题得到明显缓解。但是，当前我国经济运行面临的突出问题已发生显著变化，供需失衡问题尚未得到根本解决，供需矛盾的主要方面仍然在供给侧，供给侧结构性改革的主要任务需要进行适应性升级调整。

一是阶段性突出问题出现新变化。随着“三去一降一补”深入推进，供给侧结构性改革的阶段性任务已基本完成，但阶段性成果仍需进一步巩固。同时，扩大有效和中高端供给，推进体制机制改革等进展相对滞后，被抑制的潜力不能有效释放，微观主体的活力不足等问题变得更为突出，需要适时调整供给侧结构性改革的阶段目标，确立新的改革任务。

二是外部环境发生重大变化。2018 年以来，中美经贸摩擦持续升级，虽然短期冲击相对有限，但使得我国仍处于价值链中低端和核心技术受制于人的问题进一步暴露，供应链、价值链、产业链安全受到威胁，长期潜在影响尤为深远。在国内消费和投资疲弱的情况下，叠加外部环境趋紧，可能冲击经济运行的稳定性和供给侧结构性改革的宏观环境。

三是产业发展面临重大调整。伴随劳动力成本上升、资源环境约束加大，部分出口导向型企业逐步外迁。此前，受制于目的地国熟练技术人才不足、产业配套弱、营商环境差等因素，产业外迁进程较慢。但是，中美经贸摩擦可能成为产业外移的加速器，并出现产业链整体外迁的新现象，这或将对我国产业发展造成巨大冲击。

四是微观主体活力和企业信心不足。内外压力加大使得结构性矛盾更趋激化，社会对经济发展前景更添忧虑，企业市场预期变得悲观。加之存在产权保护和所有制歧视方面的担忧，企业信心不足和社会预期紊乱问题突出。需要改革切实落地予以提振和引导，切实改善营商环境，鼓励市场竞争，保护合法权益，激发企业和企业家主观能动性，释放微观主体活力。

五是要素流通尚存一定障碍。全国统一市场建设存在一些薄弱环节，资金、土地、劳动力等要素自由流通仍存在一些阻碍，行业准入和退出还存在一些限制和壁垒，需要加快全国统一市场建设，扩大对外开放水平，形成竞争有序的市场环境，促进要素自由流动，畅通国民经济循环。

三、打造供改升级版的设计思路

围绕我国经济运行的主要矛盾，党中央明确必须坚持以供给侧结构性改革为主线不动摇，更多采取改革的办法，更多运用市场化、法治化手段，在“巩固、增强、提升、畅通”八个字上下功夫。

要巩固“三去一降一补”成果，推动更多产能过剩行业加快出清，降低全社会各类营商成本，加大基础设施等领域补短板力度。目前，煤炭、钢铁等行业去产能成效明显，但一些其他行业产能过剩问题依然突出，产能利用率有待提高，需要化解过剩产能、清理“僵尸企业”，重组盘活现有行业生产要素。虽然我国营商环境明显改善，但在税费成本、物流成本、融资成本、制度成本等方面仍有改进空间，需要进一步改善营商环境，降低各类营商成本。存量问题和风险虽然得到了较好的控制，但更需要将资源配置到新兴产业和高效率行业，发展新的支柱性和成长性产业，培育更大的增量空间。

要增强微观主体活力，发挥企业和企业家主观能动性，建立公平、开放、透明的市场规则和法治化营商环境，促进正向激励和优胜劣汰，发展更多优质企业。近几年，强化纪律和约束，让大家守规矩、按规范办事已经取得较大成效。但是改革离不开打破条条框框的束缚，需要不断探索试错，常常是破坏性创新，需要充分激发和释放微观主体活力，充分发挥企业家、干部群众、科研人员主观能动性。只有建立良好的市场规则和营商环境，建立有效的容错机制和正向的激励机制，从约束规范为主转向激励引导为主，才能释放出各类主体的强大活力，创造更多的高端产品和优质企业。

要提升产业链水平，注重利用技术创新和规模效应形成新的竞争优势，培育和发展新的产业集群。当前，我国传统产业优势正在逐步丧失，而新的竞争优势尚未有效形成，产业链面临两头承压的窘境，只有把握住新一轮技术革命的有利时机，利用好我国强大的国内市场，发展壮大新的优势产业，不断推动产业升级，才能为经济发展提供持续动力。而且，培育新产业要从产业政策主导转向竞争政策主导，因为在经济追赶时期有现成的技术和经验可学习，产业政策会加快技术追赶和经济发展，但目前我国不少行业越来越接近世界技术前沿，没有规律可循，这就需要更多的竞争政策来鼓励企业自主创新，提高资源配置效率。

要畅通国民经济循环，加快建设统一开放、竞争有序的现代市场体系，提高金融体系服务实体经济能力，形成国内市场和生产主体、经济增长和就业扩大、金融和实体经济良性循环。对待过剩和无效供给，我们通过压减落后产能、房地产限价限售、严监管去杠杆等行政干预色彩较浓的方式，确实起到了较好效果。但是，要素自由流通尚存障碍，国内外统一市场建设仍有巨大空间。从长期看，经济运行还是需要建立优胜劣汰的市场化法治化机制，形成统一开放、竞争有序的现代市场体系，促进要素自由流动和资源再配置，畅通国民经济循环，形成国内市场和生产主体、经济增长和就业扩大、金融和实体经济良性循环。

四、下一阶段供给侧结构性改革的工作重点

“巩固、增强、提升、畅通”八字方针，是当前和今后一个时期深化供给侧结构性改革，推动高质量发展管总的要求，必须把握工作重点，认

真贯彻落实，以激发微观主体活力，提高供给体系质量，实现供给与需求在更高水平上平衡，促进经济良性循环。

巩固“三去一降一补”成果的工作重点是加快更多行业过剩产能出清，开展普惠性降税减费，进一步降低企业税费遵从成本，夯实发展中的薄弱环节，增加有效供给，扩大有效需求。切实推动更多行业化解过剩产能，各地产业选择上要发挥市场机制，减少行政干预。从高名义税费率、低征收率转向低名义税费率、实征收率，较大幅度降低企业名义总体税负水平。实施一揽子的普惠式减税方案，推动增值税、企业所得税等实质性减税。抓紧出台大幅降低社会保障名义缴费水平的具体方案，降低企业社保缴费实际负担。降低教育费附加和水利建设基金费率，并将残疾人就业保障基金缴费基础暂时恢复到社会平均工资。继续清理、精简涉及民间投资管理的行政审批事项和涉企收费，降低企业经营成本。做好个人所得税六项抵扣工作，增强居民减税获得感。加大科技攻关、技术升级、生态环境、公共服务、乡村振兴等领域的投资，补齐关键领域有效投资不足的短板。按步骤、有力有序有效推进精准扶贫工作，把扶贫同扶智、扶志更好结合起来，增强“造血功能”和脱贫意志，从“要我脱贫”转化为“我要脱贫”。稳步推进基本公共服务均等化，补齐民生短板。

增强微观主体活力的工作重点要解决过度干预和有效规制不足并存问题，更注重解放思想、打破条条框框对基层创新的束缚，突出正向激励，营造想干事、能干事的环境，激发各类主体活力。继续减少行政审批事项，改革以审批发证为主的传统管理体制，全面深入实施准入前国民待遇加负面清单管理制度，还权于市场、社会和地方。加强政务公开和信息共享，提高行业规制和法律体系的公开、透明、可预期程度，创造公众和媒体监督的条件。杜绝巡视督察的形式主义、官僚主义，统一标准和程序，提高法治化水平。加强消费者权益保护，加大各种侵害消费权益的惩罚力度以及赔偿的执行力度。完善容错纠错机制，创造宽松环境，激发广大基层干部干事创业的积极性。加快开展国有资本投资、运营公司改革试点工作，探索加强党建和完善国企治理结构的适宜模式，推行职业经理人制度，健全差异化薪酬分配制度和岗位淘汰机制。加强对财产权、人身权、人格权的保护力度，明确民营企业和国有企业都是建立富强民主文明和谐美丽的社会主义现代化强国、发展中国特色社会主义的重要依靠力量，提振民营经济发展信心。

提升产业链水平的工作重点是解决关键核心技术攻关，培育和壮大新的产业优势，进一步强化竞争性政策的基础地位，充分释放被抑制的发展动力。简化项目审批和财务审批报销等方面的烦琐程序，显著提高侵犯知识产权行为的违法成本，加快创新性人才培养，激发开展原创性科技创新的积极性。切实解决小微企业和民营企业融资难、融资贵问题，完善金融对科技创新和技术改造的支持，加大产业技术更新改造投资，提高相关财税优惠政策可操作性，切实将政策红利落实到位。加强产品标准和质量体系建设，提升居民对国产品牌的信任度和安全感，发挥好强大国内市场的优势，增强现有行业的国际竞争力。加大基础科学领域的投入力度，加强关键核心技术攻关和新动能培育，巩固和提升产业链，增强实体经济发展动力。加强对已出台部门内部文件、条例和法规的竞争性审查，及时纠正各种妨碍公平竞争的做法，激发企业创新活力，充分释放被抑制的发展动力。

畅通国民经济循环的工作重点是破除资本、技术、人才、信息跨所有制、跨部门、跨区域、跨境流动的壁垒，促进要素更高效的配置，经济运行更高效的循环。深化户籍制度改革，放宽简化城市落户条件，强化常住人口公共服务。健全养老、医疗、失业、工伤等社会保障制度，加快建立城乡统一的劳动力市场。推进土地制度改革，破除限制城乡要素流动，促进城乡融合发展的各种阻碍。打破行业垄断，除少数涉及国家安全领域以外，消除准入限制，形成国企、外企、民企共同参与，公平竞争的格局。

加快成品油、天然气、电力等基础要素价格改革，进一步缩减政府定价范围，同时降低石油、电力、电信、铁路、军工等基础领域的进入门槛。进一步精简外商投资准入负面清单，减少投资限制，尊重和保护外商知识产权，提升投资自由化水平。进一步放宽农业、采矿业、制造业领域外商投资的股比限制。深化金融、信息、物流、电子商务、咨询、法律、科研等生产性服务业发展，支持经济高效运行。逐步解除束缚教育、医疗、文化、体育、娱乐等领域发展的各种显性和隐性限制，加快民生改善和促进消费升级。

执笔人：陈昌盛　许　伟　李承健

第二章

在应对复杂变局中保持经济持续健康发展

——2018 年经济形势和 2019 年展望

2018 年，我国经济保持总体平稳、稳中有进的发展态势。与此同时，经济运行稳中有变、变中有忧，我国经济面临近年来少有的复杂局面。2019 年，我国经济发展仍将面临多方面挑战，全球经济增势减弱，不确定性增多；我国经济面临下行压力，结构性矛盾仍然突出。我们要正确把握经济运行的“变”与“不变”，坚持稳中求进工作总基调，强化宏观政策逆周期调节，坚定不移深化供给侧结构性改革，继续打好三大攻坚战，加强政策协调和配合，努力变经济下行压力为加快改革开放的动力，推动经济高质量发展。

一、2018 年我国经济保持总体平稳、稳中有进的发展态势

2018 年，我国经济发展的外部环境发生明显变化，特别是美国单方面挑起经贸摩擦，成为影响我国经济运行的最大不确定因素。与此同时，国内结构调整和去杠杆的阵痛效应显现，经济面临下行压力。面对外部环境的复杂变化和国内经济运行面临的挑战，全国上下贯彻落实中央的决策部署，齐心协力，主动作为，有效应对各种风险和挑战，保持了经济总体平稳、稳中有进的发展态势。

（一）主要宏观指标实现预期目标

2018 年，我国经济增长、就业、物价和国际收支等宏观指标均实现年初预期目标，核心指标之间匹配度提高。经济增速稳中趋缓。全年经济增长 6.6%，实现 6.5% 左右的预期目标。国内生产总值（GDP）突破 90 万亿元，比上年增加了近 8 万亿元。按平均汇率折算，经济总量达到 13.6 万亿美元，稳居世界第二位。城镇就业保持平稳。全年城镇新增就业 1361 万人，连续 6 年保持在 1300 万人以上，12 月城镇调查失业率为 4.9%，全年都保持在 5% 左右。价格涨幅低于预期。全年居民消费价格指数（CPI）比上年上涨 2.1%，低于 3% 左右的预期目标。国际收支基本平衡。货物贸易再创新高，进出口总额突破 30 万亿元，保持世界第一；外汇储备稳定在 3 万亿美元以上。

（二）经济结构调整取得积极进展

需求结构持续改善，消费对经济的拉动作用增强。2018 年最终消费对经济增长贡献率达到 76.2%，比上年提高 18.6 个百分点，比资本形成总额高 43.8 个百分点。产业结构持续升级，服务业占比提高。2018 年服务业增加值占 GDP 比重达到 52.2%，比上年提高 0.3 个百分点，对经济增长的贡献率为 59.7%，比第二产业高 23.6 个百分点。工业结构中，高技术制造业和装备制造业增加值增速分别快于规模以上工业 5.5 个和 1.9 个百分点，占规模以上工业增加值的比重分别达到 13.9% 和 32.9%，比上年分别提高 1.2 个和 0.2 个百分点。新产业新产品新业态新模式保持较快增长，新能源汽车、光纤、智能电视产量分别比上年增长 40.1%、23.0% 和 18.7%，平台经济、智能经济快速发展。

（三）三大攻坚战开局良好

防范化解金融风险初显成效。宏观杠杆率企稳态势逐步确立。2018 年 M2/GDP 为 202.9%，比上年下降 3 个百分点。企业部门杠杆率有所下降，

2018 年规模以上工业企业资产负债率为 56.5%，比上年降低 0.5 个百分点。规范金融秩序力度加大，影子银行规模继续萎缩，金融乱象治理成效显现。脱贫攻坚持续推进。2018 年，280 个左右贫困县脱贫摘帽，280 万人完成易地扶贫搬迁，全年农村贫困人口减少 1386 万人。污染防治取得明显进展。全国 338 个地级及以上城市空气质量平均优良天数比例为 79.3%，比上年提高 1.3 个百分点，PM2.5 浓度为 39 微克/立方米，下降 9.3%。2018 年万元 GDP 能耗比上年下降 3.1%，清洁能源消费量占能源消费总量的比重比上年提高约 1.3 个百分点。

（四）供给侧结构性改革深入推进

去产能持续推进。2018 年共压减钢铁产能 3000 万吨以上，退出煤炭产能 1.5 亿吨以上，完成全年目标任务。全国工业产能利用率为 76.5%，仍保持在近年来的高位。商品房库存继续下降。2018 年末商品房待售面积 52414 万平方米，比上年末下降 11.0%。继续推进减税降费使企业成本下降。2018 年规模以上工业企业每百元主营业务收入中的成本比上年减少 0.2 元。补短板力度加大。2018 年，生态保护和环境治理业、农业、社会领域投资分别比上年增长 43.0%、15.4% 和 11.9%，增速分别快于全部投资 37.1 个、9.5 个和 6.0 个百分点。

（五）人民生活持续得到改善

居民收入增长与经济增长保持同步。2018 年全国居民人均可支配收入实际增长 6.5%，快于人均 GDP 增速 0.4 个百分点。农村居民收入实际增长 6.6%，高于城镇居民 1.1 个百分点，城乡居民人均收入倍差 2.69，比上年缩小 0.02。2018 年全国居民人均消费支出实际增长 6.2%，增速比上年加快 0.8 个百分点，恩格尔系数比上年下降 0.9 个百分点至 28.4%。居民消费结构加快升级，服务消费占比提高，在国民核算的居民消费中占比为 49.5%，比上年提高 0.3 个百分点。

综上所述，在内外环境复杂变化、挑战和不确定性增大的情况下，我国经济发展取得这样的成绩殊为不易。

二、正确认识经济运行的“变”与“不变”

2018 年二季度特别是下半年以来，随着外部环境的复杂变化和国内经济调整，我国经济运行稳中有变、变中有忧，经济面临下行压力。正确认识经济运行的“变”与“不变”，把握长期向好的发展大势，是分析研判经济走势的重要前提。

（一）我国经济面临近年来少有的复杂局面

经济运行稳中有变，主要表现在：外部环境发生明显变化，特别是美国单方面挑起经贸摩擦，给我国经济发展带来严峻挑战；国内结构调整和去杠杆的阵痛效应显现，需求端部分指标回落幅度较大并逐步向供给端传导，内外压力交互作用使市场预期走弱。这些变化，使我国经济面临近年来少有的复杂局面。

一是需求侧部分指标回落幅度较大。从投资看，2018 年固定资产投资增长 5.9%，比上年回落 1.3 个百分点，投资增速已低于 GDP 增速。特别是随着去杠杆控债务力度加大，基础设施投资大幅回落，虽然去年下半年新开工一批基础设施项目，但全年基础设施投资仅增长 3.8%，增速回落 15.2 个百分点。从消费看，受居民可支配收入增速放缓、居民家庭债务负担上升、汽车等耐用品消费意愿回落等因素影响，全年社会消费品零售总额增长 9%，比上年回落 1.2 个百分点，11 月、12 月当月仅分别增长 8.1% 和 8.2%。从出口看，虽然全年按美元计价外贸出口增长 9.9%，但进入第四季度，随着“抢出口”和人民币贬值效应减弱，外贸出口增速大幅回调，11 月当月仅增长 5.4%，12 月下降 4.4%，11 月、12 月环比增速分别下降 10.2 个和 9.8 个百分点，呈现较大的边际变化。

二是需求侧走弱逐步向供给侧传导。从工业生产看，规模以上工业增加值增速逐步放缓，全年实际增长6.2%，比上年回落0.4个百分点，11月、12月同比分别增长5.4%、5.7%，比全年增速分别低0.8个和0.5个百分点。需求端走弱还使产品销售价格下降，企业盈利空间受到挤压，规模以上工业企业利润增速大幅回落，全年规模以上工业企业利润增长10.3%，比上年回落10.7个百分点，特别是下半年呈现逐月回落态势，11月当月增速由正转负，下降1.8%，12月下降1.9%。随着企业利润下降，资产负债表可能出现逆向调整，企业扩大生产、新增产能的投资意愿将受到影响。

三是内外压力交互作用使市场预期走弱。国内股市持续低迷，汇市出现较大幅度波动，房市出现调整，新房和二手房交易量下降，土地流拍增多。企业避险情绪上升，投资意愿下降。出于对中美经贸摩擦前景不确定的担心，部分外向型企业将生产线转移到东南亚等地区。防控金融风险压力增大，企业债券违约风险易发高发，房地产贷款风险或明显上升，银行不良贷款反弹压力加大，平衡稳增长和防风险的难度增大。

（二）我国经济长期向好的发展大势没有变

认识我国经济形势，需要准确把握内外环境的“变”与“不变”，坚持两点论，既要看到面临的困难和挑战，更要看到我国经济长期向好的发展大势。当前，我国经济面临的矛盾和问题，都是结构调整和转向高质量发展进程中遇到的阵痛，有些变化很大程度上也是主动调整的结果。

从发展趋势看，我国经济长期向好的基本面和韧性好、潜力足、回旋空间大的基本特质没有变。我国有近14亿人口的内需市场，中等收入群体规模迅速扩大，随着工业化、城镇化进程加快和消费结构升级，高品质的产品需求和日益多元化的服务需求将持续释放，已经成为全球第二大商品市场，服务市场迅猛发展，孕育着巨大的发展潜力。城乡区域发展不平衡也蕴藏着发展的回旋空间。我国拥有全球最完整的产业体系和不断增强的科技创新能力，220多种工业品产量世界第一，近年来新能源汽车、工业机器人、集成电路等增势强劲，生产方式数字化、网络化、智能化水平加快提高，供给体系质量不断提升，支撑高质量发展的条件不断改善。更进一步看，我国人民群众追求美好生活的强烈愿望没有变，推进改革开放的决心更没有变。

随着国内外形势深刻复杂变化，有人担心，这会不会影响和改变我国发展的重要战略机遇期？从国内外发展大势看，我国重要战略机遇期不会因为内外环境的变化而改变。如果说，过去我们所处的发展战略机遇期主要来自比较有利的外部环境，今后内外环境变化将赋予战略机遇期新的条件和内涵，也将伴随更多挑战。世界变局中危和机同生并存，我国发展困难和机会相伴相生。克服了危即是机，战胜了困难就是机会。只要我们保持战略定力，保持锲而不舍的韧劲，抓住和用好发展战略机遇期，主动作为，化危为机，就可以变压力为加快改革开放步伐、推动经济高质量发展的动力。

三、2019 年我国经济发展仍将面临多方面挑战

2019 年，全球经济增势减弱，外部不确定性增多，我国经济面临下行压力，结构性矛盾仍然突出，经济发展仍将面临多方面挑战。

（一）全球经济增势减弱，不确定性增多

全球经济增势减弱。在贸易摩擦负面影响增大以及对经济前景担忧的背景下，主要经济体复苏动能减弱，全球经济在达到本轮复苏顶部后逐步回调。2019 年 1 月，国际货币基金组织再次下调全球增长预测，预计 2019 年全球经济增长 3.5%，比 2018 年 10 月的预测调低 0.2 个百分点。发达经济体的增长率预计将从 2018 年的 2.3% 下降到 2019 年的 2.0%。其中，美国经济强劲增长势头渐弱，随着减税政策效应衰减和联邦基金利率超过中性利率水平，2019 年增长率将由上年的 2.9% 下降到 2.5%。欧元区经济

增长放缓，增长率将从2018年的1.8%下降到2019年的1.6%。日本经济持续低迷，2019年增长1.1%。新兴市场和发展中经济体2019年的总体增长率预计将由2018年的4.6%小幅降至4.5%。如果全球流动性继续收紧，利率中枢水平进一步提升，新兴经济体汇率风险将持续上升，经济运行波动压力将进一步增大。

外部环境的不确定性增多。一是国际金融市场可能出现振荡。受货币政策收紧预期影响，主要国家债券收益率下降的趋势可能逆转，国际金融市场的波动性和脆弱性逐步增强。全球主要国家股市的估值均攀升至历史相对高位，2019年高位振荡的可能性明显上升，不排除出现较大幅度回调的风险。二是全球经济治理体系加快重构。国际金融危机以来，全球经济治理体系处于大变革之中并呈现加速态势。美国退出跨太平洋伙伴关系协定（TPP）、巴黎协定，签订新的美墨加协定，并使用关税、非关税贸易保护措施四面出击，现行多边治理体系和规则面临严峻挑战。在世贸组织规则改革中，以美国为首的发达国家意欲围绕技术转让、政府补贴、国有企业、市场经济认定条件等议题制定标准，挤压我国的发展空间。三是全球供应链配置面临调整。过去一个时期全球制造业供应链向亚太地区集中的态势可能发生调整，部分制造业有可能向东南亚、南亚转移，甚至有可能向发达国家回流。

（二）我国经济面临下行压力，结构性矛盾仍然突出

我国经济面临下行压力。消费增长将稳中趋缓。受居民部门高杠杆对消费挤出作用制约，加之房地产和汽车等消费需求受到基数和政策调控影响，市场扩张放慢，虽然通信设备、智能化产品、个性化产品、网络消费等消费扩张将对冲部分下行压力，但消费增长仍将小幅回调，预计2019年社会消费品零售总额增长8.5%左右。需要指出的是，我国服务消费在国民核算的居民消费中占比已接近一半，随着服务消费比重继续提高，将成为消费稳定增长的重要力量。投资增速将有所回调。受房地产市场销售回

落和政策调控影响，房地产开发投资增速将明显回落；企业盈利水平下降和投资能力减弱，制造业投资增速将有所回调；在政策支持和重点项目资金保障力度加大的情况下，基础设施投资增速将明显反弹，但难以对冲房地产开发和制造业投资下行，预计2019年固定资产投资增速将回调至4.5%左右。出口增速下行压力加大。受到全球经济放缓、贸易摩擦和2018年高基数的影响，出口增速将明显回调，增长区间受中美经贸谈判和人民币汇率影响较大，预计在3%~5%。综合判断，全年经济增速将有所放缓，预计经济增长6.3%左右。

结构性矛盾仍然突出。一是淘汰落后产能的任务仍然艰巨。上游煤炭、钢铁淘汰了一大批落后产能，但部分落后产能没有出清，特别是“僵尸企业”出清仍面临债务处置、人员安置等约束条件，而随着上游产品价格回升，下游加工制造企业原材料成本上升，加之市场需求变化，生产经营面临的困难增多。二是企业科技创新能力不足的矛盾显现。随着市场需求结构升级，推动企业加快产品更新换代，提高产品质量和工艺水平，增强企业创新能力和核心竞争力的任务更加紧迫。中美贸易摩擦向科技领域延伸，也使企业关键核心技术“卡脖子”的问题凸显。三是市场主体活力不强。在推动经济转型过程中，去杠杆、控债务、严监管、强环保等举措，对习惯于原有发展方式和盈利模式的企业冲击较大，加之这些政策调整具有不对称效应，民营企业和中小企业受到的冲击较大，市场主体预期走弱，企业投资意愿和行为模式发生变化。四是经济循环不畅。资金、土地、技术等要素市场化配置改革滞后，生产要素流动不畅，配置不合理，要素价格形成机制不健全，市场配置资源功能难以有效发挥。

总体上看，我国既面临外部需求增长放缓、国际金融市场波动风险传导、全球供应链调整加大产业外移压力等不利影响，又将面对国内经济下行压力、结构性矛盾突出的挑战。我们既要创新和完善宏观调控，有效应对短期经济下行压力，又要坚持供给侧结构性改革为主线不动摇，保持经济中长期持续健康发展。

四、加大宏观政策逆周期调节力度

经济下行压力增大，既有总量性因素也有结构性因素，既有周期性变化也有趋势性变化。对于总量性、周期性因素，主要应采取稳定总需求的办法，加大逆周期调节力度，熨平经济周期性波动。

（一）积极的财政政策要加力提效

积极的财政政策要由过去扩大投资为主转向减税降费为主，充分调动市场主体的积极性。要实施更大规模的减税降费，特别是较大幅度降低制造业和小微企业增值税税率和下调养老保险费率；更大力度优化财政支出结构，严格压缩一般性支出，增加对结构调整和脱贫攻坚、“三农”、科技创新、生态环保、民生等领域的投入；较大幅度增加地方政府专项债券规模，支持重点项目建设，政府投入要更大程度发挥“四两拨千斤”的作用；盘活财政存量资金，提高财政资金使用效率。

（二）稳健的货币政策要松紧适度

稳健的货币政策要保持流动性合理充裕，继续适时降低银行准备金率，使货币供应增速恢复到名义 GDP 增速水平；完善货币政策传导机制，加强对民营企业和小微企业的融资支持，加强货币政策与金融监管的协调配合；提高直接融资比重，支持企业拓展直接融资渠道；增强汇率弹性，保持人民币汇率在合理均衡水平上的基本稳定。

（三）努力实现最优政策组合

发挥好结构性政策和社会政策的作用，努力实现最大政策效果。结构性政策要强化体制机制建设，强化竞争政策的基础性地位，规范政府行为，打破行政性垄断和地方保护，优化和完善技术、环保、质量、安全等标准，降低市场准入门槛，创造公平竞争的制度环境；社会政策要强化兜底保障功能，实施就业优先政策，逐步提高社会保障统筹层次，确保群众基本生活底线。

（四）加强政策协调配合

强化政策协调，优化政策组合。出台新的政策举措，要避免各部门政策不配套、“一刀切”和叠加效应，避免目标太多，造成新的预期不稳。合理界定顶层设计和基层创新的边界，鼓励各地方根据当地实际进行探索和实践，避免顶层设计过多过细，约束基层创新的空间和活力，给基层探索创新更大的空间。

五、变压力为加快改革开放和推动高质量发展的动力

面对经济下行压力，要变压力为动力，坚持深化供给侧结构性改革，继续打好三大攻坚战，加快重点领域改革，进一步扩大对外开放，推动经济高质量发展。

（一）坚持深化供给侧结构性改革

2015 年以来，供给侧结构性改革取得积极进展，特别是钢铁、煤炭等行业去产能使供求矛盾有所缓解，工业品价格明显回升，企业盈利能力和资产负债表明显改善。从近些年全要素生产率止跌回升态势看，供给侧结构性改革对提高资源配置效率和经济发展质量也发挥了重要作用。当前我国经济运行面临的问题，既有需求侧走弱和部分指标回落幅度较大的问题，也有供给侧产能过剩、产业技术创新能力不足、市场主体活力不强和国民经济循环不畅的问题，但主要矛盾仍然是供给侧结构性的，强化需求侧刺激，短期可能起作用，但难以解决深层次结构性问题，必须抓住主要矛盾，在稳定总需求的情况下，坚持以供给侧结构性改革为主线不动摇。

深化供给侧结构性改革，必须更多采取改革的办法，更多运用市场化法治化手段，在“巩固、增强、提升、畅通”上下功夫。要巩固“三去一

降一补”成果，重在推动过剩产能和“僵尸企业”加快出清，将沉淀的资源解放出来；增强微观主体活力，重在激发企业家能动性，让企业家创新源泉充分涌流，创造活力充分迸发；提升产业链水平，重在提升科技创新能力，培育产业竞争新优势；畅通国民经济循环，重在培育生产要素市场，形成国内市场和生产主体、经济增长和就业扩大、金融和实体经济良性循环。这八个字，强调的是发挥市场配置资源的决定性作用，强调的是激发市场主体活力，强调的是生产要素市场化改革，强调的是营造公平竞争环境。从根本上说，就是要进一步推进深度市场化，让市场机制在更大范围更深层次上发挥作用。

（二）继续打好三大攻坚战

今年是三大攻坚战实现攻坚目标的关键一年，攻坚的难度更大，必须按照既定部署，针对突出问题，打好重点战役。打好防范化解重大风险攻坚战，要坚持结构性去杠杆的基本思路，以企业特别是国有企业去杠杆为重点，加大不良债务处置力度，有效处置风险点，防范金融市场异常波动和共振，避免发生系统性风险。打好脱贫攻坚战，要加大“三区三州”等深度贫困地区和特殊贫困群体脱贫攻坚力度，重点解决好实现“两不愁三保障”面临的突出问题，确保如期实现目标任务。打好污染防治攻坚战，要聚焦打好打赢蓝天保卫战、城市黑臭水体治理、农业农村污染防治等重点战役，加大投入力度。环境治理不可能毕其功于一役，要久久为功，避免政策“一刀切”和处置措施方式简单化。

（三）加快重点领域改革

缓解经济下行压力，必须进一步加大改革力度，激发市场主体活力。要加快国资国企改革，加快实现从管企业向管资本转变，改组成立一批国有资本投资和运营公司，积极推进混合所有制改革；建立市场化法治化退出机制，加快“僵尸企业”出清；深化农村土地制度改革，深化集体经营性建设用地入市改革，建设城乡统一的建设用地市场，稳妥推进宅基地

“三权分置”改革，促进城乡要素双向流动，进一步释放乡村发展活力；推进财税体制改革，健全地方税体系，规范政府举债融资机制；以金融体系结构调整优化为重点深化金融体制改革，发展民营银行和社区银行，推动城商行、农商行、农信社业务逐步回归本源；进一步健全以公平为核心的产权制度，营造法治化制度环境，保护民营企业家人身安全和财产安全，增强民营企业信心和投资热情。要鼓励各地方根据当地实际进行探索和实践，避免顶层设计过多过细，约束基层创新的空间和活力。

（四）进一步扩大对外开放

适应对外开放新形势新要求，推动由商品和要素流动型开放向规则等制度型开放转变。进一步放宽外商投资市场准入，扩大服务业开放，加快落实已经承诺的金融业开放和制造业取消股比限制的举措。保护外商在华合法权益特别是知识产权，允许更多领域实行独资经营。构建市场化、法治化、国际化的营商环境，营造更有吸引力的投资环境。积极参与世贸组织改革，促进贸易和投资自由化便利化，推动建设开放型世界经济，为我国经济发展营造更好外部环境。

（五）推动经济高质量发展

以科技创新带动制造业转型升级，瞄准世界科技前沿，强化基础研究和应用基础研究，创新科技攻关模式，构建更具活力的创新生态，强化科技成果产权激励，最大程度地释放科技人员创新潜能，实现关键核心技术突破，有效解决“卡脖子”问题。充分发挥企业家的创新主体作用，推动互联网、大数据、人工智能和实体经济深度融合，加快创新产品的迭代，发展智能制造，增强制造业国际竞争力，促进我国制造业迈向全球价值链中高端。提升京津冀、粤港澳大湾区、长三角等地区的创新策源能力，推动这些地区成为引领高质量发展的重要动力源。

执笔人：王一鸣

第一部分
“巩固”：巩固“三去一降一补”成果

第三章

用市场化法治化办法巩固去产能成果

去产能排在“三去一降一补”首位，可见钢铁、煤炭行业当年经营形势之紧迫。2016 年，我国政府为解两大传统行业逼近盈亏临界点的燃眉之急，加大了压减产能的行政力度。与此同时，大气污染防治不断加码，与去产能相交织进一步强化了地方去产能的行政意识。仅一年时间，钢铁、煤炭行业就从工业利润最差迅速转变为利润最好。直至目前，依然如此。高利润也驱动了行业固定资产投资的较快提升。当前，两大行业依然保持着较强的市场供应能力，存在不小的产能压力，需要巩固去产能成果。但去产能的目的也已从解燃眉之急转变为确保全国经济在平稳中迈向高质量发展。前期发挥重要作用的行政手段已不再适应新的发展阶段，应以市场化法治化的办法取而代之。

一、钢铁、煤炭行业依然面临产能压力

（一）钢铁、煤炭行业连续三年利润高增长

截至 2018 年底，我国钢铁、煤炭行业已超额完成去产能目标，实现连续三年利润高增长。我国钢铁、煤炭行业去产能的目标是，从 2016 年开始，利用五年时间，压减粗钢产能 1 亿 ~ 1. 5 亿吨；利用三年至五年时间，退出煤炭产能 5 亿吨左右。实际情况是：2016 ~ 2018 年，我国利用三年时

间共压减粗钢产能超过1.5亿吨、出清地条钢产能1.4亿吨，退出煤炭产能超过6.5亿吨，超额、提前完成了去产能总体目标。2018年，黑色金属冶炼及压延加工业的产能利用率为78%，与2016年相比提高了6.3个百分点；煤炭开采和洗选业的产能利用率为70.6%，与2016年相比提高了11.1个百分点。去产能的三年也是我国钢铁、煤炭行业利润高增长的三年。两大行业的利润累计同比增速在2016年实现由负转正，在2017年分别出现3位数字的增长高值，在2018年继续在高前值的基础上保持了一定水平。详见表1。

表1　　钢铁、煤炭行业三年去产能基本情况

项目		钢铁	煤炭
去产能	总体目标	5年压减1亿~1.5亿吨	3~5年退出5亿吨
	2016~2018年累计压减	去粗钢产能超过1.5亿吨 出清地条钢产能1.4亿吨	去煤炭产能超过6.5亿吨
产能利用率	2015年	不足67%	不足65%
	2016年	71.7%	59.5%
	2017年	75.8%	68.2%
	2018年	78%	70.6%
利润增速	2015年	-67.9%	-65%
	2016年	232.3%	223.6%
	2017年	177.8%	290.5%
	2018年	37.8%	5.2%

注：2016年，煤炭行业产能利用率低但利润水平高的一个主要原因是实行了“276工作日制度”。

资料来源：国家发展改革委和统计局公开数据、Wind数据库。

（二）钢铁、煤炭行业固定资产投资提速

连续三年的利润高增长提振了行业信心，带动固定资产投资较快回升。行业固定资产投资增速反映了市场信心。钢铁、煤炭行业本轮经济下行是从2012年开始的，当年的固定资产投资增速均出现明显下滑。黑色金

属冶炼及压延加工业的固定资产投资增速从 2011 年的 14.6% 降至 -2.04%，比工业平均水平低了 22.19 个百分点；煤炭开采和洗选业的固定资产投资增速从 2011 年的 25.9% 降至 7.71%，比工业平均水平低了 12.44 个百分点。此后，两大行业的固定资产投资增速持续下行，在 2015 年分别低至 -11% 和 -14.4%。在去产能的头两年，两大行业的固定资产投资增速依然为负，直到利润持续高速增长的第三年才由负转正。2018 年，黑色金属冶炼及压延加工业、煤炭开采和洗选业的固定资产投资增速分别达到 13.8% 和 5.9%。前者比制造业平均水平高了 4.3 个百分点，后者比采矿业平均水平高了 1.8 个百分点。详见图 1。

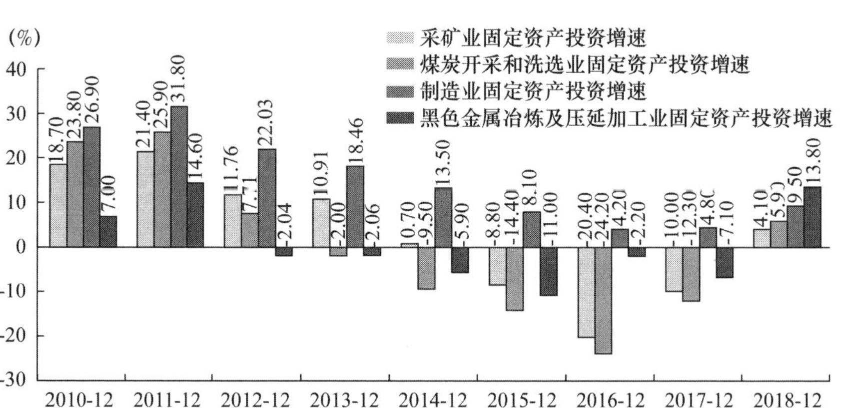

图 1　利润持续回升提振主要去产能行业固定资产投资信心

资料来源：Wind 数据库。

（三）钢铁、煤炭行业产能压力依然较大

全国钢铁、煤炭产能依然保持较高水平。始于 2015 年底的去产能工作的着力点是压减总量、严控总量，因此全国钢铁、煤炭产能的总量确确实实下降了。同时，严格而频繁的地方限产、减产措施也有效约束了供应能力的集中释放。以上两大因素是钢铁、煤炭行业利润高速增长的主因。但如果分析产能结构就发现，两大行业的产能总量依然处于较高水平。2018 年，黑色金属冶炼及压延加工业、煤炭开采和洗选业的产能利用率分别是 78% 和 70.6%。可见，钢铁行业的产能利用率已经处于合理区间，但煤炭

行业还是较低。我国是钢铁生产、消费第一大国。2018 年，我国钢铁产能利用率 78%，粗钢产量 9.28 亿吨，这就意味着我国钢铁产能总量依然在 10 亿吨以上，与煤炭产能一样仍处于较高水平。

产能水平本就不低，固定资产投资形成的增量产能又在逐步释放，钢铁、煤炭企业的利润增速开始下台阶。较高水平的产能决定了钢铁、煤炭市场仍保持有较高的供应能力，只是受常态化的限产、停产措施限制不能随时充分发挥而已。两大行业的市场供应量也因此具有较大的弹性区间，造成市场波动幅度也大。而且，两大行业固定资产投资增速在回升，增量产能已经开始逐步释放，必然会进一步加重行业企业的产能压力。全年看，两大行业是工业领域利润累计增速最高的门类；但逐月看，两大行业的经营形势并不稳定。其中，钢铁行业的利润增速忽高忽低，煤炭行业的利润增速以下行为主。2018 年 12 月，黑色金属冶炼及压延加工业、煤炭开采和洗选业的利润当月同比增速分别从 2017 年同期的 9.35%、0.33% 降至 -40.48%、-53.12%。详见表 2。

表 2　钢铁、煤炭行业利润水平波动性强、整体下行　　单位：%

时　间	黑色金属冶炼及压延加工业		煤炭开采和洗选业	
	当月同比	累计同比	当月同比	累计同比
2017-03	130.87	358.90	1511.31	—
2017-04	-7.94	141.50	13209.52	—
2017-05	3.35	93.50	865.35	8773.40
2017-06	88.38	96.40	283.62	1968.30
2017-07	117.91	101.50	402.73	1372.50
2017-08	133.07	106.90	262.04	955.40
2017-09	149.60	118.50	105.12	723.60
2017-10	581.89	162.20	10.57	628.80
2017-11	112.88	180.10	-23.69	364.00
2017-12	9.35	177.80	0.33	290.50
2018-03	-8.59	64.10	3.99	18.10
2018-04	62.63	95.40	-1.65	15.50

续表

时　间	黑色金属冶炼及压延加工业		煤炭开采和洗选业	
	当月同比	累计同比	当月同比	累计同比
2018－05	104.08	114.70	5.95	14.80
2018－06	40.75	113.00	18.19	18.40
2018－07	32.73	97.80	1.84	18.00
2018－08	5.58	80.60	－4.56	16.60
2018－09	3.96	71.10	－5.64	14.50
2018－10	30.04	63.70	－4.29	10.70
2018－11	－22.91	50.20	0.90	9.20
2018－12	－40.48	37.80	－53.12	5.20

资料来源：Wind 数据库。

二、钢铁、煤炭行业产能压力呈现新的特点

（一）单体规模大型化提升了市场短期供应能力，从而加大价格波动频率和幅度

钢铁、煤炭生产企业的单体规模提升幅度较大。在“拆小建大、以大换小”的去产能大趋势下，小煤矿、小钢厂成为淘汰和压减的重点，行业固定资产投资均是围绕新建大项目、技改提规模展开。因此，钢铁、煤炭行业的单体规模有了大幅提升。根据冶金工业规划研究院数据：截至 2017 年底，中国钢铁工业协会会员企业产能中，1000 立方米以上高炉共有 319 座，包括 3000 立方米级的高炉 19 座、4000 立方米级的高炉 17 座、5000 立方米以上高炉 5 座。经过此轮产能置换后，大容积高炉的产能占比进一步提升。根据《中国冶金报》和中国钢铁新闻网最新整理数据，全国钢铁行业通过产能置换拟新建高炉 39 座，高炉容积均在 450 立方米以上。其中，仅有 3 座新建高炉的容积低于 1000 立方米。被置换的高炉共有大约 90 座，其中：高炉容积最低为 450 立方米，最高已经达到 2600 立方米；

容积低于1000立方米的被置换高炉约有67座，容积在1000～2000立方米区间的有21座，容积在2000立方米及以上的有2座。煤炭行业矿井规模的大型化趋势同样如此。新增产能主要集中在资源条件好的三西地区，均为大规模现代化矿井。截至2017年底，我国煤炭产量排名前20家企业的产业集中度从2015年的57%提升至61%；大型煤矿的规模比重为72.1%，比2015年提升6个百分点。以上两个数据在2018年预计有增无减。例如根据内蒙古自治区锡林郭勒盟发展改革委公布的数据，全盟通过产能置换获批的新增产能为6400万吨/年，矿井规模全部在500万吨/年及以上。此外，几个煤炭大省陆续规划和实施了一批煤矿技改项目，不同程度地提升了单个矿井的生产规模。

尽管产能总量在下降，但节点生产规模大幅提升实质性提高了微观主体的生产效率，让市场供应能力在较短时间内能够大规模集中释放。小钢厂、小煤矿遍地曾经是我国钢铁、煤炭行业的写照，但目前已经扭转。小钢厂、小煤矿正在逐步退出历史舞台。钢炉、矿井规模大型化首先体现为生产效率的倍增。产能是指全年的设计生产能力，产量是指单位时间内的实际产出量。产能只是全年的计划产量，并非实际产量。首先，钢铁、煤炭企业受季节影响以及限产和停产措施的影响在全年的生产量并不均匀；其次，实际产量并不等于规划产能，而是会随着市场供需结构而上下浮动。当钢铁、煤炭价格呈现短期上行波动时，生产企业往往会加大产量，提升产能利用率。由于单体规模大，生产效率高，单体实际产出的上限和实际达产的速度都在提升。产能更容易快速、大规模集中释放，形成短期内市场供应量的迅速提升。而且，我国钢铁产能呈现出从原有的河北、山西等密集分布区向沿海地区转移的趋势，有利于更快响应临近的消费需求波动；煤炭产能虽然仍在向远离消费地的三西地区转移，但我国煤炭大通道建设已经取得成效，煤炭铁路运力基本满足远距离运输的消费需求。基于单体规模提升、钢铁产能转移、煤炭通道建设的基本情况，我国钢铁、煤炭总产能虽然下降，但市场的快速响应能力实则提升。

单体规模提升是钢铁、煤炭市场在产能总量下降、限产和停产措施常态化情况下，短期波动频率加快、波动幅度加大的一个主因。例如，2018年钢铁、煤炭总产能下降，但实际产出水平却高于2017年。2018年，受价格提振影响，我国粗钢产量当月同比增速在11月达到全年最高的10.8%，当月值在10月达到全年最高点8255.2万吨。由于实际供应量较快提升，淡季需求增速又趋缓，钢铁行业的利润水平随之在11月和12月出现了较大幅度下行。2018年，原煤产量当月同比增速在10月达到全年最高的8%；当月值从9月开始处于全年最高水平，并在12月达到3.2亿吨的全年最高点。煤炭行业的利润水平受供应量提升速度过快、幅度过大影响，在同时期一路下行。尽管12月是用煤旺季，行业利润却出现了年度最大降幅。详见图2。

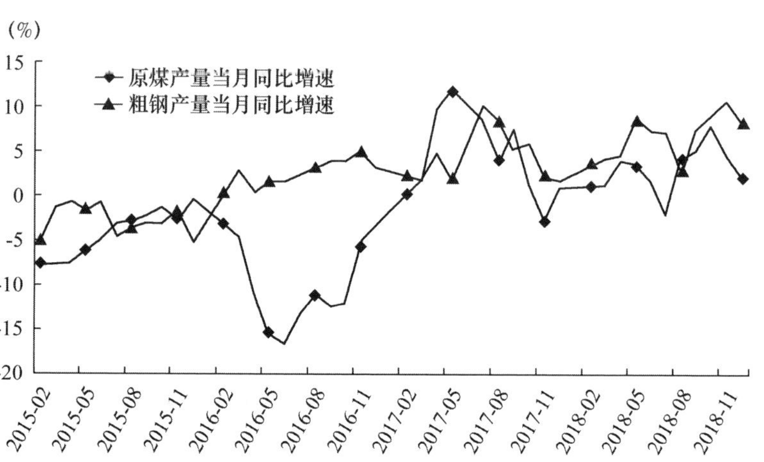

图2　钢铁、煤炭市场短期波动频率和幅度同时加大

资料来源：Wind数据库。

（二）钢铁需求仍将在一定时间内保持增长，但市场容量有限的一些特钢领域将出现产能过剩

钢铁需求仍将保持增势，如果产能总量控制到位，大面积严重过剩导致的市场大起大落将继续得到有效防范。根据目前技术发展的趋势可以判断，钢铁在未来较长一段时间内是不可替代的金属材料，需求总量仍将在

一定时间内保持增长态势。2018 年，我国钢铁产能利用率是 78%，粗钢产量以 6.6% 的累计同比增速首次突破 9 亿吨。6.6% 的速度也是 2014 年以来的最高水平。产量增速提升后，钢铁行业依然是工业领域盈利水平最好的一类，全行业利润累计同比增速为 37.8%。2019 年，我国经济的最大不确定性是出口形势。但钢铁消费主要在国内，受冲击的幅度将小于外向型行业。一方面，2019 年我国 GDP 增速将继续下台阶，国内预计值为 6% ~ 6.5%，世界银行的最新预测值为 6.2%；另一方面，我国也将加大投资补短板力度，基础设施投资和房地产投资都是重点领域。由此可以判断，国内的钢铁需求在 2019 年仍将保持一定增势。但产能过剩与否、过剩程度如何关键要看供需结构。首先，我国钢铁产能总量仍然超过 10 亿吨；其次，新增产能指标主要通过减量置换获得。加上地方会根据污染情况继续实施限产和停产措施，因此判断：钢铁行业如果能够坚守住总量控制的基本原则，在 2019 年将不会出现 2015 年前后出现的大起大落局面。未来三年至五年内，严控总量的原则如果能够坚守住，钢铁市场形势也将如此。

但一些已经实现技术突破的精品特钢市场将出现过剩。钢铁市场可分为普钢和特钢两类。普钢产品应用范围最广、需求量最大；特钢是除了普钢之外的特殊用途钢，细分门类很多、每类市场需求有限。我国钢铁产能结构调整的一个趋势是单体规模大型化，另一个趋势是钢材产品精品化。钢材产品精品化的主要途径是发展精品特钢。精品特钢的优势在于技术、资本门槛较高，产品附加值高。2018 年，我国钢材进口量为 1316.6 万吨，进口品种主要是自主技术尚未突破的高精尖特钢。1316.6 万吨进口钢材的进口额约为 164.6 亿美元。2018 年，我国粗钢产量 9.28 亿吨、钢材产量 11.06 亿吨，黑色金属冶炼及压延加工业全年的利润总额接近 4030 亿元，约为 609 亿美元。可见完全依赖进口的高精尖特钢附加值有多高。我国一直把特钢制造作为攻关重点，已经取得了长足进步，绝大部分的细分领域实现了国产替代。由于钢铁制造综合水平的普遍提升，企业资本的逐步累积，目前越来越多的钢铁企业具备了跨过精品特钢门槛的实力。很多钢铁企业、地方政府也将精品特钢作为产能转型升级的战略方向，投入重金和资源建设精品特钢生产线以及制造基地。但特钢的市场规模远不如普钢大，更容易出现产能过剩。随着精品特钢固定资产投资力度的加大，一些细分领域正在面临产能过剩的风险。

例如不锈钢：我国在 1998 年成为全球不锈钢进口第一大国，在 2007 年成为世界不锈钢第一大生产国。如此重大的转变仅用了不到 10 年的时间。在本轮钢铁产能过剩时期，我国不锈钢企业就受到了较大冲击。目前，不锈钢市场回升，不锈钢产能也成为我国钢铁行业固定资产投资的热门领域。2017 年，全球不锈钢产量为 4810 万吨，我国不锈钢产能的全球占比超过 50%，产能利用率仅为 64%。总量肯定是过剩的，但精品领域尚可。全球不锈钢龙头企业太原钢铁集团有限公司，在 2018 年以 1070 万吨的产量实现利润 53 亿元。但根据相关数据，我国不锈钢产能当所有在建、新规划产能全部投产后，将在未来三年内达到 5300 万吨。其中的精品不锈钢产能利用率也将在结构升级带动下降至 70% 以下。届时，国内不锈钢产能也将从结构性过剩突出转变为真正的总量过剩。其他投资增速较快的精品特钢市场也面临同样的境况。

（三）煤炭需求增速下行是未来的大趋势，产能压力主要来自发电用煤产能过剩

煤炭是主要的能源被替代品，短期需求仍将保持小幅增长，但中长期需求不可避免会下降。煤炭占比下降是全球能源的大趋势。2018 年，我国一次能源结构中的煤炭占比首次低于 60%，未来还将进一步下降。短期看，煤炭利用的成本优势仍在。而且，能源基础设施适应能源结构调整也需要一定的时间。因此，煤炭需求还将保持一定增速。2018 年，我国原煤产量同比增速为 5.2%，是 2012 年以来的最好水平。由于煤炭的被替代趋势，从长期看，产量增速必然会由正转负。目前只是不能确定这一天会在什么时间到来。2018 年，煤炭开采和洗选业固定资产投资也在增长，但

5.9%的增速比黑色金属冶炼及压延加工业低了7.9个百分点。尽管煤炭行业压减幅度更大，但煤炭产能利用率比钢铁产能利用率低了7.4个百分点。以上两组数据说明，煤炭行业产能过剩的压力大于钢铁行业，与未来煤炭消费减量发展的大趋势相吻合。

煤炭产能压力体现为发电用煤产能过剩。煤炭利用以发电用燃料煤和化工用原料煤为主，未来的可替代品种主要是发电用燃料煤。全球主要能源大国都在减少对传统电源投资，我国的传统电源投资比重和总量依然较高。根据“全球煤电追踪”数据：2017年，我国在建煤电产能95吉瓦，尚有规划产能116吉瓦，居世界首位。2018年上半年，全球新增煤电机组19.739吉瓦、退出16.169吉瓦，净增值仅为3.57吉瓦。美国没有新增机组，共退出12.317吉瓦；我国新增12.114吉瓦，仅退出1.511吉瓦。德国、英国也在积极退出煤电领域。全球煤电减量化反映了发电用煤消费量也将减量化的大趋势，我国煤电投资居世界首位并不代表我国的趋势逆向而行。当前，我国煤电行业已经出现了严重的产能过剩，燃煤发电机组在2018年的产能利用率低于50%。化工用原料煤不同于发电用燃料煤。首先，原料煤的品种较为稀缺，我国煤炭储量丰富主要是动力煤储量丰富；其次，钢铁行业所需的炼焦煤仍将保持一定的需求量；最后，用于精细煤化工、煤基新材料的一些原料煤需求将增长。综合判断：发电用燃料煤市场需求下降是煤炭消费未来从小幅增长转变为负增长的主要原因。煤炭行业产能压力也主要来自电煤。

三、巩固去产能成果还需采用市场化法治化办法

（一）巩固去产能成果对稳定工业运行十分必要

采用行政手段紧急化解2015年钢铁、煤炭行业严峻的经营困境取得了短期内快速见效的实际效果。根据规上企业统计数据：2015年，我国黑色金属冶炼及压延加工业、煤炭开采和洗选业的利润总额累计同比增速分别

为 -67.9% 和 -65%，远差于工业 -2.3% 的平均水平；行业企业亏损面分别是 31.52% 和 21.91%，分别比工业企业亏损面高了 18.36 个和 8.75 个百分点。我国政府加大去产能的行政调控力度后，仅一年时间就取得了明显成效。钢铁、煤炭行业从工业利润最差迅速转变为利润最好，行业利润累计同比增速在 2016 年和 2017 年连续两年实现了 3 位数字的增长。目前仍然是经营绩效最好的工业行业。

钢铁、煤炭行业对我国工业缓中趋稳、稳中向好的发展态势发挥着重要的支撑作用。分析工业及其 41 个细分行业的利润总额变化趋势可以发现，两大行业的盈利态势与工业整体盈利态势高度一致。2015 年，两大行业处于本轮经济下行期的低谷。黑色金属冶炼及压延加工业、煤炭开采和洗选业的利润累计同比增速分别为 -67.9% 和 -65%，在 41 个工业细分行业利润增长水平最差的 3 个行业中占据 2 席。2015 年，我国规模以上工业利润累计同比增速也仅为 -2.3%。在 2016 年至 2018 年前三季度期间，两大行业持续实现高盈利，我国工业也保持了较高的利润增长水平。其间，两大行业的利润在工业企业利润总额中所占的比重也在不断提升，从 2015 年的 1.52% 上升至 2018 年前三季度的 10.98%。进入 2018 年第四季度，两大行业利润增速下行，工业绩效也呈现出相同的滑落趋势。两大行业第四季度利润之和的工业占比也回落至 2.13%。钢铁、煤炭行业处于工业的中上游，下游的关联行业众多。两大行业均属于劳动密集型的重资产行业，资产之和的工业占比达到 10.2%。两大行业的盈利情况已经成为工业绩效水平的晴雨表。钢铁、煤炭行业利润高，规上工业企业即呈现出稳中向好的态势；反之，工业增长就会出现波动。详见表 3。

2018 年 11 月和 12 月，我国工业企业利润大幅下滑的因素是多方面的，其中的主要原因有两个。其一，钢铁、煤炭市场出现较大幅度的短期波动，导致行业盈利水平下降；其二，中美经贸合作的不确定性影响了我国重要出口目的国的市场预期，导致出口导向型行业利润大幅下滑。未来的国际贸易摩擦仍将不断，随时可能出现进一步恶化的情况。因此，国内

表 3　　钢铁、煤炭行业的盈利趋势与工业绩效关联度高

时间	两大行业利润之和（亿元）	利润总额的工业占比（%）
2015 年	966.3	1.52
2016 年	2750.0	4.00
2017 年	6378.7	8.48
2018 年	5812.7	8.76
2018 年前三季度	5459.1	10.98
2018 年第四季度	353.6	2.13

资料来源：Wind 数据库。

市场能否稳住是实现工业平稳发展的关键。基于以上分析可以判断，在经济由高速增长转向高质量发展的转型阶段，工业增长对钢铁、煤炭行业依然保持着高依赖度。当前，巩固钢铁、煤炭去产能成果，避免出现基础性行业市场出现较大波动，对实现工业平稳发展意义重大。

（二）行政去产能已不适应当前行业发展稳中趋缓的新要求，需以市场化法治化办法取而代之

综合评价去产能效果，行政化的方式达到了短期内实现行业解困的效果，但也存在后遗症，并不适应新形势的新要求。钢铁、煤炭行业去产能任务提前、超额完成，但目前的产能总量仍然偏多，产能压力一直存在。行业企业之所以能够连续三年实现利润高增长，主要原因是行政手段发挥了重要作用。主要的行政手段包括大气污染防治核心区的产能大幅度压减以及临时实施限产和停产措施两项，让大规模产能无法集中释放。此外，我国将行政手段与市场化法治化手段相结合，在较短时间内出清统计外地条钢产能，为正规粗钢产能让出了 1.4 亿吨的市场空间，占全年 9.28 亿吨粗钢产量的比重超过 15%。

行业企业虽然效益显著，但也开始面对行政化带来的后遗症。主要体现在三个方面：首先，产能压减的重点是大气污染核心区，存在核心区压减的产能效率高于非核心区存留产能效率的情况，造成行业的不公平竞

争，并影响行业实现高质量发展；其次，核心区产能大幅压减、常态化限产和停产带动全国同行业企业利润普遍大幅提升，同时也提升了非核心区减量置换产能的积极性，形成核心区减、非核心区增的局面，以致产能总量依然较高；最后，短期内大幅提升的利润让企业有能力建设大型化产能和精品化产能，导致发电用燃料煤领域和一些精品特钢领域产能风险陡增。以上三点后遗症也较好地揭示了产能压力新特点形成的主要原因。

新时期，巩固去产能成果的目标已经从当初的尽快解困转变为实现行业发展稳中趋缓，应尽量避免行政去产能带来的大起大落，关键要依靠市场化法治化办法。钢铁、煤炭企业普遍实现了连续三年高盈利，已不存在当初的燃眉之急。目前的当务之急是如何在经济增速再降台阶、国际经贸形势难以乐观的压力下，担负起工业在平稳中迈向高质量发展的重任。实践证明，行政去产能存在后遗症，更容易形成短期内的大起大落。这恰恰是稳中趋缓的忌惮，已经不适应新的发展要求。巩固去产能效果的关键是依靠市场化法治化办法。首先，市场化法治化办法的本质是形成产能治理的长效机制，能够通过市场公平竞争精准淘汰、适时淘汰真正的低效产能，提升行业发展的质量；其次，市场化法治化办法能够充分发挥市场的自调节功能，实现资源的优化配置，有助于避免由于微观主体误判导致资源向某些领域集中错配，有助于避免行业大起大落。

（三）用市场化法治化办法巩固钢铁、煤炭行业去产能成果有两个着力点

坚持严控产能总量的基本原则，从标准统一和低效资产处置两个方面入手，及时出清低效产能。钢铁、煤炭产能总量依然偏多，本就存在产能压力。而且，从目前行业固定资产投资趋势来看，产能总量还存在不减反增的可能性。再加上单体规模大型化提高了市场供应的弹性上限和产能对市场需求的反应速度，钢铁、煤炭行业依然存在不小的产能压力。三年行政去产能的实践证明，解行业燃眉之急最有效的办法是限产和停产措施，减量置换等行政审批并没有起到保持产能总量在合理区间的作用。两大行

业的产能总量目前是减少了，但减少的幅度都不够。随着新建产能、技改产能在未来三年内的逐步释放，产能总量存在再次正增长的可能性。为有效防范产能风险，必须坚持严控产能总量的基本原则，必须采取市场化法治化办法。

首先，统一全国产能标准，逼退不达标产能。我国已经启动钢铁超低排放改造。在统一、公平的监管条件下，只有具备较强综合实力的钢铁企业才能实现超低排放。因此，以排放水平为标准能精准淘汰、适时淘汰低效的钢铁产能。但实现钢铁超低排放不是安装上环保设备那么简单，需要在关键工艺环节、氮氧化物排放等方面实现技术创新，并降低超低排放的成本。因此，国家应在出台超低排放的限制性政策同时，也出台鼓励钢铁企业减排技术创新的激励型政策。对于煤炭行业而言，统一全国标准同样重要，尤其是统一电煤产能的标准。煤种稀缺的化工用原料煤产能标准至少在规模上不能与电煤产能等同。

其次，畅通低效产能退出渠道。一是可考虑在低效产能分布较为集中的地区由当地政府主导设立去产能行业的低效资产处置平台。参考资产处置和债务处置的典型经验，发挥平台统筹结构调整、优化资源配置、协助沟通债权债务等功能优势，有计划地加速退出本地低效资产。二是针对大中型钢铁、煤炭民营企业同样面临低效难退的困境，但无法与国有企业同等享受债转股政策的实际情况，或可考虑由当地政府主导成立专门的民营不良资产重组公司。由专业化公司协调金融机构、企业资源，采用政策性债转股、市场化破产、资产重组等手段优化配置、集中处置大中型民营钢铁、煤炭企业的不良资产。三是避免银行催债。为仍有发展潜力的高负债钢铁、煤炭企业留出退出低效产能、积极转型发展的偿债时间和空间。这类企业转型成功对稳就业、稳税收意义重大。四是落实国家稳就业政策。政府可研究出台具体的政策措施支持企业、鼓励企业少裁员、不裁员。

做好增量产能大文章，关键是形成差异化发展。我国去产能行业新增产能同质化矛盾较为突出。原因有两个，一是去产能行业的产业政策对企业争先上同质化产能发挥了一定的引导作用；二是企业的战略视野有限，没有意识到新产能的未来风险。对此，政府应该有所为。政府的所为不是引导企业发展先进产能、精品产能，产能是否达标通过标准监管即可，政府的所为是支持、鼓励企业技术创新。

具体而言，政府应从传统的生产导向的治理理念转变为市场导向：对钢铁行业，政府立足金属材料细分领域的创新需求鼓励钢铁企业技术创新，通过差异化的地区钢材料发展重点定位引导钢铁企业差异化发展。对于煤炭企业，政府立足煤炭清洁燃烧的消费需求鼓励煤炭企业精益化发展，不再刻意追求产量规模，而是从质量标准入手突破电煤产品标准化程度低的难题，通过开发煤炭的清洁功能提升燃烧价值，实现电煤领域从生产环节向清洁供应环节升级；政府立足煤基新材料的市场需求以及对稀缺原料煤的保护性开采要求，鼓励具有资源条件和技术实力的煤炭企业着重开发功能独特的煤基新材料，跳出传统煤化工的固有思维。

（四）其他面临产能压力的去产能重点行业同样需要市场化法治化办法

除了钢铁、煤炭两大重点去产能行业外，我国还有一些去产能行业同样面临着较大的产能压力，包括煤电、水泥、平板玻璃等。例如，水泥、平板玻璃等行业，产能压力较大，但产能释放受到非市场因素的约束，行业企业反而保持了高盈利水平。煤电行业的情况不同，行业企业的利润主要受上游电煤价格的影响，产能过剩带来的主要问题体现为资产回报率低。尽管情况各有不同，但这些行业的一个共同特点是，通过行政化去产能并没有将产能总量调整到合理区间，反而有产能总量反增的趋势。解决矛盾的根本之道同样是采用市场化法治化的办法，只是侧重点根据行业特点而各有不同。水泥、平板玻璃等行业需要在提升产能标准、畅通退出渠道的同时，强化地方产能治理的责任感和积极性；煤电行业需要重点加速低效资产的退出；等等。

执笔人：周健奇

第四章

房地产长效机制与近期重点

自 2016 年中央经济工作会议提出“加快研究建立符合国情、适应市场规律的基础性制度和长效机制”以来，长效机制研究加快推进，并在 2018 年取得实质性进展。2019 年 1 月 21 日，习近平总书记在省部级主要领导干部坚持底线思维着力防范化解重大风险专题研讨班开班式上发表重要讲话，提出要稳妥实施房地产市场平稳健康发展长效机制方案，这表明房地产长效机制将进入正式实施阶段。厘清房地产长效机制提出的背景和要解决的关键问题，把握好主要政策工具的作用机理，将有助于根据房地产市场形势的新变化，抓住房地产长效机制的重点，稳妥实施相关方案。

一、房地产长效机制提出的背景与要解决的关键问题

自 1998 年我国进一步深化城镇住房制度改革以来，房地产市场取得快速发展，不仅极大改善了居民居住条件，也带动了经济的较快发展。但在发展过程中，也出现了部分城市房价涨幅过快、一些城市房地产库存高企等问题。2003 年以来，针对房地产市场在不同阶段出现的问题，国家多次出台调控政策，努力解决房地产市场发展中面临的一些问题。受发展阶段和对房地产市场发展规律认识还不到位等因素影响，虽然每一次房地产调控都在一定程度上解决了最初要解决的主要问题，但针对特定问题的调控政策有时也带来一定的副作用。2007 年以来房地产销售、房价过快上涨和

销售明显下降的情况交替出现，在房价过快上涨阶段常常伴随投资投机性购房比重提升的情况，房地产市场还未能实现持续平稳健康发展的目标。

针对当时房地产市场存在的问题，2010 年 9 月 13 日，时任国务院总理温家宝在 2010 年夏季达沃斯论坛上的讲话中提出“住房问题既是经济问题，更是影响社会稳定的重要民生问题，稳定房价和提供住房保障是各级政府的重要责任。我们要进一步规范市场秩序，完善土地、财税、金融政策，加快建立促进房地产市场健康发展的长效机制，抑制投资、投机性需求，引导市场增加普通商品房供给，加快保障性住房建设，发展公共租赁住房，促进形成合理的住房供给结构，满足多层次的住房需求”①。此后，对房地产长效机制的研究开始受到各界关注。

受 2014 年商品房销售面积下降和前期房屋开工规模持续较快增加影响，2014 年之后房地产库存明显增多。在实施去库存政策后，从 2016 年 3 月开始房地产库存稳步回落，去库存效果不断显现。但与此同时，部分城市房价明显上涨，投资投机性需求比重再次上升。为解决房地产市场出现的新问题，2016 年中央经济工作会议提出促进房地产市场平稳健康发展，并明确要坚持“房子是用来住的、不是用来炒的”的定位，综合运用金融、土地、财税、投资、立法等手段，加快研究建立符合国情、适应市场规律的基础性制度和长效机制，既抑制房地产泡沫，又防止大起大落。要在宏观上管住货币，微观信贷政策要支持合理自住购房，严格限制信贷流向投资投机性购房。要落实地方政府主体责任，房价上涨压力大的城市要合理增加土地供应，提高住宅用地比例，盘活城市闲置和低效用地。特大城市要加快疏解部分城市功能，带动周边中小城市发展。要加快住房租赁市场立法，加快机构化、规模化租赁企业发展。加强住房市场监管和整顿，规范开发、销售、中介等行为。

总体来看，建立房地产长效机制的核心目标是实现房地产市场平稳健康发展，既抑制房地产泡沫，又防止大起大落。

① “温家宝在 2010 年夏季达沃斯论坛上的讲话”，中国政府网 2010 年 9 月 13 日。

二、房地产长效机制的核心内容与主要政策工具的作用机理

房地产长效机制是对房地产市场的运行状况及其供求总量和结构进行动态调整和监督的一系列政策，涉及土地供应、金融条件、税收杠杆、监测评估等一系列政策工具及调整措施，其目的是实现房地产市场长期平稳健康发展，防范房地产市场风险。2016 年中央经济工作会议对研究建立符合国情、适应市场规律的基础性制度和长效机制的要求中实际上已明确了长效机制应包括金融、土地等核心政策工具。从全球房地产市场波动和典型经济体房地产市场风险情况观察，金融、土地等政策工具的不当使用往往是房地产市场大幅波动乃至出现风险的主要原因。因此，研究建立房地产长效机制，需要厘清土地、金融等核心政策工具的作用机理及影响，在此基础上，才能准确把握房地产市场波动的主因，并根据市场情况的变化适时调整相关政策，以减少市场大幅波动与防范风险，促进房地产市场平稳健康发展。

（一）土地政策对房地产市场的影响机理

房地产市场平稳运行的关键是房屋的供求基本平衡，而土地供给变化对房地产供给能力具有重要影响。日本和我国香港在房价大幅上涨阶段都曾出现土地供应不足的问题。伦敦、纽约和旧金山等国际大都市的高房价也与当地受各种因素影响住房用地供应不足有关。日本和我国香港在土地政策方面的教训表明，要重视土地政策对住房供给的影响，在市场供不应求、房价涨幅较高的阶段，应采取增加土地供应的政策。从典型经济体住房市场发展历程观察，土地政策的调整对市场的影响具有一定滞后性，要实现市场供求总体平衡，调整土地政策宜针对人口总量和结构变化等指标及时调整土地供应情况。土地供给对住房市场具有较强的引导和预调作

用。当住房市场供不应求时，加大住宅土地供给量，强化对已供土地开发的监管力度，有利于改善供求偏紧状况；当住房市场供大于求时，调减和控制住宅用地供给量，则有利于避免土地闲置和缓解市场供过于求的状况。

（二）金融政策对房地产市场的影响机理

由于房地产价格远高于其他消费品的价格，也明显超出普通居民的年收入水平，大多数民众购买住房都需要使用银行贷款。因此，金融政策调整特别是利率和首付政策的调整将直接影响购房者支付能力的变化，进而对住房市场的需求和价格产生较大影响。当贷款利率上调时，购房者获得同样额度贷款金额的月供支出将增加，如果购房者的月供能力不变，就只能减少贷款金额，这会降低购房者的支付能力，进而对住房需求和房价上涨形成抑制作用。当贷款利率下调时，购房者在月供金额不变的情况下，可以获得更高的贷款金额，即购房支付能力将提高，这会增加市场需求并推高住房价格。从美国、日本和我国香港等典型经济体房地产市场波动的历程看，利率变化对房地产市场的影响均十分显著。以美国为例，从 2001 年 1 月 3 日到 2003 年 6 月 25 日，美联储 13 次降息，利率的大幅下降显著提高了购房人的支付能力，加之低首付和金融监管较为宽松，美国的房价涨幅显著提高；从 2004 年 6 月 30 日到 2006 年 6 月 30 日，美联储连续 17 次加息，利率水平快速提高造成购房人的月供支出在短时期内显著增加，由于居民收入增速显著低于月供增速，这成为美国次贷危机爆发的直接诱因，并随之出现住房销售量骤降和房价明显下滑。日本 20 世纪 80 年代末房地产泡沫的产生和破灭也与利率的大幅调整直接相关。日本从 1986 年初到 1987 年 2 月，贴现利率从 5% 降到 2.5%，并一直维持到 1989 年 5 月 31 日，这在很大程度上导致了房价的快速上涨和泡沫快速积累。1989 年 5 月底，日本中央银行选择提高贴现率，并在一年多的时间内将官方贴现率从 2.5% 提高到 6%，这成为日本房地产泡沫破裂的直接诱因，导致包括土地在内的各种资产价格大幅下跌。

从1998年以来我国住房市场的发展历程看，金融政策的变化特别是贷款利率的变化对住房市场需求和价格的影响较为显著，并且利率调整幅度越大，对住房市场的影响越大。例如，在2006年和2007年持续加息后，2007年9月五年期以上贷款基准利率提高到7.83%，这是1999年以来的最高水平。2007年9月27日，开始对二套房实行1.1倍基准利率的政策，1.1倍利率和当时的优惠利率相比，相当于加息196个基点。持续加息和1.1倍利率政策对市场需求产生较大抑制作用，2008年全国住房销售面积较2007年减少了20.3%。2008年第四季度，为应对国际金融危机，利率水平大幅降低。为促进房地产市场健康发展，从2008年10月27日开始，对首套房实行0.7倍的优惠利率，对属于改善型的二套房也比照首套房实行优惠利率。按照2008年12月23日调整后的五年期以上贷款基准利率5.94%计算，0.7倍利率只有4.158%，处于1998年以来的最低水平。由于利率水平大幅下调，购房人可以在首付和月供不变的情况下将贷款金额提高42.4%，将购房支付能力提高25.4%（见表1），这也是2009年全国房价涨幅较大的主要原因。2015年下半年住房销量回升也与2014年11月之后连续6次降息以及住房信贷环境明显好转有关。

表1　　贷款利率变化对购房人支付能力的影响

	2008年	2009年	涨　幅
房屋总价（万元）	100	125.42	25.4%
首付（万元）	40	40	0
贷款额（万元）	60	85.42	42.4%
贷款利率（%）	8.61	4.16	
月供（元）	5248.79	5248.58	
备　注	贷款利率为2007年9月至2008年9月五年期以上基准利率的1.1倍；月供按20年期等额本息计算	贷款利率为2008年12月至2010年4月五年期以上基准利率的0.7倍	

回顾住房制度改革以来特别是2006年以来我国房地产市场的几轮调

控，金融政策一直是调控的重要手段，并且调控呈频率加快趋势、调控方向经常在短期内出现重大变化，由此造成三个方面的问题。一是政策的稳定性不够，变化过于频繁，市场缺乏稳定预期；二是政策的协调性不够，首付和利率政策的同向变动加剧市场的波动；三是银行资金对购房行为过度支持，炒房资金中来自银行的比例较高，购房杠杆率偏高。在政策松绑期间，银行对于炒房的行为往往并没有良好的风险管控机制，使得很多炒房者成功获得银行贷款。理论和国内外金融政策调整的实践都表明，金融政策调整越频繁、幅度越大，房地产市场波动就会越大。要实现房地产市场持续稳定运行，需要尽可能保持房地产金融政策的相对稳定，减少首付和利率频繁调整对市场的冲击。

（三）税收政策的核心功能及其对房地产市场的影响

国际上许多国家都征收房产税（property tax），房产税本质上是对房屋征收的财产税。房产税具有税基广泛、不可移动、征收透明等特点，有利于地方政府形成稳定的收入来源，也具有一定的收入分配调节功能，因此国外普遍将房产税作为基层政府的重要税源。房产税主要用于当地教育、消防、公共服务等支出。由于各国征收房产税的目的是为基层政府财政筹集资金，因此普遍根据以支出确定收入的方式确定房产税的税率。房产税税率一般相当于房屋价值的0.5%～3%。房产税税率根据当地财政支出需要确定客观上造成房价高的城市相对较低的税率就可以筹集足够的财政收入，而房价低的城市则需要较高的税率才能够筹集足够的财政收入。即税率高是由于房价低，而不是税率高抑制了房价。国内有不少人根据国外房产税与房价的反向关系建议国内可以通过征收房产税抑制房价，这实际上是颠倒了房产税和房价的关系。从各经济体的实践看，美国早在1792年就开始征收房产税，日本、我国香港的房地产税收体系也相对健全，然而，这些经济体都经历过房地产泡沫和泡沫的破裂，这也表明房产税既难以起到有效调控房地产市场的作用，也难以成为实现市场稳定运行的主要政策工具选择。

为应对短期内出现的房价暴涨问题，一些经济体也曾调整过交易环节的税费。虽然税收政策的调整体现了监管部门的政策取向，在短期内对市场产生一定影响，但长期看仍难以起到有效抑制房价过快上涨或防范泡沫风险的作用。从我国香港的情况看，2004 年以来香港房价出现快速上涨趋势。为抑制市场投机行为，从 2010 年 11 月开始，香港特别行政区政府实施了针对投机投资性的额外印花税。若买家在 6 个月内转售，将征收 15% 的税率；6 个月至 1 年内转售，征收税率是 10%；1 ~ 3 年内转售，税率是 5%。但从效果上看，高额税率在抑制房价过快上涨方面的作用十分有限。2012 年1 ~ 10 月，香港中小型住宅价格升幅高达 21%，大型住宅价格上升 11%。因此，从 2012 年 10 月 26 日起，香港特别行政区政府又进一步推出两项房地产税收政策：第一，施行全新的买家印花税。即所有外地人士、本地及外地注册的公司购买香港住宅时需缴付 15% 的买家印花税。第二，提高额外印花税的税阶，将试用期延长至 3 年。若买家在 6 个月内转售，额外印花税率增加到 20%；6 个月至 1 年内转售，税率增至 15%；1 ~ 3 年内转售的税率提高到 10%。但仍然没有起到抑制房价继续上涨的势头，2012 年全年香港房价涨幅还是高达 20%。2004 年以来，韩国住房价格不断走高，出现泡沫积累迹象。为了抑制住房价格的过快上涨。2005 年 8 月，韩国政府颁布了《不动产综合对策》，包括征收综合不动产税①。2005 年韩国房地产市场出现了明显降温（涨幅为 -4.2%），但到 2006 年，韩国房价涨幅又达到 11.6%。这从一定程度上表明，税收政策对住房市场短期会产生影响，但影响难以持续。从理论上说，在其他条件不变的情况下，降低交易环节税费将会带来交易量的上升和价格的下降，增加交易环节税费则会降低交易量并推升房价。因此，实施相关政策，厘清相关政策

---

① 出售第 2 套以上房产的卖主需交纳 30% 的资本收益税，对超过 6 亿韩元标准市价的高价公寓所有者和 1 户多住宅所有者、不在地主等对象征收巨额所有税和转让所得税。2007 年起这一税率提高到 60%。在开征综合不动产税的同时，还把住房交易税率从 4% 下调到 2%。

的作用机理至关重要。

房地产市场的波动和房价的变化从根本上说是供求变化的结果，在需求方面，收入增长和利率政策调整是对需求影响最为重要的因素；在供给方面，则主要受土地供应量多少的影响。因此，要实现市场的稳定运行，实施房地产长效机制方案，要更加重视金融政策和土地政策的有效运用。

三、房地产市场形势的新变化及其对长效机制建设的新要求

提出建立房地产长效机制时，主要面临的是部分城市房价涨幅过快的问题。2018 年上半年之前，面临的市场环境也仍然主要是房价上涨压力较大的问题。因此，前期对房地产长效机制的研究更加重视应对高房价问题。但是 2018 年下半年以来，房地产市场形势出现一些新的变化，房价上涨预期也有所变化，一些潜在的风险也有所显现，这对房地产长效机制建设提出了新的要求。

（一）2018 年房地产市场形势出现新变化

随着 2016 年和 2017 年房地产销售面积的持续增加，库存显著下降，2018 年上半年大部分城市已由前期的供过于求转向供求平衡或供不应求，房价上涨压力加大，特别是三、四线城市房价涨幅较高。部分热点城市受新房限价影响，曾在一段时期内出现新房价格低于周边二手房价格的情况，在买到就是赚到的利益驱动下，短期内带来大量需求，一些城市出现“一房难求”和“摇号购房”的恐慌性购房现象。同时，由于市场销售较为旺盛、房价涨幅较高，房地产开发企业和居民家庭杠杆率上升都加快，蕴藏一定风险。

为应对房价过快上涨问题，房价上涨压力较大的城市进一步加强了需求调控，并增加了土地供应。2018 年下半年特别是 9 月以来，房地产市场

出现新的变化。一是新开工和销售背离问题再次显现。2018 年在房屋销售面积增速持续回落的情况下，房屋新开工面积增速却持续提高，特别是下半年房屋新开工面积增速显著加快，全年房屋新开工面积增速较销售面积增速快 15.9 个百分点，这意味着后续商品房供应量将加大，如果销售下降，可能出现新一轮的库存积累问题。二是 2018 年第三季度以来，随着市场预期的变化，各地逐步调整前期的限价政策，“新房与二手房价格倒挂”等问题逐步缓解，抽签购房现象明显减少。三是受融资渠道收紧等因素影响，部分高负债的房地产开发企业存在一定的流动性风险，并在下半年通过个别项目的促销加快资金回笼。四是随着销售的回落、新房供应量的增加以及“新房与二手房价格倒挂”问题的缓解，房价上涨预期有所变化。

（二）房地产形势变化对长效机制建设的新要求

房地产形势的变化对长效机制建设提出了新的要求。

一是房地产长效机制建设既要积极应对房价上涨过快问题，也要有效应对房地产市场下行时出现的问题，通过长效机制主要政策工具的适时运用切实实现市场平稳健康发展的目标。

二是房地产长效机制建设要妥善应对区域分化问题。在我国城镇户均住房达到 1.1 套左右，总体解决住房短缺问题的新形势下，区域分化问题日益突出，房地产长效机制建设既要积极应对部分热点城市房价过高的风险，也要有效应对部分三、四线城市潜在的供应过剩风险。

三是房地产长效机制既要关注短期的市场波动，也要重视中长期的供求平衡问题。2013 年我国城镇户均住房达到 1.0 套左右，我国房地产市场发展开始从以往的供不应求进入到供求总体平衡阶段。近几年随着房地产的持续大规模建设，户均规模进一步增加。随着房地产中长期供求形势的变化，长效机制建设不仅要关注短期的市场波动问题，也要更加重视发展阶段变化带来的中长期供求平衡问题。

（三）长效机制建设和房地产政策调整的新趋势

2018 年 12 月中央经济工作会议提出“要构建房地产市场健康发展长效机制，坚持房子是用来住的、不是用来炒的定位，因城施策、分类指导，夯实城市政府主体责任，完善住房市场体系和住房保障体系”①。

2018 年 12 月 24 日召开的全国住房和城乡建设工作会议强调，2019 年将以稳地价稳房价稳预期为目标，促进房地产市场平稳健康发展。一是以稳地价稳房价稳预期为目标，促进房地产市场平稳健康发展。坚持房子是用来住的、不是用来炒的定位，着力建立和完善房地产市场平稳健康发展的长效机制，坚决防范化解房地产市场风险。坚持因城施策、分类指导，夯实城市主体责任，加强市场监测和评价考核，切实把稳地价稳房价稳预期的责任落到实处。继续保持调控政策的连续性稳定性，加强房地产市场供需双向调节，改善住房供应结构，支持合理自住需求，坚决遏制投机炒房，强化舆论引导和预期管理，确保市场稳定。二是以加快解决中低收入群体住房困难为中心任务，健全城镇住房保障体系。支持人口流入量大的一、二线城市和其他热点城市降低准入门槛，增加公租房有效供应，因地制宜发展共有产权住房。继续推进棚户区改造。三是以解决新市民住房问题为主要出发点，补齐租赁住房短板。人口流入量大、住房价格高的特大城市和大城市要积极盘活存量土地，加快推进租赁住房建设，切实增加有效供应。继续推进集体土地建设租赁住房试点工作。深化住房公积金制度改革，研究建立住宅政策性金融机构，加大对城镇中低收入家庭和新市民租房购房的支持力度，全面提高住房公积金服务效能和管理水平。

同此前相比，房地产长效机制建设和相关政策更加重视因城施策和分类指导，更加强调夯实城市政府主体责任，这是针对我国总体解决住房短缺问题，但房地产市场区域分化的新形势对房地产政策做出的相应调整。

① “中国经济工作会议举行 习近平李克强作重要讲话”，中国政府网 2018 年 12 月 21 日。

四、实施房地产长效机制需把握的关键点

2019年1月21日，习近平总书记在省部级主要领导干部坚持底线思维着力防范化解重大风险专题研讨班开班式上发表重要讲话，提出“各地区各部门要平衡好稳增长和防风险的关系，把握好节奏和力度。要稳妥实施房地产市场平稳健康发展长效机制方案”①，这表明房地产长效机制将进入正式实施阶段。房地产长效机制已经经历了长时间的研究，在进入正式实施阶段后，需要特别重视房地产基础信息平台建设，并建立房地产持续健康发展的评价体系，在此基础上，用好各种政策工具，特别是金融、土地等核心政策工具。

（一）加强房地产基础信息平台建设

对房地产市场进行准确判断并根据市场形势变化适时调整相关政策的关键是要及时、准确地掌握房地产市场运行的相关数据。为此，需要进一步加强房地产信息平台建设，建立房地产信息共享机制，整合人口、土地供应、房地产销售、金融条件等方面的相关数据，做到既能准确掌握土地和住房供给方面的“家底”，也能够实时跟踪人口总量和结构变化及市场需求方面的新情况，实现对房地产市场进行全过程动态监测，为提高房地产调控的精细化水平提供基础条件，促进房地产市场的平稳健康发展。

（二）建立房地产持续稳定健康发展的评价体系

房地产市场的波动受人口总量和结构的变化、金融政策的调整、土地供应的多少等多种因素影响，准确判断房地产市场形势，需要在把握房地

---

① “习近平在省部级主要领导干部坚持底线思维着力防范化解重大风险专题研讨班开班式上发表重要讲话”，中国政府网2019年1月21日。

产发展规律的基础上，研究建立房地产持续稳定健康发展的评价体系，并引导各级政府根据市场形势变化及时对相关政策进行前瞻性、可预期的调整。

一是确定评价体系的主要内容。评价体系要紧紧围绕更好满足人民群众对美好生活的向往、不断提升居住品质和实现房地产市场持续稳定健康发展两大核心目标，重点确立三个方面的评价指标。第一，建立与房地产市场高质量发展相应的指标，以实现不断提升居住品质的目标；第二，建立市场供求方面的评价指标，既要关注短期的供求形势，更要重视中长期的供求平衡，防范供给不足带来的房价暴涨和出现严重的供给过剩问题；第三，建立价格波动方面的评价指标。

二是确定评价标准，并建立预警机制。与评价体系的内容相适应，确定相应的评价标准。质量发展方面的评价指标要着重评价居住的安全性、宜居性、便捷性等方面。在供求方面要着重评价户均住房套数、市场交易情况等并将建立相应的预警指标。从户均套数来看，低于1.0时表明市场处于短缺状况，当户均住房套数超过1.1时，表明市场存在过剩风险。由于户均住房套数和人口总量及结构变化密切相关，因此要重视监测常住人口数量和家庭规模的变化。在房价波动方面，要重在评价房价跟社会经济发展相适应、市场需求与接受能力相适应的评价体系，建议以所在城市的房价收入比的多年均值作为参照基准和预警指标，当房价收入比出现与多年均值的背离时，及时查找原因并进行相应的供求方面的调控。

三是完善考核机制。建议在确立评价体系后，调整完善考核机制，从目前更重视短期的单项考核逐步转向与中长期发展目标相适应的常规性、全面考核。

（三）建立应对利率变化的对冲机制

住房金融政策的变化特别是利率的大幅波动，是各国住房市场大幅波动的首要原因。要实现住房市场稳定健康发展，需要将完善住房金融政策放在首位。建议实行中性的住房金融政策，通过调节住房贷款的首付比例和利率水平，实现住房市场金融条件的基本稳定。为此，应建立应对利率变化的对冲机制，在宏观经济形势变化和进行利率调整时，进行利率水平和首付比例反向调节，即在贷款利率下调时，适当上调首付比例；在贷款利率上调时，则适当下调首付比例。实行住房首付比例和贷款利率反向调整政策的目的，是防止因利率调整造成购房人支付能力在短期内发生重大变化，进而造成市场需求和房价的大幅波动，诱发系统性房地产风险。探索引入住房贷款固定利率产品，稳定居民住房支付能力。

（四）完善土地供应机制

短期的供求失衡往往与土地供应量明显不足或明显过大直接相关，因此要重视完善土地供应机制，特别是重视根据当地房地产总体供求情况和阶段性的供求形势变化，合理确定土地供应规模，完善招拍挂定价机制。一方面，要建立“人地挂钩”和“房地联动”机制，建议从各地住房市场发展实际状况出发，适应人口总量和结构变化的需求，在科学预测住房需求的前提下，合理确定住房用地供应量，把握供应节奏，既要防止出现短期内供地过多带来的供过于求、库存高企问题，也要避免热点城市严格限制土地供应量带来的土地价格高企、房价暴涨等问题，还要重视住宅、商业和办公用地供应的结构要合理，加大对未开发闲置用地的处理力度，提高有效供给能力。另一方面，要完善商品房用地招拍挂机制，提高房地产开发企业购地的保证金比例，同时加强对保证金来源的监管，有效抑制地价过快上涨。

（五）进一步完善需求分类调控机制

进一步完善支持自住型需求，适当抑制投资性需求，坚决遏制投机性需求的分类调控机制。

一是继续坚持和完善限购政策。限购政策是适当抑制投资性需求、坚决遏制投机性需求效果最好、成本最低、误伤最小的方式，建议继续坚持和完善限购政策。对本地常住人口，继续坚持每户家庭限购 2 套房（可进一步区分本地户籍人口和常住人口），对非常住人口限购 1 套房或不允许购房。具体限购标准由当地政府根据本地城市定位和市场供求情况确定。

二是完善差别化的信贷政策。区分首次置业、二次购房、三次及以上购房等情况，设定不同的首付比例要求，支持首次置业和正常的改善型需求，严格限制投资投机性需求利用金融杠杆。

三是逐步取消限售政策。在完善相关政策的基础上，逐步取消限售政策，这样既有利于增加市场供应，也有利于减少政策对绝大多数正常购房群体的误伤，将自由处置资产的权利还给购房人。

（六）建立区域联动调控机制

根据城市化发展阶段的要求，建立面向以特大型城市及部分热点城市为核心的城市群房地产市场调控区域协调机制。

一是建立房地产市场区域协调发展机制，将核心城市与周边中小城市的住房供应和需求以及公共资源配置、产业布局和基础设施建设统筹考虑，从考虑单个城市的住房供求平衡拓展到以中心城市为核心的城市群的住房供求平衡，通过建立区域协调发展机制解决部分中心城市在住房供求方面面临的矛盾。

二是建立调控联动机制，根据区域内中心城市与周边中心城市房地产市场波动特点，采取有“限”有“放”、有“保”有“压”的差别化调控措施，有序引导中心城市或热点城市住房需求疏解，促进周边城市房地产市场有序发展。

（七）建立高效、顺畅的房地产调控决策与协调机制

房地产市场的波动受土地供应、金融、财税等政策影响较大，金融、财税政策主要集中在中央，土地供应则主要是地方政府的事权。从地方层

面看，大多数城市的国土资源与房屋管理往往不属于同一部门，以往当地住房和土地供应计划存在无法有效衔接的问题。为做好房地产长效机制的实施工作，在中央和地方层面都宜建立高效、顺畅的房地产调控决策与协调机制，确保不同部门在政策目标、政策工具等方面的一致性、协调性。

执笔人：邓郁松

第五章

结构性去杠杆的重点和策略

过去一段时间以来，我国结构性去杠杆取得了积极成效，去杠杆的制度建设取得重大突破，宏观杠杆率在2018年出现下降，杠杆结构的优化也在不断推进。但也要看到，去杠杆过程中还存在着居民部门杠杆率上升较快、国有企业去杠杆进展缓慢、存量债务风险处置面临诸多困难等问题。当前，结构性去杠杆的宏观环境出现新变化，经济下行压力加大和宏观政策强化逆周期调节将对结构性去杠杆的重点和策略提出新的要求。2019年推进结构性去杠杆，要在全面理解结构性去杠杆内涵的基础上，根据宏观环境的新变化，调整结构性去杠杆的重点，更加注重处理好去杠杆和稳增长的关系；要结合当前金融风险防控形势，以居民部门稳杠杆、资本市场拆杠杆、地方国企去杠杆、抑制地方政府隐性债务过度膨胀和推动政府部门规范加杠杆为重点，着力解决杠杆的重大结构性问题，避免杠杆结构的恶化，增强金融体系韧性。

一、过去一段时间以来结构性去杠杆取得积极成效

自去杠杆成为供给侧结构性改革重点任务后，特别是2018年结构性去杠杆成为防范化解重大风险攻坚战基本思路，保持宏观杠杆率基本稳定被纳入经济社会发展主要目标后，去杠杆进程提速并取得了实质性成效，制度建设取得重大突破，宏观杠杆率有所下降，杠杆结构优化也在不断推进。

（一）结构性去杠杆的制度建设取得重大突破

全球金融危机后，中国宏观杠杆率快速攀升很大程度上源于制度性缺陷。例如，缺乏对非金融企业（特别是国有企业）和地方政府的债务约束机制，对金融部门信用扩张的约束机制不健全，房地产市场健康发展长效机制未及时建立，等等。持续有效地推进去杠杆，必须依托于制度建设。近年来特别是 2018 年以来，去杠杆的制度建设成效主要体现在以下四个方面。

非金融企业部门方面，硬化国有企业预算约束机制取得重大进展。国有企业去杠杆被认为是企业部门去杠杆的重中之重。2018 年 9 月，中共中央办公厅、国务院办公厅发布《关于加强国有企业资产负债约束的指导意见》，要求以资产负债率为基础约束指标，分类确定了国有企业资产负债约束指标标准；从合理设定资产负债率水平和资产负债结构、加强资产负债约束日常管理、强化国有企业集团公司对所属子企业资产负债约束、增强内源性资本积累能力等方面完善国有企业资产负债自我约束机制；从建立科学规范的企业资产负债监测与预警体系、建立高负债企业限期降低资产负债率机制、健全资产负债约束的考核引导、加强金融机构对高负债企业的协同约束、强化企业财务失信行为联合惩戒机制等方面强化国有企业资产负债外部约束机制；从厘清政府债务与企业债务边界、支持国有企业盘活存量资产优化债务结构、完善国有企业多渠道资本补充机制、积极推动国有企业兼并重组和依法依规实施国有企业破产等方面加强国有企业资产负债约束的配套措施。

政府部门方面，完善地方政府举债约束机制取得重大突破。政府部门去杠杆主要是要抑制地方政府隐性债务无序膨胀。2018 年 8 月，中共中央、国务院发布《关于防范化解地方政府隐性债务风险的意见》，中共中央办公厅、国务院办公厅发布《地方政府隐性债务问责办法》，建立了终身问责、倒查责任的问责机制。

居民部门方面，房地产市场健康发展长效机制建设取得进展。居民部门债务的主体构成部分是个人住房贷款，居民部门控杠杆的着力点在于通过促进房地产市场稳定来抑制个人住房贷款过快增长。2018 年，房地产市场健康发展长效机制建设取得积极进展，2019 年已进入稳妥实施房地产市场平稳健康发展长效机制方案的阶段。

金融部门方面，信用扩张约束机制的补短板取得积极进展。非金融部门债务累积和金融机构的信用扩张或资产膨胀是一体两面的关系，约束金融机构信用扩张或资产膨胀，就是从资金供给方推动非金融部门去杠杆。2018 年 1 月，原银监会发布《商业银行委托贷款管理办法》，对委托贷款的资金来源和资金用途进行了规范，特别是明确了商业银行不得接受受托管理的他人资金、银行的授信资金等资金发放委托贷款。2018 年 4 月，中国人民银行等部委联合发布《关于规范金融机构资产管理业务的指导意见》，对金融机构资管业务进行规范。2018 年 5 月，银保监会发布《银行业金融机构联合授信管理办法（试行）》，要求建立联合授信机制，以抑制多头授信、过度授信行为。

（二）宏观杠杆率出现近年来的首次年度性下降

去杠杆不是不要杠杆，而是要维持宏观杠杆率基本稳定。维持宏观杠杆率基本稳定也首次被写入 2018 年国务院政府工作报告的年度经济社会发展的预期目标。2018 年，这一目标得到超预期实现。

初步测算①，2018 年末中国非金融部门债务余额为 224.7 万亿元，宏观杠杆率为 249.6%，与同期美国水平接近，但大幅高于同期德国及新兴经济体平均水平（见图 1）。

宏观杠杆率在 2018 年出现近年来的首次年度性下降。2017 年，中国宏观杠杆率便已出现企稳态势，宏观杠杆率增幅大幅放缓。2018 年，这一趋势得以延续，宏观杠杆率下降了 1.5 个百分点②（见图 2）。

---

① 本文对中国宏观杠杆率及各部门杠杆率的测算口径与国际清算银行不同，测算口径详见：朱鸿鸣、韩若愚："中国宏观杠杆率测算存在的错误及修正"，载《东北财经大学学报》2018 年第 1 期。

② 根据中国人民银行行长易纲在十三届全国人大二次会议记者会上披露的数据，中国人民银行的测算结果为：2018 年末宏观杠杆率为 249.4%，较 2017 年末下降 1.5 个百分点。

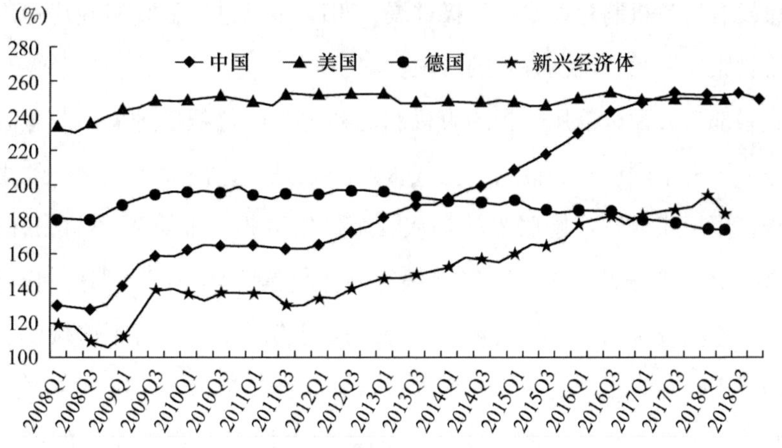

图 1　主要经济体宏观杠杆率

注：除中国外，其他国家宏观杠杆率数据来源于国际清算银行。

资料来源：国际清算银行；中国人民银行、银保监会、财政部、住房和城乡建设部、外汇局、证金公司、上交所、深交所、证券业协会、基金业协会、银行业理财登记托管中心、Wind 数据库、笔者测算。

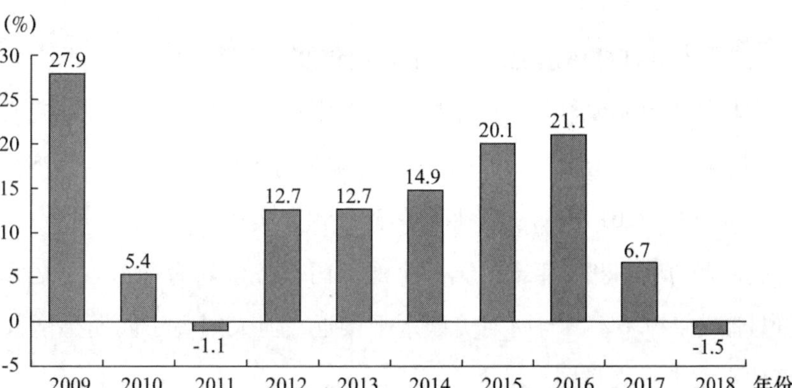

图 2　全球金融危机以来历年中国宏观杠杆率增幅

资料来源：笔者测算。

从“分子—分母”视角看，2018 年宏观杠杆率下降的主要原因在于非金融企业部门债务余额增速大幅放缓至低于名义 GDP 增速的水平。2018 年，尽管名义 GDP 增速下降 1.2 个百分点至 9.7%，但非金融企业部门债务余额增速下降幅度更大，下降 4.8 个百分点至 9.1%，较 2018 年名义 GDP 增速低 0.6 个百分点（见图 3）。

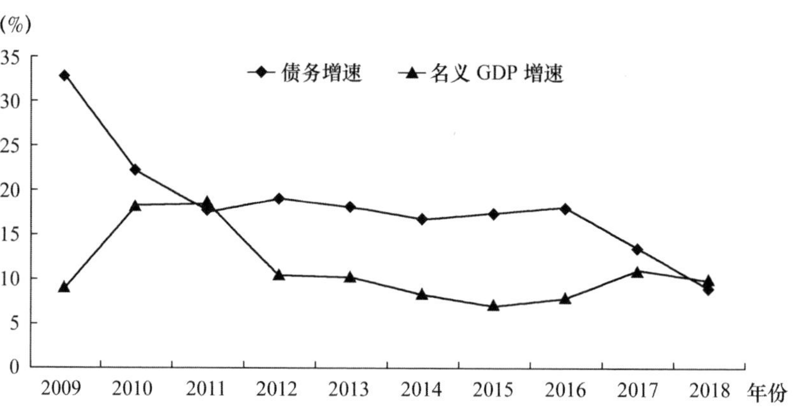

图 3　全球金融危机以来历年债务余额及名义 GDP 增速

资料来源：国家统计局，笔者测算。

分季度看，2018 年宏观杠杆率下降的主要原因是 2018 年第四季度宏观杠杆率的明显下滑。2018 年第一季度至第四季度，宏观杠杆率分别上升 0.8 个百分点、下降 0.6 个百分点、上升 0.9 个百分点和下降 2.6 个百分点（见图 4）。2018 年第四季度宏观杠杆率之所以出现较大幅度下降，与地方政府债券在第三季度集中发行和非金融企业及机关团体贷款增幅萎缩相关。2018 年第三季度，地方政府债券余额新增 2 万亿元，而第四季度新增额不足 1000 亿元；2018 年第四季度非金融企业及机关团体贷款余额新增 9600 亿元，较第三季度少增 9000 亿元左右。

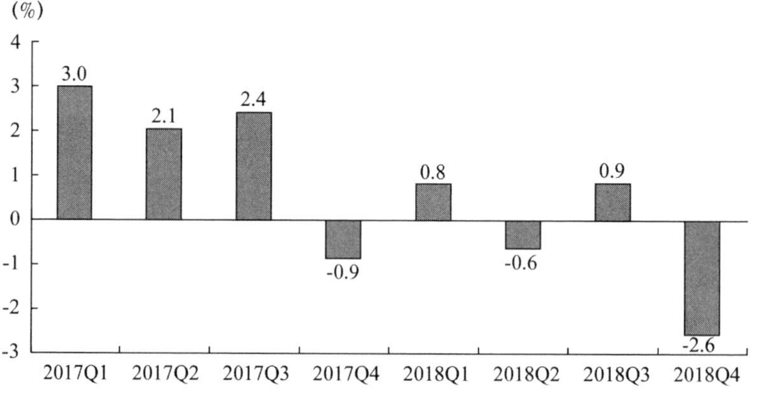

图 4　2017～2018 年各季度宏观杠杆率增幅

资料来源：笔者测算。

分部门看，2018 年宏观杠杆率下降的主要原因是非金融企业部门去杠杆幅度较大。2018 年末，非金融企业部门债务余额为 132.8 万亿元，同比增长 6.2%，增幅较 2017 年同期水平大幅下降 6.3 个百分点，较 2018 年名义 GDP 增速低 3.5 个百分点。受此影响，非金融企业部门杠杆率出现明显下滑。2018 年末，非金融企业部门杠杆率为 147.4%，2018 年全年下降 4.9 个百分点，其中第四季度下降了 3.0 个百分点（见图 5）。

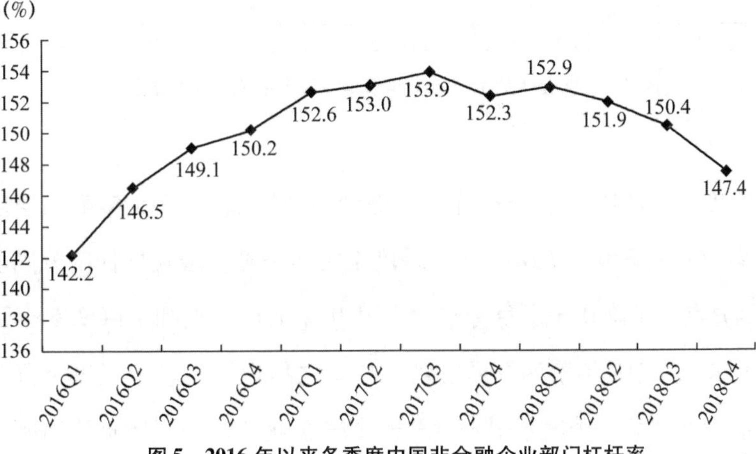

图 5　2016 年以来各季度中国非金融企业部门杠杆率

资料来源：笔者测算。

（三）杠杆结构优化取得明显进展

影响宏观金融脆弱性的不仅是宏观杠杆率的绝对水平和增幅，杠杆结构也是重要因素。因此，杠杆结构优化也是去杠杆的应有之义。从风险防范的视角看，去杠杆过程中除了要关注国民经济各部门（即非金融企业部门、居民部门、政府部门）意义上的结构外，还要关注债务类别、债务成本、债务规范性、债务风险传染性等意义上的杠杆结构。2018 年，杠杆结构的优化主要体现在以下几个方面。

一是影子银行类债务萎缩，债务的规范性和透明度上升。2018 年，信托贷款和委托贷款合计下降 2.29 万亿元，较 2017 年少增 5.28 万亿元。2018 年末，信托贷款和委托贷款余额合计 20.21 万亿元，同比下降

10.2%，增速较2017年末低25.5个百分点（见图6）。影子银行债务萎缩的同时，规范度相对较高的银行表内贷款保持较快增速。2018年末，人民币贷款余额134.7万亿元，增速达到13.2%，显著高于同期非金融部门债务余额增速（9.1%）和社会融资规模存量增速（9.8%）。受此影响，人民币贷款余额占非金融部门债务余额和社会融资规模存量的比重均有明显上升。

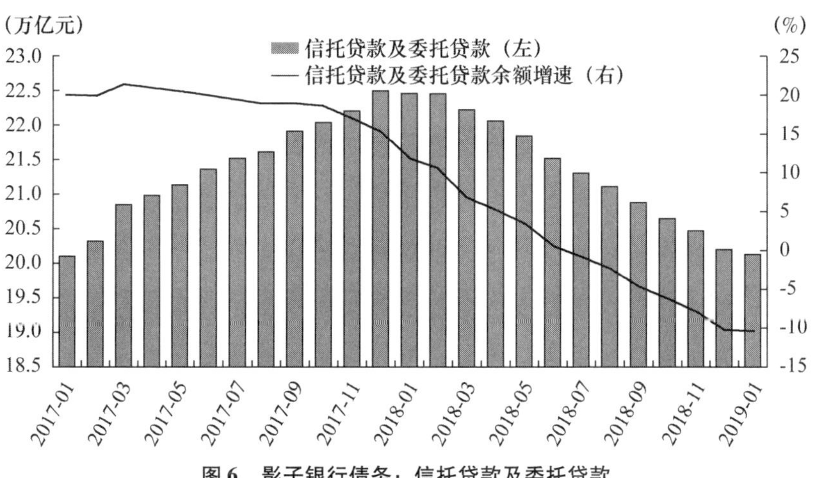

图6　影子银行债务：信托贷款及委托贷款

资料来源：中国人民银行，作者计算。

二是金融机构同业资产规模萎缩，关联性强的债务比重下降。2018年末，其他存款性公司对其他存款性公司债权（即银行同业债权）同比下降3.0个百分点，延续了2017年6月以来的下滑态势；其他存款性公司对其他金融机构债权（即银行对非银行金融机构债权）同比下降7.8%，增速较2017年末下降13.6个百分点。受此影响，同业资产占银行总资产比重出现明显下滑。2018年末，银行同业资产比重为20.5%，较2017年末下滑2.6个百分点，已降至2012年左右的水平（见图7）。

三是地方政府的债券类债务比重提高，债务成本下降。2018年，地方政府债务置换继续推进，全年共发行地方政府置换债券近2万亿元；新增地方政府债务均通过发行一般债券或专项债券筹集，全年发行新增债券也

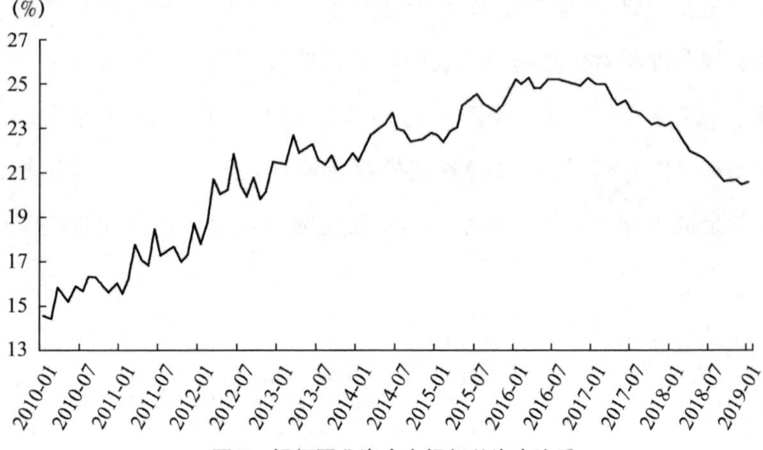

图7 银行同业资产占银行总资产比重

资料来源：中国人民银行，笔者计算。

在2万亿元左右。受此影响，2018年末非政府债券形式的存量政府债务仅为3151亿元，占地方政府债务比重已降至1.71%。

二、结构性去杠杆过程中仍存在一些问题

（一）居民部门杠杆率上升较快

2018年，中国居民部门杠杆率继续保持较快上升态势并达到较高水平。根据笔者测算，2018年末中国居民部门债务余额达57.1万亿元，同比增长15.3%；居民部门杠杆率已经达到63.4%，较2017年末继续上升3.1个百分点。目前，中国居民部门杠杆率水平已经超过日本、法国和德国水平（见图8）。

居民部门债务余额和居民部门杠杆率快速增长，主要原因是个人住房贷款和其他居民消费性贷款的快速增长。2018年末，个人住房贷款余额达25.8万亿元，同比增长17.8%，分别较同期人民币贷款增速和非金融企业及机关团体贷款增速高出4.6个和7.9个百分点；除个人住房贷款外的其他消费性贷款增速更是达到24.6%，这些贷款中的相当比例也流入到房市。

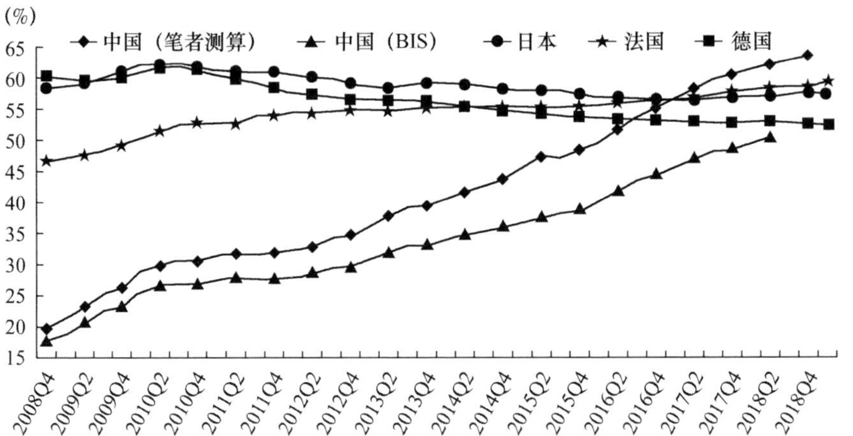

图 8　中国居民部门杠杆率

注：本文对中国居民部门杠杆率的测算，除了考虑居民部门贷款外，还考虑了住房公积金贷款（被统计为委托贷款）、融资融券、以居民债务（如个人住房贷款、汽车贷款、信用卡贷款、消费性贷款等）为基础资产的资产支持证券、保单质押贷款和类金融组织提供的贷款（如小额贷款公司贷款、P2P 贷款、典当）。

资料来源：国际清算银行（BIS），笔者计算。

（二）地方国有企业去杠杆进展缓慢

2018 年非金融企业部门去杠杆取得显著进展，但去杠杆中的非对称现象凸显，国有企业中的地方国企去杠杆进展显著慢于非金融企业部门去杠杆进程。

从负债增速看，地方国有企业去杠杆进程缓慢，甚至可能还在继续加杠杆①。根据财政部公布的负债增速数据，2018 年末地方国有企业负债增速为 9.6%，较中央企业负债增速高 3.3 个百分点，较企业部门债务增速

① 从资产负债率看，全国国有企业及地方国有企业去杠杆似乎取得一定进展。2018 年末，全国国有及国有控股企业负债总额和资产总额分别为 115.6 万亿元和 178.7 万亿元，资产负债率为 64.7%，较 2017 年末下降 1.0 个百分点。其中，2018 年末中央企业和地方国企的资产负债率分别为 68.0% 和 62.2%，较 2017 年末下降 0.3 个和 1.3 个百分点。不过，由于 2018 年国有企业净资产增量与当年利润总额之间存在巨大差异，资产负债率并不是一个反映国有企业去杠杆进程的合意指标。2018 年全年，全国国有及国有控股企业净资产新增 11.1 万亿元，而 2018 年度净利润仅为 2.5 万亿元，两者之间的缺口高达 8.6 万亿元。其中，中央企业和地方企业新增净资产分别为 1.9 万亿元和 9.2 万亿元，分别比 2018 年度净利润高出 0.4 万亿元和 8.2 万亿元。这种情况下，负债增速较资产负债率更能反映国有企业去杠杆进程。

高 3.4 个百分点。如果根据财政部公布的地方国有企业债务余额直接进行计算[①]，2018 年末地方国有企业负债增速超过 25%（见图 9）。

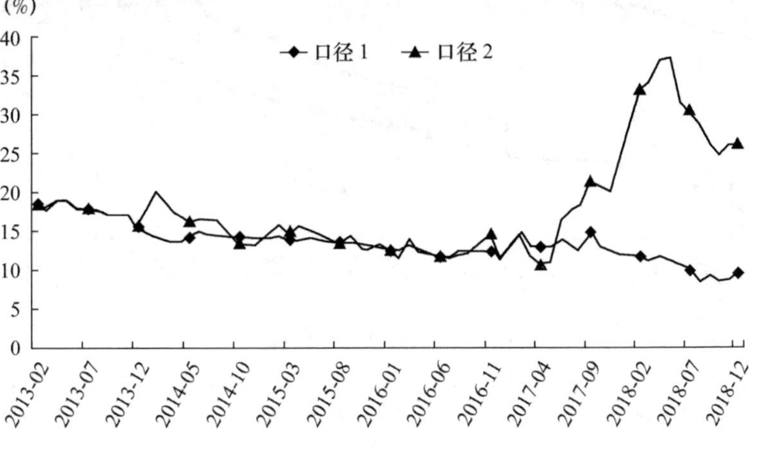

图 9 地方国有企业负债增速

注：口径 1 是指财政部公布的负债增速数据；口径 2 是根据财政部公布的负债余额计算出的负债增速数据。

资料来源：财政部，作者计算。

（三）存量债务风险处置面临诸多困难

去杠杆的最终目的在于防范和化解风险，减少金融体系脆弱性，它不仅涉及对债务增速或增量债务的控制，还涉及存量债务风险的防范与处置。2018 年，虽然非金融部门债务增量得到控制，但是存量债务风险处置还面临着财税支持政策体系不配套，司法保障能力不足，政府的风险处置资金和资源不足，债权人众多、公开市场债务和非公开市场债务交织带来的协调处置难度大等问题。

此外，股权质押融资风险、债券违约风险、互联互保风险等关联度高、传染性较强的债务风险的处置还面临着其他困难。例如，上市公司股

---

① 对于中央企业而言，财政部公布的负债增速数据（口径 1）和根据财政部公布的负债余额计算出的负债增速数据（口径 2）之间差异并不大。2018 年末，口径 1 下的中央企业负债增速为 6.3%，口径 2 下的中央企业负债增速为 6.4%，两者仅相差 0.1 个百分点。

权质押融资风险与资本市场风险交织，一度成为影响预期和资本市场稳定的重大风险。但是，对股权质押融资风险的处置目前仅限于限制平仓等行政性手段，上市公司纾困基金的落地难问题凸显，高质押比例上市公司数仍然居高不下。又如，债券违约风险处置面临如何平衡好稳定债券市场融资功能与有序打破刚性兑付及强化市场纪律的关系的挑战。目前，债券市场风险大规模集中暴露已经累积了需要处置的大量不良类债券资产，同时“城投信仰”似乎进一步强化。再如，在缺乏政府性资金介入的情况下，互联互保风险处置始终难以找到有效方法。

三、2019 年结构性去杠杆的重点和策略

（一）全面理解结构性去杠杆的丰富内涵

结构性去杠杆是去杠杆和打好防范化解重大风险攻坚战的基本思路。这一概念，最早于 2018 年 4 月初在中央财经委第一次会议上提出；2018 年末召开的中央经济工作会议再次进行了强调，指出“打好防范化解重大风险攻坚战，要坚持结构性去杠杆的基本思路”。明确 2019 年结构性去杠杆的重点和策略，首先需要科学把握、全面理解结构性去杠杆的内涵。

2018 年 4 月初中央财经委第一次会议在提出结构性去杠杆思路时，对于结构性去杠杆有过阐释性论述，即“分部门、分债务类型提出不同要求，地方政府和企业特别是国有企业要尽快把杠杆降下来，努力实现宏观杠杆率稳定和逐步下降”①。此外，过去一段时间以来的去杠杆实践，如大规模地方政府债务置换，股权质押融资风险、债券违约风险、P2P 网贷风险等突出风险点的防范化解，影子银行、同业业务、交叉性金融业务的治理整顿，也为我们理解结构性去杠杆的内涵提供了丰富的素材。

科学把握结构性去杠杆的内涵，要以结构性去杠杆的最初政策意图为

① “习近平主持召开中央财经委员会第一次会议”，中国政府网 2018 年 4 月 2 日。

基础，结合过去一段时间以来特别是2018年以来结构性去杠杆的实践来把握。基于这一原则，我们认为结构性去杠杆的内涵在于三个“结构性”，即认识结构性差异、聚焦结构性问题和推动结构性调整。

首先，结构性去杠杆要体现结构性差异。这要求结构性去杠杆承认矛盾的特殊性，在去杠杆中分类施策，“分部门、分债务类型”推进去杠杆。可以看到，企业债务风险与地方政府隐性债务风险及居民部门债务风险，贷款等非公开市场债务与债券、上市公司股权质押融资、信托贷款等公开市场债务的风险属性不同、风险累积原因不同，处置方式也有明显差异。

其次，结构性去杠杆要解决重大结构性问题。这要求结构性去杠杆抓住主要矛盾和矛盾的主要方面，在去杠杆中实现重点突破。确定主要矛盾和矛盾的主要方面，不能形式地基于杠杆率水平的高低或国际比较，而是要实质地基于风险性质或危害性来识别。例如，居民部门杠杆率虽然远低于企业部门杠杆率，但由于与房地产市场高度关联，居民部门杠杆率过快上涨很容易导致经济泡沫化、国民经济循环不畅和系统性金融风险的累积。又如，上市公司股权质押融资等金融市场债务在企业部门杠杆率中占比也较低，但传染性极强，对市场预期和市场信心影响很大，在市场信心脆弱时可能对金融安全构成极大威胁。

最后，结构性是指结构性调整。这要求结构性去杠杆要实现各维度杠杆结构的调整和优化。杠杆结构绝不仅限于企业、居民和政府部门意义上的部门结构，还包括关联性、期限、成本、透明度、规范性等意义上的结构。优化杠杆结构就是要降低关联性和风险传染性，优化期限成本结构，增强债务透明度和规范性。

（二）客观评估2019年结构性去杠杆的宏观环境

在全面理解结构性去杠杆内涵基础上，确定2019年结构性去杠杆的重点和策略，还需要准确把握2019年结构性去杠杆面临的宏观环境及其对宏观杠杆率和各部门杠杆率的影响。

2019 年结构性去杠杆面临的最大环境是经济下行压力加大。分析国内外去杠杆的实践，可以发现两个典型性事实。一是宏观杠杆率通常具有逆周期性的特征，即宏观杠杆率的变化与经济走势负相关，经济下行明显压力加大时期通常也是宏观杠杆率上升较快时期，内生增长动力强劲时期通常也伴随着宏观杠杆率的下降①。缺乏内生性经济增长支撑的去杠杆，即便短期内出现宏观杠杆率下降的现象也只是暂时的。二是价格水平对宏观杠杆率有重大负向影响，价格水平的快速下降通常会给宏观杠杆率带来较大的上升压力②。2019 年经济下行压力大，考虑到价格水平可能进一步下降，名义 GDP 下行压力更大。这给 2019 年维持宏观杠杆率基本稳定带来了重大挑战。为此，要充分认识到经济内生增长动力不足背景下宏观杠杆率的反复性，充分估计到 2019 年宏观杠杆率很可能出现一定幅度反弹的可能性。

宏观政策强化逆周期调节也是 2019 年结构性去杠杆面临的重要环境。全球金融危机以来，中国的经验表明，严控财政赤字率背景下逆周期政策力度的加大会对宏观杠杆率产生显著的结构性影响，居民部门债务、国有企业债务和地方政府隐性债务通常会出现快速膨胀。面对较大的经济下行压力，2018 年末召开的中央经济工作会议已明确 2019 年宏观政策要强化逆周期。2019 年 1 月，社会融资规模增量和新增人民币贷款分别达到 4. 64 万亿元和 3. 23 万亿元，均创历史新高，分别较上年同期多增 1. 56 万亿元和 0. 33 万亿元。为此，要充分估计到 2019 年逆周期政策对杠杆结构的影响，高度警惕货币金融环境的边际放松对居民部门杠杆率、国有企业和地

---

① 德国和美国是全球金融危机后去杠杆成效比较显著的两个国家。面对全球金融危机的冲击，两国经济下行压力加大甚至出现负增长，逆周期政策或反危机政策推动宏观杠杆率的快速上升。当出现基于内生增长动力的强劲经济复苏（即不依赖大规模经济刺激政策的经济复苏）后，两国的宏观杠杆率才有明显回落或保持基本稳定。

② 2014 ~ 2016 年中国宏观杠杆率上升幅度累计超过 50 个百分点，一个直接重要原因就在于价格水平下降导致名义 GDP 增速出现大幅下降。全球金融危机后日本宏观杠杆率进一步大幅上升，与其宏观经济在通缩边缘徘徊相关。

方政府隐性债务的影响。

（三）2019 年结构性去杠杆的重点任务

考虑到 2019 年经济下行压力加大和宏观政策强化逆周期调节的宏观环境，2019 年结构性去杠杆不应追求宏观杠杆率的下降，而是应保持对宏观杠杆率及企业部门杠杆率出现一定幅度反弹的容忍度，并结合当前金融风险防控形势，着力解决杠杆的重大结构性问题，避免杠杆结构的恶化。

1. 以稳定房地产市场为关键推动居民部门稳杠杆

通常认为，我国居民部门杠杆率不高、风险不大，甚至还有观点主张继续以居民部门加杠杆来换取企业部门去杠杆。实际上，从总量水平、结构特征和潜在危害看，居民部门稳杠杆的紧迫性愈发突显。从总量水平看，全口径考虑居民债务类别后，我国居民部门杠杆率与发达国家相比并不低，目前已高于日本、德国、法国等国水平。从结构特征看，由于城镇化水平相对较低，我国居民部门债务集中度更高，更多集中于城市居民，脆弱性强于同等杠杆率水平发达经济体。从潜在危害上看，居民部门债务通常与资产价格和抵押物价值相联系，居民部门债务若得不到有效控制，很容易导致经济泡沫化，既系统性抬升营商成本，又恶化生产性与非生产性活动报酬结构，还可能诱发系统性风险。

居民部门杠杆率在较高水平上快速上升已成为当前我国宏观杠杆率最突出的结构性问题。表面上看，企业部门杠杆率是我国宏观杠杆率最突出的结构性问题。毕竟，我国企业部门杠杆率大幅高于其他部门杠杆率，在宏观杠杆率中占比达到 60% 左右；同时也显著高于主要经济体企业部门杠杆率的平均水平①。但是从打好防范化解重大风险攻坚战的视角看，居民部门杠杆率较快上涨是比企业部门杠杆率高企更为突出的结构性问题。一方面，分析历次金融危机的原因后可以发现，居民部门高杠杆比企业部门

---

① 根据国际清算银行的数据，2018 年 6 月末发达经济体企业部门杠杆率平均水平为 89.6%。

高杠杆更容易引发系统性金融风险。从具体的风险应对工具看，我们相对更缺乏应对居民部门杠杆率风险的工具。另一方面，从租售比、房价收入比等通行指标看，我国房地产市场已经累积了不少风险，房地产与实体经济失衡已成为阻滞国民经济循环的重大结构性失衡。居民部门杠杆率较快上涨通常伴随着房价的快速上涨。若不能有效控制好个人住房贷款增速和居民部门杠杆率，就很容易进一步导致房地产泡沫化和累积系统性金融风险。

为此，在宏观政策强化逆周期调节，货币政策存在边际放松预期，居民部门杠杆率可能继续保持快速上升的背景下，要把居民部门稳杠杆放到更加重要位置，防止经济泡沫化。居民部门稳杠杆，关键是与稳妥实施房地产市场平稳健康发展长效机制方案相结合。就金融政策而言，要及时完善和适时调整房地产宏观审慎政策，确保房地产市场面临的货币环境稳健中性；考虑从调高增量房贷风险权重等方法，建立健全以审慎为特征的住房金融体系。

2. 以化解股权质押融资风险和处置债券违约风险为重点推动资本市场拆杠杆

资本市场牵一发而动全身。尽管资本市场提供的债务或与资本市场高度关联的债务，如企业债券、融资融券、股票质押式回购等，总体规模相对较小，但杠杆关联度高、脆弱性强，极易引发连锁反应。2018 年股市下跌过程中为大家熟知的上市公司股权质押融资，总规模在 3 万亿元左右，对宏观杠杆率的贡献不足 4 个百分点，但由于导致资本市场信用风险和市场风险的相互传染和强化，蕴含了极大的风险。

资本市场去杠杆关键是拆杠杆，降低债务和机构间的关联性，避免信用风险和市场风险相互叠加，防范股债汇市场共振。资本市场拆杠杆，要做到坚定、可控、有序、适度。一方面，要不断丰富和完善政策性工具，如民营企业债券融资支持工具、民营企业股权融资支持工具、上市公司纾困基金等，避免风险无序扩散。另一方面，也要注重发挥市场机制的作用，提升市场化法治化水平，在释放风险中化解风险，在处置风险中形成风险防范能力。

3. 以严控地方国有企业负债增速为核心推动国有企业去杠杆

尽管中央企业资产负债率明显高于地方国有企业，但国有企业去杠杆的难点和重点是地方国有企业去杠杆。一方面，地方国有企业负债规模仍在快速膨胀，是国有企业增量负债的主要贡献者。2018 年，地方国有企业负债新增 12.7 万亿元，占同期全国国有企业负债新增额的 79.5%。受此影响，地方国有企业负债占国有企业总负债比重明显上升。2018 年 2 月末，地方国有企业负债首次超过中央企业负债，地方国有企业负债占比首次超过 50%；2018 年末这一比重达到 53.0%，较 2017 年末提高 4.3 个百分点。另一方面，地方国有企业的债务风险可能更高。过去几年来，地方国有企业净资产增量和净利润之间存在巨额缺口，地方国有企业资产负债率可能存在系统性低估。同时，地方国有企业盈利能力大幅低于中央企业，地方国有企业债务的现金流覆盖率堪忧。

推动地方国有企业去杠杆，核心是以优化去杠杆考核指标为重点完善国企债务约束机制。目前，国有企业去杠杆的基础约束指标是资产负债率。地方国有企业净资产增量大幅高于净利润的情况表明，“资产是软的”，资产负债率指标伸缩性强，可操作空间大。因此，国资管理部门需要在考核资产负债率的基础上，将负债增速和债务增速也作为去杠杆的重要的基础性考核指标。与此同时，由于短期内关于国有企业享有隐性担保的预期难以消除，金融机构有向国有企业进行信贷投放的自然倾向。为此，还需要从金融监管出发，约束金融机构过度向地方国有企业投放信贷。

4. 以落实和强化问责机制为重点，避免地方政府隐性债务再度快速膨胀

从过去的经验看，地方政府隐性债务增速与经济下行压力具有较强关联性，经济下行压力大的时期通常也是地方政府影响债务快速膨胀的时期。尽管2018年地方政府隐性债务得到了强力遏制，但2019年经济下行压力增大，需要特别重视防范地方政府隐性债务风险。实际上，中央提出较大幅度增加地方政府专项债券规模，就是通过"开正门"来防范隐性债务风险的重大举措。

2019年，抑制地方政府隐性债务扩张的关键是要强化问责机制，从债务需求方和债务供给方两方面出发建立约束机制。债务需求方方面，严明财经纪律，推动终身问责、倒查责任机制的有效落地；同时着力强化地方融资平台公司债务约束机制并积极推动其市场化转型。债务供给方方面，强化金融监管和加强监管协调，严控金融体系违法违规提供地方政府隐性债务。此外，需要加强对地方政府隐性债务风险的全口径适时监测预警，做到早发现、早预警、早处置。

5. 推动政府部门规范加杠杆

在经济下行压力加大的背景下，结构性去杠杆并不是一味地去，而是需要处理好去杠杆和稳增长的关系。处理好两者关系的关键，在于推动政府部门规范加杠杆。从国际经验看，面对重大风险冲击或较大经济下行压力，杠杆结构调整也通常呈现出政府部门加杠杆和非政府部门（居民部门+非金融企业部门）去杠杆或稳杠杆的格局。

2019年政府规范加杠杆，要以中央政府加杠杆为主体。美国和德国等政府部门加杠杆后成功去杠杆的经验表明，政府部门加杠杆应以中央政府加杠杆为主。推动中央政府加杠杆，需要适度提高中央政府赤字规模，较大幅度提高国债限额，并创新发行不计入赤字的特别国债。

执笔人：朱鸿鸣

第六章

减税降费方向与重点

为深化供给侧结构性改革，巩固前期改革成果，积极稳增长、稳预期，需要进一步提高财税政策的针对性和有效性，特别是加强和完善减税降费政策。当前，减税降费的思路方向要实现三个转变，由减收与增支并重转变为减税为主、兼顾增支，由有条件减税转变为无条件普惠式减税，由高税率、低征收率转变为低税率、实征收率。在减税重点上，建议适当降低增值税税率，扩大增值税期末留抵税额退还政策适用行业范围，加快制定综合性社保降费方案，较大幅度降低养老保险费率等。同时，全面评估多重减税降费政策综合效果，加强配套措施保障，防止政策叠加冲击财政稳定。

一、稳增长稳预期要求更加有效的减税降费政策

2018 年下半年以来，我国经济增长下行压力有所加大。消费方面，居民收入增速放缓，资产价格下滑导致财富效应减弱，居民消费增长出现下行趋势。2019 年春节黄金周期间，零售收入和旅游人次增速明显放缓，分别同比增长 8.5% 和 7.6%，均为近年来首次跌至个位数区间。投资方面，制造业投资受宏观经济和周期性因素影响出现下调，房地产企业资金链紧张导致购地意愿下滑、地产开发投资缩减，基础设施投资在多年高速增长

基础上出现大幅回落。出口方面，全球经济复苏态势趋弱，中美经贸摩擦仍然存在不确定性，我国对外贸易环境转冷。近期，部分重要效益指标也表现出一定增长乏力，如 2018 年 11 月和 12 月规模以上工业企业当月利润同比分别下降 1.8% 和 1.9%，与 2017 年同期 10% 以上的高增速形成鲜明对比，PPI、工业库存近期也出现较大幅度回落，反映宏观经济运行面临压力，供给侧结构性改革成果尚不稳固。

同时，市场信心和社会预期比较紊乱。随着宏观治理法治化规范化水平逐步提高，微观主体感受到的约束更加明显，难免产生利益冲突。例如，近几年来我国大力倡导和推动减税降费，但由于征管能力加强，增值税、企业所得税、个人所得税等主要税种收入增长相对较快，社保征收机构调整也催生了社保征管趋严的预期，一定程度上影响了企业和居民对减税降费的积极预期。同期，世界主要经济体也在大力推行减税政策，减税竞争的格局影响跨国企业经营布局，也使国内企业信心受到一定冲击。

面对经济增长压力和市场信心不足，减税降费成为稳增长、稳预期的重要政策选择，也是深化供给侧结构性改革、巩固“三去一降一补”成果的重点工作。

二、当前部分减税降费政策加快落地并取得一定成效

2018 年以来，我国加大力度推进减税降费，在增值税、个人所得税、关税等税种方面，出台多项综合性减税措施，目前已经取得一定成效。

深化增值税改革措施效果显著。2018 年全年增值税税收累计增速大致呈逐月下行趋势，与往年趋势相反（见图 1），特别是 5 月开始多项减税措施落地后减税效果十分明显，1～5 月增值税累计增长 18.96%，全年累计仅增长 9.1%。根据相关统计，5～10 月，深化增值税改革三项措施合计减税 2980 亿元。其中，降低增值税税率实现净减税 1794 亿元，共涉及增值税一般纳税人 926 万户，其中，制造业减税规模排在首位，制造业累计减

税户数246万户，实现净减税714.5亿元，占总减税金额的39.8%；对国家重点鼓励的装备制造等先进制造业和现代服务业企业实施留抵退税，累计退还1148亿元；增值税小规模纳税人年销售额标准由50万元统一调整为500万元，使超过30万户原增值税一般纳税人转登记为小规模纳税人，由此带来减税38亿元。

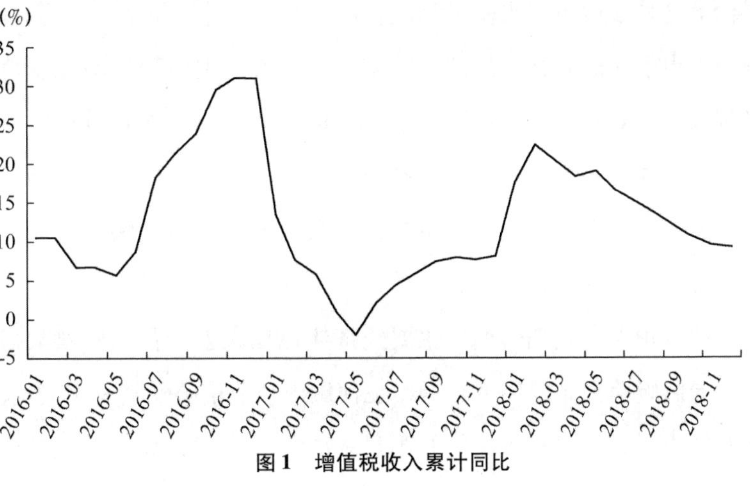

图1 增值税收入累计同比

个人综合所得税改革政策快速落地。2018年8月修订的《中华人民共和国个人所得税法》进行了多方面改革，包括完善综合与分类相结合的税制，优化税率结构、调整税率级距，初步建立综合性扣除机制等。个税改革在2018年10月实施第一步后即带来较大减税效果，当月，全国个人所得税减税316亿元；全国工资薪金所得减税304亿元，工薪阶层普遍受益，当月领取工资薪金所得在2万元以下的纳税人，减税幅度都超过50%，占税改前纳税人总数的96.1%。总体看，2018年1～12月累计个人所得税同比增长15.9%，比1～9月累计增速大幅回落5.2个百分点（见图2）。

加大小微企业普惠性减税措施力度。一是大幅放宽可享受企业所得税优惠的小型微利企业标准，同时加大所得税优惠力度，对小型微利企业年应纳税所得额不超过100万元、100万～300万元的部分，分别减按25%、50%计入应纳税所得额，使税负降至5%和10%。调整后，优惠政策覆盖

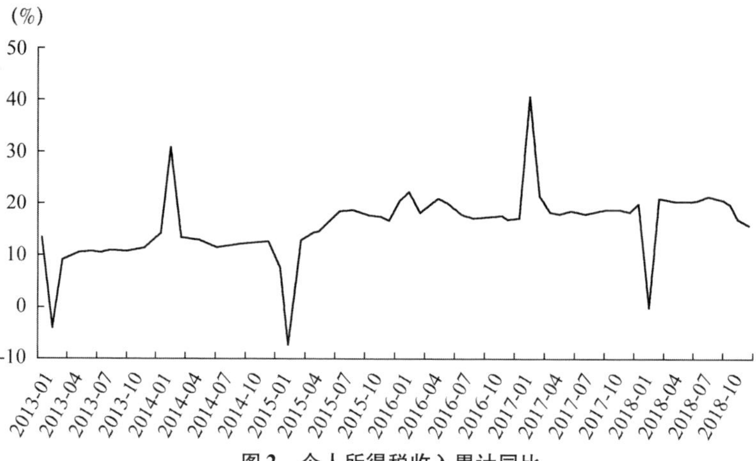

图2　个人所得税收入累计同比

了95%以上的纳税企业，其中98%为民营企业。二是对主要包括小微企业、个体工商户和其他个人的小规模纳税人，将增值税起征点由月销售额3万元提高到10万元。三是允许各省（区、市）政府对增值税小规模纳税人，在50%幅度内减征资源税、城市维护建设税、印花税、城镇土地使用税、耕地占用税等地方税种及教育费附加、地方教育附加。四是扩展投资初创科技型企业享受优惠政策的范围，使投向这类企业的创投企业和天使投资个人有更多税收优惠。上述减税政策预计每年可为小微企业减负约2000亿元。许多省份正在积极落实，如陕西省测算相关政策实施后将确保全省近80%的纳税人受惠。

丰富财政收入来源扩大减税空间。按照“开前门、堵后门”思路，加强地方政府专项债券发行，丰富财政收入来源。2018年，共发行地方政府专项债券1.35万亿元，在上半年发行进度明显滞后的情况下，下半年大幅加速，较为顺畅地完成了发行工作，资本市场平稳有效承接，各地也为发行工作积累了更多经验。2018年8～10月为集中发行期，发行金额合计11844亿元，占比高达55%；全年加权平均票面利率为3.88%，较2017年的3.97%有所下降；募集资金用途更加多样化，土地储备、棚户区改造、收费公路和水务等市政综合用途位居前列。2019年，为保障地方政府重大建设任务资金需求，全年专项债募集资金规模将显著高于往年，发行工作也将明显提速，1 月已发行 4180 亿元，全部发行工作将在 9 月底之前完成，保障债券资金在年内即可投入使用。新增债券不仅用于重大工程、民生工程等建设项目，还将优先用于偿还民营企业拖欠款，与减税政策共同对企业发挥积极作用。

三、减税降费的思路方向

当前，在前期减税降费工作取得积极进展的基础上，为巩固供给侧结构性改革成效，更好应对当前经济形势，减税降费政策的思路需要进一步实现三个转变。

第一，由减收与增支并重转变为减税为主、兼顾增支。当前，加大财政对基础设施投资的支出仍有积极意义，但是经过多年 20% 以上的投资高速增长，我国基础设施已经出现结构性饱和，基建投资效率下降，对提高生产力和拉动经济增长的作用已明显减弱。而我国广义税费负担仍然较高，企业普遍具有较强的减税诉求，减税对提高企业利润、促进企业投资有明显作用。降低企业税负也是当前世界主要经济体的重要政策取向。美国减税已取得一定成效，2018 年第三季度美国固定资产投资增速达到六年来同期最高，标普 500 指数成分股公司前三季度平均盈利增速高达 25.5%，德国、法国等国家也都在普遍推行减税，我国现状税率水平面临较大全球竞争压力。同时，我国税收收入增长呈现较好态势，2018 年全年增值税和个人所得税收入均高于名义 GDP 增速，从收入情况看具有一定减税空间。

第二，由有条件减税转变为无条件普惠性减税。近年来，我国已出台一系列结构性减税政策，用于支持高科技企业、中小微企业以及部分民生事业，对于鼓励创新创业和改善民生发挥了重要作用。但是这些税收优惠政策往往附有条件，企业是否适用的认定标准不统一、认定成本较高，导致企业享受程度较低、减税效果打折扣，也造成了一定市场扭曲。当前，企业普遍面临税费负担较重的困难，以及与较高税率相关的交通运输、用能、仓储等成本居高不下问题，只实行有条件减税无法缓解企业面临的共性问题，难以激发整体经济活力，有必要实行普惠性减税和结构性减税相结合，更大范围释放减税降费红利，增强经济发展的内生动力。

第三，由高税率、低征收率转变为低税率、实征收率。受限于经济体制、征管制度和地方激励机制等原因，过去我国税费实际征收具有高税率、低征收率的特征，具有较高的操作便利性，但是不利于维护市场公平、落实政策意图和保护税收可持续性，相对模糊的征收标准和偏低的实际征收率也导致后续改革可能面临被动局面。在当前大力减税的大方向下，应统筹开展降低税率和做实征收率，提高税收征管规范性合法性，促进市场公平有效竞争，保障政府税收总体相对稳定，为后续减税降费打开空间。

四、关于下一步减税降费重点的建议

为确保减税降费政策切实落地、发挥长效，下一步要积极推进普惠式减税和结构性减税相结合，围绕适当降低增值税税率、逐步建立增值税留抵退税制度、落实个税改革、适度降低养老保险名义费率等重点进行考虑和实施，同时做好减税降费的优化操作、综合保障和效果评估等工作。

适当降低增值税税率。继续推进增值税实质性减税，特别是突出简明易行好操作，增强企业减税获得感。初步测算，若将现行 16%、10% 两档税率下调 1 个百分点，每年将减少增值税约 4000 亿元；若将三档税率均下调 1 个百分点，每年将减少约 6000 亿元；若将 16% 档并入 10% 档，每年将减少约 10000 亿元；若将 10% 档并入 6% 档，每年将减少约 9500 亿元。为稳妥推进增值税减税工作，建议在进一步充分研究的基础上考虑下调 16% 和 10% 两档税率各 1 个百分点，每年产生 4000 亿元缺口通过预算稳定调节基金予以平衡。若财政有条件每年额外安排 6000 亿元资金用于平衡，可以考虑将 16% 档并入 10% 档，更充分实现减税目标。总体看，降低增值税税率的工作十分复杂且影响广泛，需要进一步细化方案，成熟后稳妥推进。

完善增值税期末留抵退税政策。在总结前期试点经验的基础上，进一步扩大增值税期末留抵退税适用的行业范围，促进更多行业特别是制造业企业缓解资金紧张问题、扩大投资和技术升级。完善相关规则规范，进一步细化明确申请条件、审批流程、认定标准、纳税人行权规定等具体事项，减少自由裁量权和谈判沟通成本，确保不同类型、不同所有制企业得到公平对待。考虑到留抵税额涉及金额较大，同时涉及中央和地方的财政收入分配，留抵退税的范围和上下限等也需要进一步研究。

加强个税改革落实力度。初步测算，将起征点提高到每月 5000 元后，个人所得税纳税人占城镇就业人员的比例由改革前的 44% 降至 15%，个税收入一年将大致减少 3200 亿元，再进行专项抵扣后，个税减税规模将达到 5000 亿元以上，减税效果十分明显，关键在于提高落实力度和效率。要加强信息建设和合作共享，完善个人纳税相关的交易和金融数据的收集、利用和保护机制，共享必要的收入和消费等信息，促进个税扣除更加准确。完善相关配套规章制度，如针对房租专项扣除导致的房东涨价问题等，要统筹研究考虑，避免产生短期负面冲击。不断完善更新个税办理系统和相关信息化建设，简化办理手续，丰富便民措施，提高百姓减税获得感。

进一步降低关税。2018 年以来我国已陆续出台一系列降低关税举措，力度前所未有。考虑到我国进口关税实际征收率已经较低，未来可根据开放需要和外贸形势，有条件地进一步降低部分商品进口关税，改善居民消费结构，降低企业生产成本，增强对外资的吸引力，并推动国内相关产业提高竞争力。

研究适当降低基本养老保险名义费率。当前，养老保险名义费率偏高和大量企业实际缴费基数显著偏低的现象并存，使养老保险制度的有效性、可行性、可持续性面临严峻挑战。2017 年在职职工人均缴费占其工资比例不足 16%，远低于 28% 的名义缴费率，其中国有企业和大企业缴费率较实，其他企业实际缴费率估算仅为 12% 左右。因此，既要降低养老保险名义费率水平，也要充分考虑不同企业实际缴费的非对称情况。初步测算，如果将名义缴费率降至 16%，同时做实除大企业外其他企业缴费基数和费率，则每年养老保险缴费将减少 18%，2019 年约减少 7000 亿元，仅有国有和大型企业因缴费率下调而受益。如果名义缴费率降至 16% 而不做实缴费基数，则每年养老保险缴费将减少 40%，2019 年约减少 1.6 万亿元，各类型企业均受益，但养老保险减收负担过于沉重。当前，建议审慎研究养老保险费率调减力度，并结合国有资产划拨、延迟退休年龄、合理确定养老金替代率等方面综合施策。

优化税费的征管和治理方式。专项治理政府部门下属单位、行业协会商会、中介机构等收费行为，加快推进涉企行政事业性收费零收费。优化税收督查手段，避免“一刀切”现象，如部分地区针对第三方开具增值税发票开展清查工作时，提出补全实际交易等整改要求，在现实情况下操作难度大、冲击大，对相关小企业造成了较大负面影响，应当结合实际稳妥制定相关整改办法和期限要求。对于当前足额缴纳养老保险确有困难的企业，在降低费率相关政策明确之前，各地可结合实际情况，在进行核查的基础上，对于企业为员工缴纳的养老金部分进行减半或减少 25% 征收，或给予其他方面优惠。

加强地方政府专项债券发行使用。当前，除了减税降费可能在短期内导致收入下降之外，地方政府还面临其他方面资金压力，如隐性债务偿债压力较大，2019 年全年城投债到期偿还量比上年增长 13.5%；又如表外融资持续收缩，2018 年前三季度投向基础产业的新增信托项目金额同比下降 61%。为确保减税降费的同时不过度冲击地方财力，同时服务于基础设施补短板和防范化解隐性债务风险等目标，建议进一步加强地方政府专项债券的发行和使用。较大幅度提高新增专项债券额度，科学合理地安排专项债券的地区结构和期限结构，将部分额度提前下达至地方，促进债券资金及早发挥作用，补充建设项目资金需求。合理扩大专项债券适用范围，鼓励各地结合实际需要拓展专项用途，围绕基础设施和公共服务领域中有一定收益的项目，普遍利用专项债券进行融资，大幅降低融资成本。允许使用财政库款提前开展专项债券对应的项目建设。加强政府、相关企业和金融机构对接，形成专项债券对应项目清单，鼓励和引导金融机构对于相关项目开展配套融资支持。

执笔人：陈昌盛　雷潇雨　李承健

第七章

推动物流降本增效的思路与政策重点

2018 年交通物流发展呈现出基本平稳的态势，物流成本持续下降，物流发展的质量和效率日益提升。然而，比较来看，我国的综合物流成本仍高于发达国家水平，尤其是保管费用和管理费用相对偏高，多式联运和第三方物流不发达，物流运营效率偏低。这主要是由我国当前的经济结构和发展方式特征所决定的，同时综合交通体系不完善、物流服务体系化标准化网络化不足、物流管理体制不畅等因素也推高了我国的综合物流成本。推动物流进一步降本增效，应坚持问题导向，聚焦物流降本增效的关键环节和瓶颈问题，按照“优化结构、完善网络、智慧服务、畅通管理”的总体思路，深入推进交通物流供给侧结构性改革，优化交通物流供给结构，构建完善的网络化物流综合交通体系，建设便捷高效的物流服务体系，鼓励支持智慧化物流发展，健全高效畅通的交通物流管理体制，巩固物流降本增效成果，切实推动物流高质量发展。

一、2018 年物流发展形势与降本增效的总体进展

2018 年，在内外承压的背景下，我国经济实现了稳定增长，交通物流发展呈现出基本平稳的态势，物流成本持续下降但降幅有所收窄，运输结构与方式加快升级，物流智慧化的趋势进一步加强，物流基础设施不断完善，降本增效政策作用逐渐显现，物流发展的质量和效率日益提升。

（一）物流需求平稳增长，进口货物与消费物流增长明显

受工业生产的恢复、大宗商品价格需求上升以及消费加速升级带动，物流需求实现稳定增长。2018 年社会物流总需求呈现总体稳定的发展态势。1～11 月全社会物流总额完成 257.9 万亿元，按可比价格计算，同比增长 6.7%，与上年全年水平持平，2018 年全年可完成 280 万亿元左右（见图 1）。其中，1～11 月工业品物流总额 233.8 万亿元，按可比价格计算，同比增长 6.5%，增速比 1～10 月回升 0.2 个百分点；受原油、天然气、煤炭等大宗商品进口需求上升影响，进口货物物流实现较快增长，1～11 月进口货物物流总额 12.9 万亿元，现价增长 14.6%，按可比价增长 4%；1～11 月消费与民生领域的单位与居民物品物流总额 6.3 万亿元，按可比价增长 22.7%，高于社会物流总额增长 16 个百分点，是稳定物流增长的重要力量。

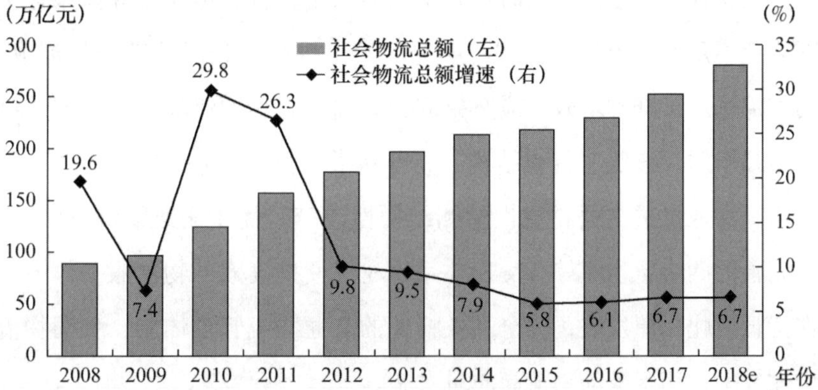

图 1　2008～2018 年社会物流总额及同比增速

资料来源：Wind 数据库，2018 年为作者初步测算值。

（二）物流费用逐年下降，但降幅逐渐收窄

物流费用继续下降，物流发展的质量和效益不断提升。2018 年 1～11 月社会物流总费用 11.9 万亿元，同比增长 8.6%，增速低于社会物流总额和 GDP 现价的增长速度。预计全年社会物流总费用约 13 万亿元。在此基础上，社会物流总费用与 GDP 的比率指标将继续回落，单位 GDP

物流成本持续下降。2017 年社会物流总费用与 GDP 的比率降至 14.6%，2018 年这一比率有望回落至 14.5%（见图 2），比上年继续下降 0.1 个百分点。同时可以看到，在物流成本持续下降的同时，下降幅度在逐渐收窄，显示出在各方面成本逐步上升的大环境下，面临充分市场竞争的物流企业，物流费用可降低空间正在逐步缩小，物流降本增效的难度不断加大。

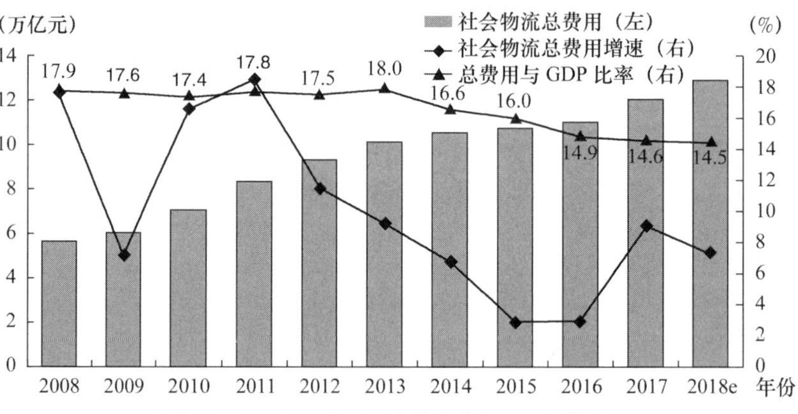

图 2　2008～2018 年社会物流总费用及同比增速

资料来源：Wind 数据库，2018 年为作者初步测算值。

（三）运输结构与方式加快升级，推动物流效率不断提升

运输货物结构不断升级，新兴产业物流需求增长强劲。随着我国经济不断迈向高质量发展阶段，传统制造业大规模扩张的阶段基本结束，工业原材料、初级产品的需求增长逐渐达到峰值，相应的货物运输需求会出现转折性变化，物流需求结构必然发生相应的转变。从产业结构变化来看，2018 年，我国战略性新兴产业增加值同比增长 8.9%，高技术制造业增长 11.7%，装备制造业增长 8.1%，而传统产业则增速放缓，如纺织业增长 1.0%，化学原料和化学制品制造业增长 3.6%，非金属矿物制品业增长 4.6%，产业结构的变化必然带来相应货物运输结构变化。

同时，运输方式也呈现出更强的快速化、复合化趋势。一方面，高速运输需求不断上升，运输效率不断提升。随着产业结构转型升级和个性

化、品质化的消费需求不断增大，对运输速度和效率的需求越来越高，民航和铁路运输的需求不断增长。联网计重收费数据显示，2017 年高速公路货物发送量增长了 14.2%；航空货邮周转量增长达到 12.5%，延续了快速增长态势。另一方面，多种运输方式加速融合，有效降低物流成本。传统单一货物运输的需求增长逐渐放缓，而多式联运的需求快速增加。例如，2018 年集装箱铁水联运量同比增长近 30%，铁路集装箱、商品汽车、冷链运输分别同比增长 33.4%、25.1%、52.3%。多种交通方式优势互补、融合发展，进一步降低了社会物流成本。

（四）物流智慧化加速发展，推动物流持续降本增效

近年来，随着“互联网 +”与物流的深度融合，物流智慧化进程加快，尤其是物联网、人工智能、柔性自动化、自动驾驶、生物识别等的应用，大大提升了物流的效率。

以电商物流为代表的物流新经济增势强劲，提升了物流整体效率。2018 年，全国电子商务交易额达到 31.63 万亿元，比上年增长 8.5%；网上零售额达到 9.0 万亿元，比上年增长 23.9%。电商物流的迅猛发展，为物流降本增效提供了强有力的支撑。2018 年电商物流时效指数平均为 138.0 点，比上年提高 1.9 点，仓储指数中的平均库存周转次数指数平均为 52.1 点，全年均处在扩张区间，表明仓储物流企业周转效率持续保持较快增长。

互联网、大数据、人工智能等新一代信息技术的快速发展，也使物流的新业态、新模式不断涌现。借助新一代信息技术，物流逐渐从“笨重人力”向“智能优化”转变，速度、效率大幅提升。物流企业新模式不断涌现，以菜鸟网络为代表的平台模式、以怡亚通等企业为代表的供应链模式、以达达等为代表的 O2O 模式等层出不穷，据不完全统计，我国各类物流互联网平台已经超过 200 家。目前“互联网 +”平台已经覆盖铁路、公路、水路、航空、邮政和城市配送等各个领域，“互联网 + 车货匹配”“互

联网 + 仓储管理”等新领域快速发展。

智慧物流加快发展，为降低物流成本和提升效率提供了技术基础，智能化匹配、分拨、管理为交通物流进一步降本增效打开了新空间。据统计，2011 ~ 2018 年，中国智慧物流行业市场规模不断上升，且增速都保持在 20% 以上（见图 3）。智慧物流的快速发展，大大提升了物流运行效率，降低了物流成本。例如，自 2016 年交通运输部开展无车承运人试点以来，2017 年试点企业累计完成运单总数 1200. 6 万单，月均增长率超过 145. 7%，累计完成货运量 12152. 8 万吨，月均增幅 147. 0%，累计整合社会零散运力 53. 8 万辆。据统计，通过无车承运企业平台试点，车辆里程利用率约提高 50%，交易成本降低 6% ~8%，等货时间由 2 ~3 天降低到几个小时。上海天地汇、湖北真好运等企业实现干线全甩挂运输，总体运输成本可以降低 20% 左右。北京数据在线等企业采用全流程带标准托盘运输作业等方式，装卸效率可提升 20% 以上。“水陆联运网”平台自 2016 年平台上线以来，累计为采购企业节约了 10% ~15% 的商品采购成本和 15% ~20% 物流运输成本。随着互联网、大数据、物联网和人工智能技术的不断突破，“互联网 +”高效运输、智能仓储、便捷运送、智能终端协同的特征将更趋明显，智慧物流发展将进一步加快。

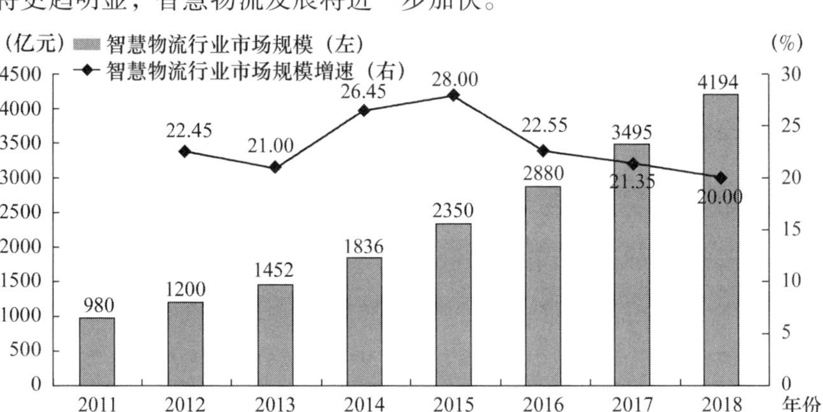

图 3　2011 ~ 2018 年智慧物流行业市场规模与增速

资料来源：前瞻产业研究院：《中国物流行业商业模式与发展趋势分析报告》，2018 年为预测值。

（五）物流基础设施更加完善，运输成本进一步下降

交通路网密度持续增加，路网结构不断优化，物流基础设施短板进一步补强。2018 年，我国综合交通运输网络继续完善，交通基础设施水平进一步提升。中国铁路网规模继续扩大，全国铁路营业里程达到 13.1 万千米，比上年增长了 1.6%，路网密度达到 136 千米/万平方千米，比上年提高 4 千米/万平方千米。全国公路通车总里程超过 485 万千米，国省干线公路连接了全国县级及以上行政区。路网结构进一步优化，高等级道路占比持续提高。截至 2018 年底，高铁里程达到 2.9 万千米以上，超过世界高铁总量的 2/3。高速公路总里程突破 14 万千米，覆盖大多数城市地区。物流基础设施短板进一步补强，中西部、农村、贫困地区交通基础设施建设加快。中西部铁路建设有所加快，渝贵、昆楚大、江湛铁路等项目开通运营。全年新改建农村公路 31.8 万千米，农村公路总里程达 405 万千米，快递服务网点乡镇覆盖率超过了 90%，累计建设县级电子商务服务中心和县级物流配送中心 1000 多个，乡村服务站 8 万多个，农村地区收投快件量达到 120 亿件。

服务“一带一路”建设，中欧班列开行数量迅速增长。2018 年中欧班列开行 6363 列，同比增长 73%，回程班列占去程班列比例达到 72%，同比提高 19 个百分点，双向运输进一步均衡。目前，国内已有 59 个城市与欧洲 15 个国家 49 个城市开通了中欧班列，国内中欧班列运行线已达 65 条。

大力发展多式联运和铁路专业物流，运输便利化取得积极进展。以集装箱运输为突破口，各种运输方式一体化衔接协同性改善，铁海联运、铁江联运、国际联运得到较快发展，多式联运的效率和质量得到提升。2018 年，我国港口共完成集装箱铁水联运量超过 450 万 TEU，主要集装箱铁水联运港口在国内开通了 200 多条班列路线，大幅提升了港口综合服务效率，降低了社会物流成本。太仓港和上海洋山港开通“海上穿梭巴士”，长江沿线企业每个 20 尺标箱可节省 150 元左右。

（六）物流降本增效政策力度不断加大，效果逐渐显现

物流业是支撑国民经济发展的基础性、战略性、先导性产业，是推动经济高质量发展不可或缺的重要力量。近两年，国家陆续出台了几十条物流相关的政策，政策力度不断加大，为物流产业降本增效、转向高质量发展提供了指引。2017 年 8 月，国务院发布了《关于进一步推进物流降本增效促进实体经济发展的意见》，明确应加快推进物流仓储信息化、标准化、智能化，依托互联网、大数据、云计算等先进技术，建设高效便捷物流新模式。2018 年，国务院和相关国家部委连续出台了多项具体政策文件，推动物流协同发展、平台建设、配送体系建设等，并出台了多项支持和鼓励的政策措施，为物流降本增效、迈向高质量发展提供了重要的支持（见表 1）。2018 年 11 月 21 日，国务院常务会议指出，要瞄准国际先进水平，多措并举发展“通道 + 枢纽 + 网络”的现代物流体系，确保全社会物流总费用与 GDP 比率明显降低，提高经济运行效率，促进高质量发展。这为推动中国物流业实现高质量发展指明了方向。

表 1　2018 年出台的重要物流相关政策

时　间	政策文件	相关内容
2017 年 12 月	《城乡高效配送专项行动计划（2017 – 2020 年）》	到 2020 年，初步建立起高效集约、协同共享、融合开放、绿色环保的城乡高效配送体系
2018 年 1 月	《关于推进电子商务与快递物流协同发展的意见》	深入实施“互联网 + 流通”行动计划，提高电子商务与快递物流协同发展水平，完善电子商务与快递物流协同发展政策法规体系
2018 年 1 月	《关于积极推进供应链创新与应用的指导意见》	到 2020 年，物流标准化水平明显提升，标准托盘占全国托盘保有量比例由目前的 27% 提高到 32% 以上，适用领域占比由目前的 65% 提高到 70% 以上
2018 年 4 月	《关于组织实施城乡高效配送重点工程的通知》	到 2020 年，高效配送城市社会物流总成本占 GDP 的比例下降 2 个百分点，仓库利用率达到 90% 以上，共同配送率达到 50% 以上，绿色仓库与新能源车辆比例达到 30% 以上

续表

时　间	政策文件	相关内容
2018 年 4 月	《关于深入推进无车承运人试点工作的通知》	支持试点企业在城市配送、农村物流、冷链物流等重点物流领域推广无车承运物流模式，鼓励试点企业探索无车承运模式与多式联运、甩挂运输、共同配送等
2018 年 5 月	《关于深入推进车辆运输车治理工作的通知》	2018 年 6 月 30 日前要完成所有不合规车辆运输车的更新退出，2018 年 7 月 1 日起全面禁止不合规运输车通行
2018 年 6 月	《关于物流企业承租用于大宗商品仓储设施的土地城镇土地使用税优惠政策的通知》	自 2018 年 5 月 1 日起至 2019 年 12 月 31 日止，对物流企业承租用于大宗商品仓储设施的土地，按所属土地等级适用税额标准的 50% 计征城镇土地使用税
2018 年 10 月	《推进运输结构调整三年行动计划（2018 – 2020 年）》	2020 年与 2017 年相比，全国铁路货运量增加 11 亿吨，增长 30%；全国水路货运量增加 5 亿吨，增长 7.5%；沿海港口大宗货物公路运输量减少 4.4 亿吨。全国多式联运货运量年均增长 20%，重点港口集装箱铁水联运量年均增长 10% 以上

资料来源：根据网络资料整理。

从政策效果来看，物流降本增效取得了一定的积极进展。以“公转铁”为例，政策出台后，港口集疏运体系建设加强，铁路集装箱运量大幅增长，相关港口的铁路运量有大幅提升，如曹妃甸疏港矿石的铁路运量甚至增长了 350%。数据显示，2018 年全国铁路完成货物发送量 40.22 亿吨，同比增长 9.1%，连续两年高于公路货运的增速，改变了 2015 年、2016 年以及更早前公路货运增速远超铁路的局面，“公转铁”政策效果正在逐步显现。

二、我国物流成本过高的问题及原因分析

随着近年来一系列物流降本增效的政策出台以及产业的转型升级，我国综合物流成本逐渐下降，但仍高于发达国家水平，尤其是保管费用和管

理费用相对偏高，多式联运和第三方物流不发达，物流运营效率偏低，制约了物流向高质量发展。这主要是由我国当前的经济结构和发展方式特征所决定的，同时综合交通体系不完善、物流服务体系化标准化网络化不足、物流管理体制不畅等因素也推高了我国的综合物流成本。

（一）我国物流成本的基本态势

1. 综合物流成本逐年下降，但仍高于发达国家水平

物流业是一个综合性较强的行业，业务范围涉及运输、仓储、管理、分包等环节，领域也横跨一二三产业，物流成本很难以某一指标来综合考量。目前衡量物流成本的指标和计算方法有很多，比较常用的衡量指标是企业物流费率、物流总费用占 GDP 的比重等。企业物流费率可以较好地反映企业物流成本状况，但不同行业相差较大。物流总费用占 GDP 比重是经常用来衡量我国物流成本的指标，但该指标受单位 GDP 货运量、平均运距、物流费率等综合影响，而这些又与产业结构、区域结构、自然地理条件等密切相关，不同国家和地区之间差异较大，如果用来进行横向比较物流成本高低，难免有失偏颇。例如，很多专家学者用我国物流总费用占 GDP 比重远高于美国等发达国家来说明我国物流成本过高，这个结论是有失客观的。该指标的差异主要是由我国与美国等发达国家的产业结构不同所决定的，并不能真实反映我国与发达国家的物流成本。但尽管如此，物流总费用占 GDP 的比重仍然可以反映出单位 GDP 所花费的物流费用，可以间接反映出一个国家综合了自然条件、产业结构等多种因素的综合物流成本，降低该指标除了降低物流成本也包含了优化产业结构的内在要求，同时该指标也是数据可获得、国际可比的一项重要指标，因此仍然可以把该指标作为衡量我国综合物流成本的重要参考。

从数据来看，虽然近年来我国交通物流成本持续下降，但与发达国家相比综合物流成本仍然偏高。横向比较看，2017 年我国物流总费用占 GDP 的比重继续下降到 14.6%，但仍然远远高于发达国家 8% ~9% 的平

均水平（2017 年美国为 8.2%、日本为 8.5%），比世界平均水平也要高 3.6 个百分点左右。同时，我国的综合物流成本也要高于印度和巴西等新兴经济体，2017 年物流总费用占 GDP 的比重分别比印度和巴西高出 1.6 个和 3 个百分点（见图 4）。即便扣除产业结构因素，我国物流成本较高问题依然较为突出。从这点上看，我国综合物流成本仍然有一定的下降空间。

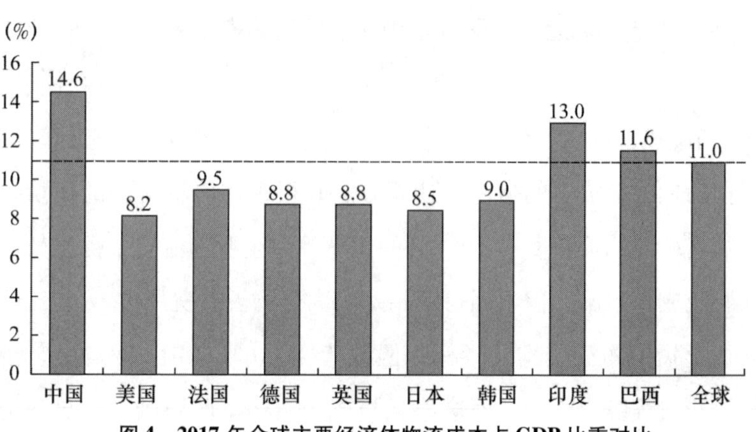

图 4　2017 年全球主要经济体物流成本占 GDP 比重对比

资料来源：Wind 数据库。

从变化趋势看，近年来我国综合物流成本呈现不断下降的趋势。物流总费用与 GDP 的比值自 2013 年以来开始不断下降，从 18.0% 下降到 2018 年的约 14.5%，年均下降约 0.7 个百分点。物流总费用占物流总额的比重也呈现出逐年下降的趋势，从 2009 年的 6.3% 下降到 2018 年的 4.6%，年均下降约 0.2 个百分点（见图 5）。可以看出，近年来物流降本增效的政策取得了显著的效果，但是从物流总费用与 GDP 的比值变化可以看出，物流成本下降的幅度正在逐渐收窄，降成本的难度在不断加大。

2. 物流成本结构不合理，保管和管理成本偏高

从物流费用构成变化情况看，运输费用占物流成本的比重较大，2017 年运输费用、保管费用、管理费用所占比重分别为 54.7%、32.4% 和 12.9%。从近年来的变化趋势看，运输环节成本在社会物流总费用中的比

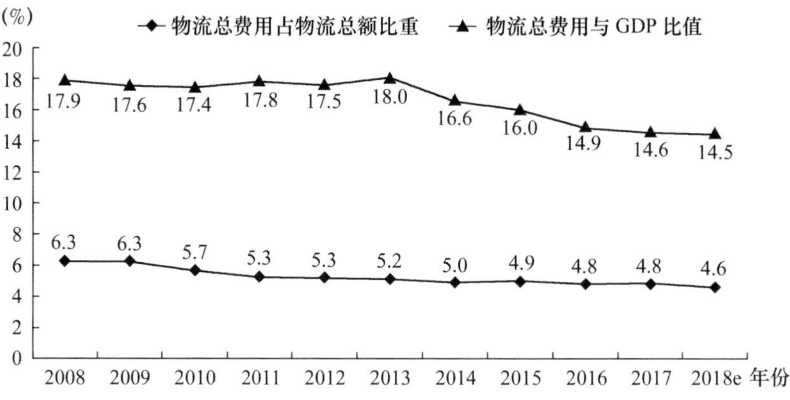

图 5　2008～2018 年我国物流成本变化

资料来源：Wind 数据库，2018 年为作者初步测算值。

重持续提高，保管费用则连续下降，表明当前物流流转速度提升，库存、资金占用时间及成本有所下降。2017 年，物流运输费用和管理费用占比分别提高了 0.6 个和 0.3 个百分点，保管费用占比下降了 0.9 个百分点（见图 6）。但总体而言，我国物流成本中保管费用和管理费用比重仍然偏高，且短期内这一态势难以明显改善，2018 年这两项费用比重不降反升。2018 年 1～11 月，全国物流运输费用 6.3 万亿元，同比增长 8%，保管费用 4.1 万亿元，同比增长 9.3%，管理费用 1.5 万亿元，同比增长 9.5%。

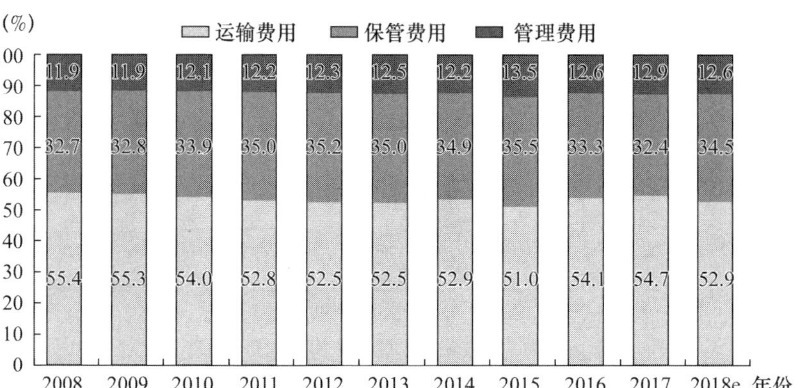

图 6　2008～2018 年社会物流总费用构成

资料来源：Wind 数据库，2018 年作者初步测算数据。

近年来多式联运、甩挂运输、江海直达等加快发展，运输物流效率有所提升，运输物流协调性增强。2017 年，运输费用占 GDP 的比重为 7.99%，比上年下降 0.02 个百分点，表明各种运输方式的连通性有所加强。主要港口集装箱铁水联运量增长超过 10%，装卸搬运费用占比连续两年小幅回落，比上年下降 0.1 个百分点。

比较而言，我国物流成本结构不太合理，保管费用和管理费用偏高。通过与美国、日本对比可以看出，三个国家的物流成本中运输成本均占了较大比重，日本接近 70%，这是物流本身的特性所决定的。然而，我国物流的保管成本和管理成本比重相对偏高，比日本要分别高出 5.43 个和 9.58 个百分点（见图 7），这也反映出我国物流管理效率不高、存货周转较慢的特点，未来还有较大的优化调整空间。从各项成本占 GDP 的比重看，我国各项成本占 GDP 的比重都要高于美国和日本，尤其是保管费用和管理费用更为突出。美国、日本的管理成本占 GDP 的比重仅为 0.3%，而我国则达到 1.88%，超过美日的 6 倍，保管成本占 GDP 的比重也接近美日的 2 倍（见图 8），反映出保管和管理费用过高是导致我国物流成本偏高的重要因素。

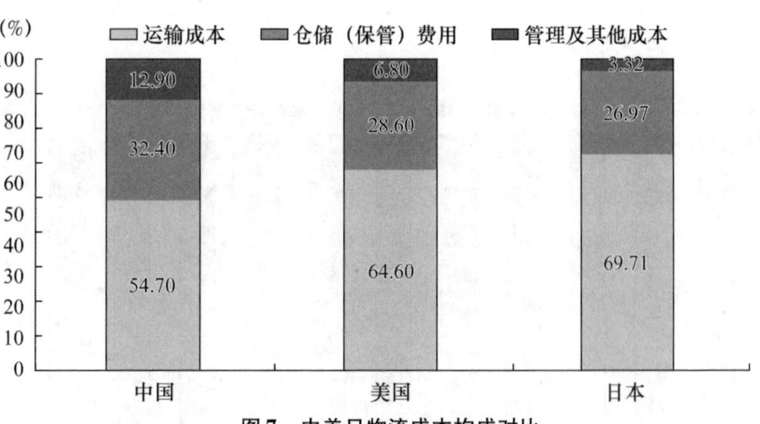

图 7 中美日物流成本构成对比

资料来源：Wind 数据库；中国、美国为 2017 年数据，日本根据日本物流管理系统协会 2015 年数据计算。

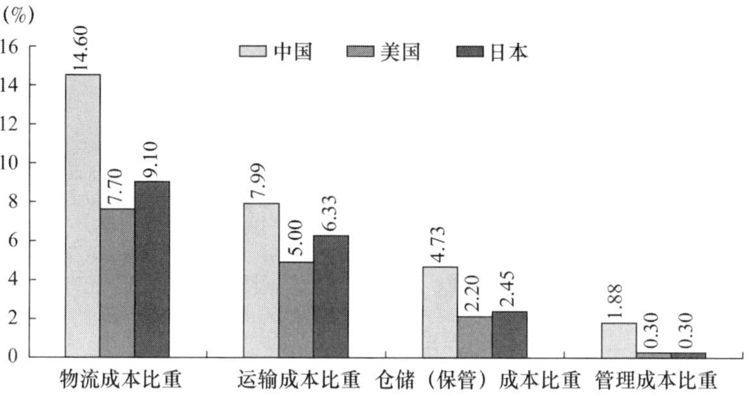

图8 中美日物流成本占 GDP 比重对比

资料来源：Wind 数据库；中国、美国为 2017 年数据，日本根据日本物流管理系统协会 2015 年数据计算。

3. 物流总体运营效率偏低，多式联运不发达

总体而言，我国物流运行效率不高，在物流中转、装卸、管理中所花费的时间和费用与发达国家还有一定差距。从数据对比来看（见表2），我国物流成本占制造业生产成本比重要达到 30% 以上，而发达国家一般在 10% ~15% 的水平；我国货物中转转运所耗费的成本约占全程物流成本的 30%，货物平均库存时间要达到 15 ~40 天，都高于发达国家水平。特别是，我国多式联运发展水平仍然较低。多式联运是一种高效集约的运输方式，可以较大幅度提升物流运行效率，降低物流成本。欧盟国家公铁、公水联运的实践表明，相比单一的公路运输而言，多式联运可以提高运输效率约 30%，降低运输成本约 20%。2017 年我国多式联运量为 13.68 亿吨，仅占全社会货运量的 2.9%，而发达国家已经可以达到 20% 以上，未来我国提升的空间较大。

表2 我国与发达国家相关物流指标对比

指　标	发达国家	中　国
物流成本占制造业生产成本比重	10% ~15%	30% ~40%
货物中转成本占物流成本比重	10% ~20%	20% ~40%
货物平均库存时间	10 ~14 天	15 ~40 天
多式联运比重	20% ~30%	2% ~4%

资料来源：根据互联网资料整理。

4. 第三方物流快速发展，但对比发达国家仍有差距

第三方物流是物流业未来发展的重要趋势。通过第三方物流，可以实现原有物流系统的整合优化，减少不必要重复费用，降低企业物流成本。自20世纪90年代中后期第三方物流理念传入中国以来，我国第三方物流收入呈现快速增长态势。2009～2017年，我国第三方物流收入从0.41万亿元增加到1.2万亿元。与美国、欧洲、日本相比，我国第三方物流发展迅速，2009年我国仅刚超过欧洲的1/3、美国的1/2，2017年我国已经与欧洲、美国规模大体相当（见图9）。然而，与世界其他主要经济体相比，我国第三方物流规模发达程度仍然不高。2017年我国第三方物流收入规模占物流成本的比重达到10.3%，仍低于美国、英国、法国、德国、日本、韩国等发达经济体，未来仍有一定的提升空间（见图10）。

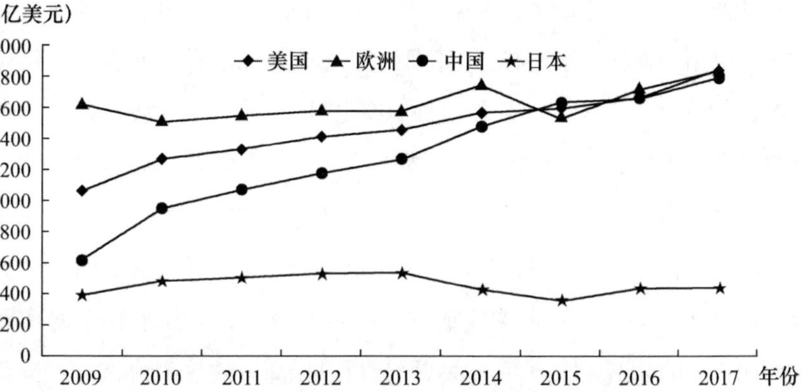

图9 中国与世界其他地区第三方物流收入规模发展趋势对比

资料来源：Wind数据库。

（二）我国物流成本偏高的原因

1. 我国经济结构与发展方式是决定因素

我国经济结构与发展方式是决定物流成本的根本性因素。我国目前正处于工业化的中后期，制造业占比仍然较高的产业结构、各类资源能源消耗正趋于达峰的用能结构决定了我国货物运输量本身就要高于已经进入服务业主导的发达国家，相应的单位GDP物流费用支出也会较大。加上我国

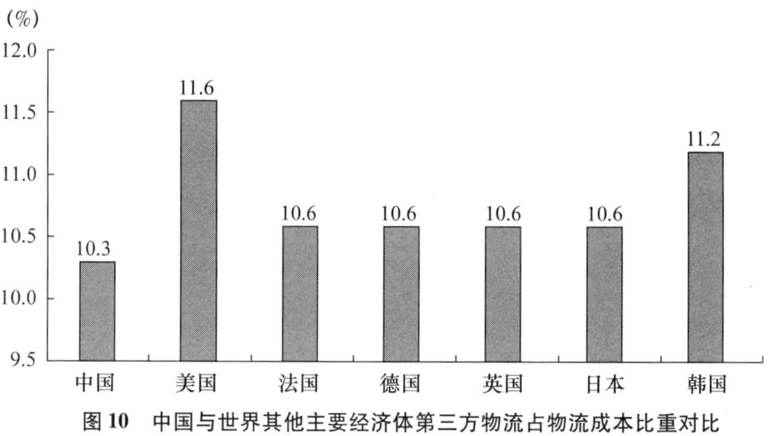

图 10　中国与世界其他主要经济体第三方物流占物流成本比重对比

资料来源：Wind 数据库。

一些领域和地区仍然存在经济增长方式粗放、产业转型升级迟缓、产业相互关联较弱、产业布局不尽合理等现象，客观上也推高了我国的物流费用。

近五年物流成本持续回落，最主要的原因就在于我国经济和产业结构的不断调整。据核算，社会物流总费用与 GDP 的比率从五年前的 18% 下降到现在的 14.5%，下降的 3.5 个百分点中，由于产业结构调整带来的下降大约占了 2.6～2.7 个百分点，经济和产业结构调整成为物流成本下降的主要影响因素。

2. 物流基础设施和综合交通体系建设仍不完善

近年来我国在物流基础设施建设上投入了大量资金，交通基础设施在很多领域已经全球领先，但综合交通运输体系建设仍不完善，基础设施衔接不畅，集疏运体系不健全，客观上推高了我国物流成本。其一，运输结构有待优化，铁路、水路交通运输成本优势发挥不足。2018 年我国铁路货运周转量比重为 14.4%，而美国这一比重一般为 30% 左右。在出台“公转铁”政策的背景下，2018 年我国铁路货运量比重有所上升，但在全社会货运量中的比重仍然较小。公路货运占比过高，加上我国高速公路大多是收费公路，客观上造成运输成本偏高。2017 年我国运输费用占总费用比重达到54.7%，据估算，高速公路收费要占到干线运输企业成本的30%～40%。除过路过桥费外，很多二线以上城市对货运车辆进城采取了管制措施，使货运企业不得不二次装卸和换车，客观上也增加了物流的成本。其二，综合运输通道建设仍需进一步优化，不同运输方式、不同区域、不同部门间的协作仍需进一步加强。不同运输方式之间衔接不畅，物流网络体系不完善，货物转运换装成本与国际平均水平相比仍然较高。其三，综合交通运输的法治化、规范化建设仍然滞后，交通大部门管理体制和跨部门协作机制仍需进一步完善。此外，交通物流基础设施短板仍然明显，部分地区仍存在“最后一公里”问题，西部地区、农村地区、乡镇村庄等物流布点严重不足，物流成本仍然偏高。

3. 物流服务的体系化、标准化、网络化发展仍然不足

近年来，我国物流服务体系不断完善，市场流通服务、信息服务等发展迅速，但对比发达国家，我国物流服务发展总体还比较粗放，物流服务的体系化、标准化、智能化发展仍然不足，成为物流成本偏高的重要影响因素。

其一，物流服务的体系化发展程度不高。物流供应链体系化不足。目前企业的采购、销售物流较多地采用了外包的形式，但生产物流仍没有从企业内部有效剥离出来，导致物流资源的分散化，无法实现整个供应链的体系化运作，无法做到上下游的采购、生产、销售等各个环节协同，降低了物流效率。多元化物流服务供给缺乏。我国物流企业规模扩张迅速，但质量和效益不足，物流服务单一化严重，缺乏差异化、层次化、多样化的服务供给，难以形成完整的服务链条，提升服务效率。

其二，物流标准化不足导致运输衔接不畅。资料显示，目前我国货运车辆标准化率不足50%，各类货车车型高达2万多种。目前我国海、铁、公多式联运比重偏低，甩挂运输等发展相对不足，主要是因为我国铁路、公路、水运和航空分属不同管理体制，装备技术标准和管理标准不统一，运输环节之间也缺乏有效衔接，无法形成有效的联合运输，进而影响物流效率，推高了物流成本。比如铁路和海运集装箱规格标准不一致问题制约了铁海联运的有效衔接。由于标准化不足，很多装卸作业仍然需要人工完成，这也增加了大量的人工成本。

其三，网络化的物流服务仍然尚未形成。目前，我国物流的中介服务、信息服务以及各种物流新经济的发展，更多的是“单打独斗”，仍未能形成信息资源共享和综合网络服务平台。物流行业跨企业、跨平台、跨组织的信息系统编码、数据接口、电子数据交换代码等信息基础标准缺失，难以实现信息交换共享，尤其是线上多式联运难以实现，各自为政、圈地服务成为普遍现象。据统计，全国 7000 万家中小企业缺乏信息互通，90% 的物流企业没有数据互联，客观上制约了物流效率的提升。

4. 交通物流管理体制仍需进一步改善

近年来政府加大力度完善交通物流管理体制，清理各项不合理收费，加快构建协同一体的管理体系，取得较大进展，但我国物流管理成本仍然偏高，通过简政放权降本增效仍然有较大空间。

其一，一体化物流管理体制不畅，物流转运环节多、周期长，带来保管和管理费用偏高。在物流成本中，保管费用和管理费用约占 45%。从单个物流企业运营状况看，我国每吨货物公里运输费用要低于发达国家，但因为我国货物往往要分多个批次才能完成，运输交易环节多，存在费用层层加码的现象，中间环节和较长的运送周期带来相对较高的管理和保管费用。如我国公路货运市场供需两端主体分散、规模较小，道路运输企业中 90% 为个体业务，交易通常需要经过货代、黄牛等多次“倒手”，增加了交易成本。

其二，物流多头管理、重复审批现象仍然存在，通过简政放权降低物流成本仍有较大空间。一些部门协调不力，导致一些政策措施难以落地，如货车“三检合一”在某些地区仍然难度较大。一些审批、通关等管理环节，多存在多重管理现象，物流运营资质受不同部门管理，道路运输、医药物流、快递物流、安全运输、超限运输等都需要分别向不同部门申请，企业面临管理主体多、协调成本高，且各个部门标准不一等问题，给综合运输带来限制。在一些交通基础设施配套环境建设中，不同地方协调不足、标准不一，越位、缺位以及地方保护现象仍然存在。

其三，物流领域税费问题仍然存在制约。营改增之后，由于抵扣体系不完善，物流领域“税负只减不增”，仍需加强落实。物流业涉及公路、港口、铁路、航空等运输领域，各领域均需要物流费用支出，特别是过桥过路费平均占公路干线货运企业运输成本的30%左右。经过连续治理，公路“三乱”问题虽已有收敛，车辆超限处罚标准、“乱罚款”、“以罚代管”、高速公路车辆救援服务乱收费等现象仍然存在。

另外，交通物流服务领域仍然存在着相当程度的垄断，部分管理体制与制度相对僵化，部分领域市场化不足，开放度不够，民营资本难以进入，即使竞争性领域民营企业发展也会受限。例如，民营快递在发展航空货运等基础网络建设仍面临多重障碍，用地审批困难、通关申报审批时间过长等问题仍然比较突出。

三、推动物流降本增效的基本思路与方向

随着我国经济由高速增长阶段转向高质量发展阶段，交通物流也进入高质量发展的新时期，推动物流进一步降本增效，实现物流业转型升级是物流高质量发展的重要任务。新时期，应坚持问题导向，聚焦物流降本增效的关键环节和瓶颈问题，按照“优化结构、完善网络、智慧服务、畅通管理”的总体思路，深入推进交通物流供给侧结构性改革，巩固物流降本增效成果，增强物流企业活力，提升物流行业效率效益水平，切实推动物流高质量发展。

优化结构，要深入推进交通物流供给侧结构性改革，推动经济和产业结构升级，优化运输供给结构。推动经济和产业结构转型升级是降低综合物流成本的治本之策，要进一步强化创新驱动，推动产业转型升级，不断

提升产业价值链和产品附加值。在物流基础设施网络建设不断完善、交通基础设施供需平衡发生新变化的背景下，改变传统的供给规模扩张的发展思路，尽快将交通物流发展重心从基础设施建设转向运输组织效率提升，推动交通物流发展由支撑经济发展向引领经济发展转变。重点是优化交通运输服务供给结构、大力发展多式联运，推动中长距离大宗货物运输由公路向铁路、水路转移，改善物流组织方式，提升交通物流运营效率。

完善网络，要适应需求优化交通物流设施网络建设，建立完善的网络化综合基础设施体系。转变交通物流基础设施发展思路，从重点补齐基础设施数量转向优化提升交通物流设施质量和网络化结构转变。推动国家物流枢纽网络建设，布局一批国家交通枢纽和物流园区，改善枢纽集疏运条件和物流组织方式。完善交通设施网络结构，构建联运通道体系，加强联运转运衔接设施建设，打通联运衔接的“最后一公里”，推动区域交通物流基础设施网络化、规模化和组织化。补齐交通设施短板，完善城乡消费物流体系，强化末端配送设施建设。加强国际国内区域大通道建设，打造国际运输通道网络，做优中欧货运通道，提升交通物流质量和效率。

智慧服务，要完善交通物流服务体系，大力发展物流新经济，推进物流智慧化。推动交通物流标准化建设，加快制定物流标准化政策，促进标准化单元化物流设施设备应用，加快物流信息、物流设施、物流装备等标准对接。创新物流服务模式，推动以互联网为依托的货运新业态，鼓励并支持交通物流企业用信息化手段发展物流新经济。加强物流智能化改造，提升物流基础设施和服务系统的数字化、智能化水平。加快建立资源共享的物流公共信息平台，探索市场化的物流信息资源整合利用机制。促进物流现代供应链创新发展，推动物流供应链系统化、专业化、协同化发展，提升制造业供应链智慧化水平。

畅通管理，要深化交通物流管理体制改革，建立一体化高效率的管理体制机制。持续深化交通物流管理体制改革，加强顶层设计，构建相互协调、多元支撑的物流政策体系。进一步放松管制，鼓励物流企业市场化竞争，推动交通物流融合发展。深化物流领域“放管服”改革，简化物流企业开展业务的行政审批流程，规范简化相关审查手续，压缩审查时间，进一步推动运输便利化。深化交通物流领域收费制度改革，清理港口、铁路相关不合理收费，扩大取消高速公路收费站范围。提升城市物流管理精细化水平，完善城市物流配送设施和服务体系。完善物流统计、信用、评价、标准等配套支撑体系，创新政策支持方式。

四、推动物流进一步降本增效的政策建议

（一）进一步优化交通物流供给结构

深化交通物流供给侧结构性改革，推动交通运输服务供给适应需求结构新变化。第一，优化交通基础设施供给。落实《推进运输结构调整三年行动计划（2018—2020 年）》，大力推进大宗货物运输“公转铁、公转水”，加快路网与货场改造，优化港口集疏运体系，减少煤炭公路集港运输。提高铁路企业开行班列化货物列车数量。优化铁路班列运行组织方案，探索开行国内冷链货运班列和“点对点”铁路冷链运输。第二，大力发展多式联运。制定统一的多式联运服务规则和标准，着重解决重点港口和大型综合性物流园区集疏运问题，促进公铁对接、铁水对接。大力发展铁路集装箱运输，在适宜线路开展驮背运输，积极发展海铁联运班列。加快建设多式联运公共信息平台，促进货源与公铁水空等运力资源有效匹配。第三，创新交通物流组织方式。提升铁路、公路等传统运输方式对新型工业化生产方式和产品的适应能力，推动交通服务供给对接个性化、高端化、服务化的新型消费需求。加快发展高速交通网络，尤其是完善民航和高铁网络建设，提升交通物流服务质量。积极发展一体化交通，减少运输服务的衔接环节和时间。推进多式联运的大交通体系建设，建设综合立体交通枢纽，加快构建大物流体系。

（二）构建完善的网络化物流综合交通体系

进一步完善交通物流基础设施供给，推动形成网络化、无缝对接的物流基础设施系统。第一，实施交通基础设施综合成网计划，加快国际国内区域大通道建设，提升交通物流质量和效率。国际层面，聚焦六大走廊交通主通道，加快构建国际运输通道网络，加强海上互联互通和网络节点建设。加强国际国内铁路运输联动，以“X 新欧”通道为契机，做优中欧铁路货运通道，加强政策沟通协调，提升回程班列班次和装载率。国内层面，加快建设“八纵八横”高铁网络、主干高速公路网络和高效互联互通的航空网络，加快形成“城市群 + 区域轴带”的网络化城市群体系。第二，加快推进区域交通运输体系建设。支持粤港澳大湾区综合交通运输体系建设，协同推进长三角高等级航道网建设，完善江海联运配套港口设施。第三，加快重点物流枢纽和信息平台建设。围绕国家重大区域战略，加快启动一批国家物流枢纽布局建设。围绕机场、港口等重要基础设施打造集轨道交通、高速路网、公共运输、高速铁路于一体的综合立体交通枢纽。加快建设公路港、铁路港、无水港等实体平台和各种类型的信息平台，支持平台型企业联盟发展，推进基础设施网络、运输组织网络和物流信息网络等多网协同联动。第四，补齐交通服务短板。通过规划引导在西部地区、贫困地区、乡村地区均衡化配置公益性交通基础设施，推动基础交通物流服务均等化。进一步健全农村物流服务网络体系，加强农产品物流和村镇末端配送基础设施建设。

（三）加快建设便捷高效的物流服务体系

加快推进物流标准化，加强一体化软硬件服务体系建设，不断提升物流效率。第一，进一步推动物流标准化，加快制定修订物流标准并推动标准衔接，扩大标准化试点范围和品种，推广标准物流设施设备应用，加快推动仓单、托盘等软硬件设施标准化。加快推动货运标准化和专业化，鼓励发展各类专用运输车辆，大力发展自动化作业的技术装备。推动铁路物流运输与上下游之间进行智能化、标准化对接，用智能化的管理实现物流

“订单化”自动匹配，降低库存和周转成本，用标准化手段减少周转次数，降低装卸成本。第二，大力发展一体化的物流服务支撑体系。完善多式联运和甩挂运输的服务支撑，加紧制定多式联运规则，加快铁路多式联运法规建设，制定铁路多式联运的实施细则，完善多式联运转运、装卸场站等物流设施标准，加快机场、港口等重点枢纽物流系统的衔接进度，推动海铁联运、空铁联运提速发展。第三，创新交通物流运营和组织模式。鼓励民间资本参与建设现代物流体系，支持企业探索物流管理模式创新。促进物流供应链创新发展，发展符合中国特色的多层次供应链企业，促进各供应链企业系统组织、协同合作。发展“端到端”的物流模式。鼓励和支持云仓等共享物流模式、共同配送、集中配送、夜间配送、分时配送等先进物流组织方式发展。

（四）鼓励支持智慧化物流发展

适应信息化发展趋势，积极鼓励并支持企业用信息化手段发展新经济，改造提升传统交通物流，提升物流发展质量和效率。第一，大力支持“互联网＋”物流服务新业态、新模式发展。推进网约车、共享单车等规范发展。继续深入实施无车承运人试点工作，加快自动化设备、智能快递设备的研发推广和应用。提升冷链物流、城市配送等领域服务水平，鼓励快递和电商物流等新模式发展。积极探索发展无人机配送等创新模式。第二，加强物流智能化改造。大力发展数字物流，强化物流基础设施和物流设备的数字化改造。支持利用物联网技术改造物流园区和大型仓储设施，鼓励货运车辆加装智能设备，加快数字化终端设备的普及应用。第三，促进物流现代供应链创新发展。鼓励物流和供应链企业积极开发面向加工制造企业的物流大数据、云计算产品，鼓励发展以个性化定制、柔性化生产、资源高度共享为特征的虚拟生产、云制造等现代供应链模式。第四，搭建物流公共信息共享平台。进一步发挥国家交通运输物流公共信息平台的作用，促进不同主体物流公共数据互联互通和开放共享。探索市场化机制下物流信息资源整合利用的新模式，推动建立国家骨干物流信息网络，促进骨干物流园区信息互联互通。

（五）健全高效畅通的交通物流管理体制

深化交通物流管理体制改革，加强政策协调，进一步简政放权，营造促进物流高质量发展的营商环境。第一，加强顶层设计和统筹协调，中央部门、行业组织、地方政府形成合力，突破条块分割，形成以一体化的财税、金融、贸易、科技、土地、环保政策工具为基础，以相互衔接的部门政策为支撑的物流产业政策体系，推动物流发展部际联席会议制度常态化，协调制定互通对接的地区标准。第二，深化物流领域“放管服”改革，进一步取消和调整一批交通物流行政审批事项，加强事中事后监管。精简快递分支机构办理手续，全面实施快递末端网点备案管理。加快推动道路货运车辆异地审验工作，加快推进“三检合一”。开展交通运输领域“减证便民”活动。推进重点水域水路客运联网售票。进一步提升城市交通一卡通互联互通用户数量。第三，加大交通物流收费项目的规范与清理力度，合并优化物流相关税费，增加进项税可抵扣项目。深化收费公路制度改革，逐步扩大取消高速公路省界收费站的范围，推广高速公路差异化收费。进一步清理港口收费，督促港口企业严格执行港口经营服务性收费目录清单和公示制度。清理规范铁路运输企业相关服务收费，降低铁路专用线和短驳服务收费。第四，完善物流服务的保障支撑。提升城市物流管理精细化水平，加强城市交通规划与物流的衔接，鼓励城市建设公共物流配送中心，完善城市物流配送设施和服务体系。加快研究建立物流行业统计分类标准，深入推进物流标准化试点示范和供应链体系建设试点等工作，构建物流高质量发展评价体系，健全物流行业信用体系。第五，推动国际物流运输便利化。深入推进通关一体化改革，推动口岸物流信息电子化，压缩整体通关时间。简化快递等跨境业务的经营许可和通关手续。建设中欧班列枢纽节点，打造一批具有多式联运功能的大型综合物流基地。

执笔人：兰宗敏

第八章

以补短板为重点着力促进有效投资

2019年中央经济工作会议指出，当前经济运行稳中有变、变中有忧，外部环境复杂严峻，经济面临下行压力，需要进一步做好稳就业、稳金融、稳外贸、稳外资、稳投资、稳预期的“六稳”工作，同时还提出，必须坚持以供给侧结构性改革为主线不动摇，要加大基础设施等领域补短板力度。这些重大判断指明了2019年我国稳投资的具体方针和政策重点，即以补短板为重点着力促进有效投资，促进经济社会高质量发展。

一、2018年投资运行的两大特点

（一）2018年投资增速趋于触底企稳

2018年，全国固定资产投资（不含农户）完成63.6万亿元，同比累计增长5.9%，增速比2017年下降1.3个百分点，这也是自2016年我国投资增速首次低于10%，进入个位数增长以后，连续第3年增速持续下降，也是自2012年以后，连续第6年投资增速持续下调。但是从2018年全年各月的变化看，在市场力量作用和政策引导下，2018年全国固定资产投资已经扭转了前几年几乎持续下行的趋势，在2018年8月达到5.3%的低点后，投资增长已经呈现短期反弹，趋于触底企稳的态势（见图1）。

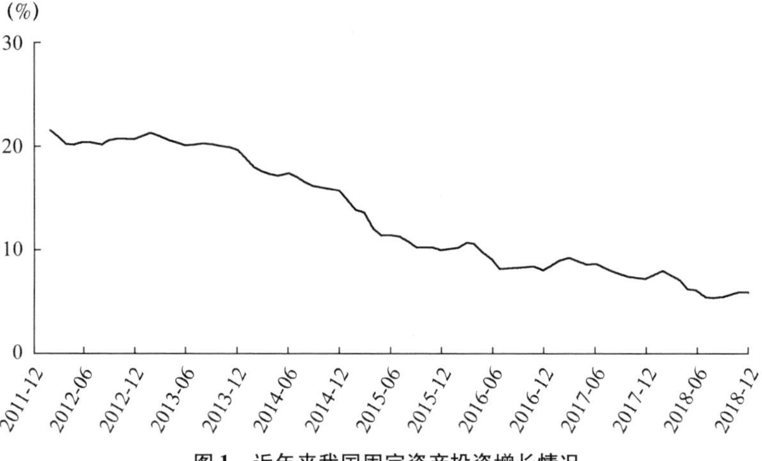

图1　近年来我国固定资产投资增长情况

资料来源：CEIC 数据库。

（二）政策性投资出现了大幅度的增速下调

在经济周期的下行期，固定资产投资往往都会出现比 GDP 增速下降幅度更大规模的调整，从这个意义上，投资是经济周期的放大器，是经济波动的主要直接原因，投资企稳回升也往往意味着经济企稳甚至复苏。我国的投资变化规律与其他国家有所不同，主要是国家依靠强大的宏观调控能力，在市场性投资快速下行时，利用政策性投资实现托底，从而使总投资下行的幅度更小，经济运行更加平滑，更有利于经济的平稳调整。

2012～2018 年，我国投资增速从 23.8% 持续下行到 5.9% 的速度，平均每年下降 3 个百分点，有效实现了投资的周期性调整，并充分释放了投资快速调整的压力。在这一过程中，以制造业投资为代表的市场内生性投资从 31.8% 下降到 2016 年 8 月的 2.8%，然后出现缓慢反弹，到 2018 年底实现 9.5% 的增长（见图 2）。与以基础设施投资为代表的政策性投资相比，制造业投资下调更快，幅度更大，也更早实现了触底企稳和反弹，可以说，到 2018 年底，市场内生性投资下行的压力已经得到了一轮完整的调整和释放。

与制造业投资相比，基础设施投资经历了完全不同的增长模式，也就是持续几年保持高增长，但到2018年出现短期大幅度的集中调整。2012～2017年，基础设施投资从6.7%提高到2014年的20.9%，然后又逐步下调到2017年的17.6%，一直保持了较高的增长速度。但2018年基础设施投资（含电力燃气水）从上年的增长17.6%快速下跌到2018年9月的0.8%，到12月略微回升到2.0%，一年内下降了近16个百分点（见图2）。基础设施投资也在短期内实现了一个周期性的调整，大幅度释放了下行的压力。

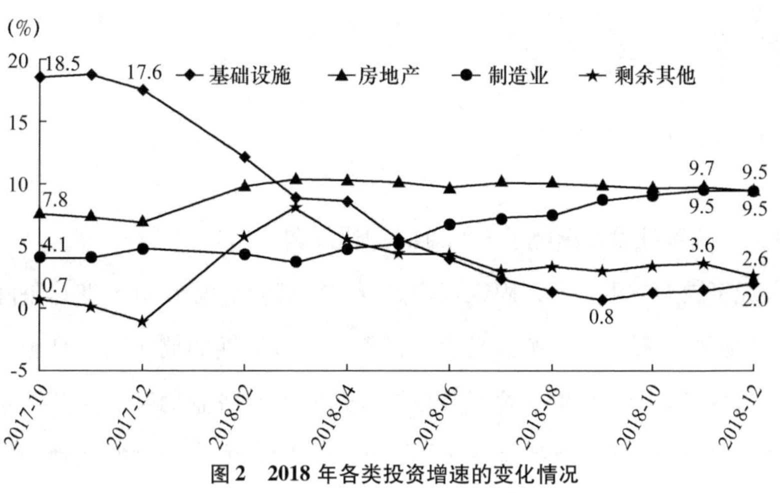

图2　2018年各类投资增速的变化情况

（三）制造业投资显著回升是2018年投资稳定的最大贡献因素

2018年投资增速止跌回稳主要是由于制造业的贡献。经过比较计算，2018年与2017年相比，我国制造业投资增速提高4.7个百分点，使总投资增速加快1.15个百分点（见表1）。其他各类投资中，基础设施投资下滑15.6个百分点，拖累总投资下跌3.36个百分点；房地产投资加快2.5个百分点，带动总投资增速提高0.35个百分点；其他投资也拉动总投资增速回升0.56个百分点。因此，制造业投资回升是2018年基础设施投资大幅度下滑背景下，总投资能够保持相对稳定的最主要贡献因素。

制造业投资回升的行业有着较大的差别。2018年制造业投资持续回升，从第一季度的3.8%一直增长到全年的9.5%。在整个投资下行的大形

表 1　与 2017 年相比 2018 年各项投资对总投资增速变化的贡献　　单位：%

投资类别	2017 年同期总投资（亿元）	2017 年增速	2018 年增速	与 2017 年相比对总投资增速的贡献
基础设施	169799	17.6	2.0	-3.36
房地产	109830	7.0	9.5	0.35
制造业	193616	4.8	9.5	1.15
其他	126978	-0.9	2.6	0.56
合计	600223	7.2	5.9	-1.30

资料来源：CEIC 数据库。

势下表现尤为突出。但各行业的表现有很大的差异性，如增长最快的化纤行业投资增速高达 29.0%，而酒、饮料和茶行业的投资为负增长 6.8%。（见图 3）。

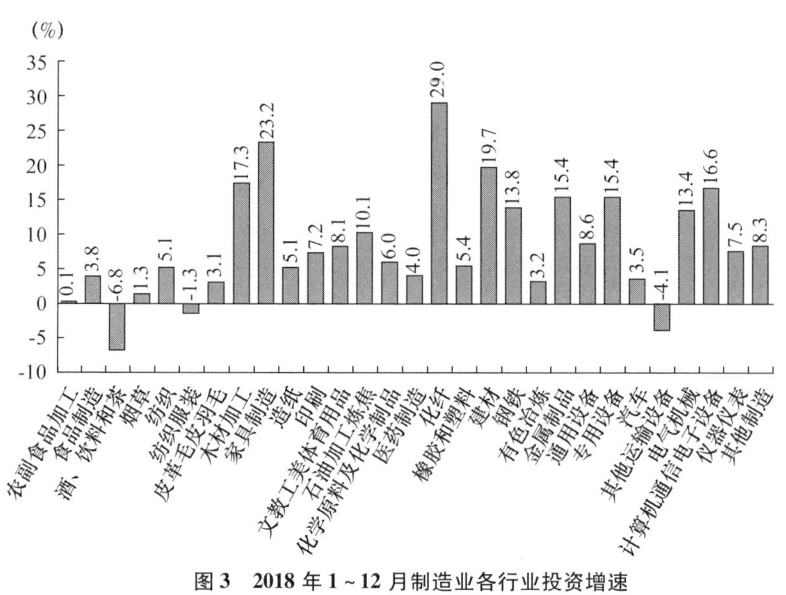

图 3　2018 年 1～12 月制造业各行业投资增速

资料来源：CEIC 数据库。

从分行业的变化看，2018 年制造业投资回升的主要贡献者是为制造业升级服务的行业。虽然在图 3 中，制造业增速最快的是化纤、家具、建材、木材等行业，但如果与年初相比，并考虑各行业的投资规模大小，则在制造业投资增速由 2017 年的 4.8% 提升到 2018 年 9.5% 的过程中，贡献较大的几个行业分别是：建材（带动制造业投资回升 1.8 个百分点），专用设备（使制造业投资加快增长 0.8 个百分点），化学原料和化学制品（加快 0.8 个百分点），金属制造（加快 0.7 个百分点），电气机械（加快 0.6 个百分点），钢铁（加快 0.5 个百分点）和通用设备（加快 0.4 个百分点）（见图 4）。在这几个行业中，通用设备、专用设备、电气机械都是直接服务于企业的转型升级的重要行业，金属制造业也与转型升级需求有密切关系。因此，可以认为 2018 年制造业投资持续回升，主要是因为在经历了前几年的去产能以后，当前我国制造业投资正处于转型升级的过程中，企业对更新改造的需求仍然较为旺盛。

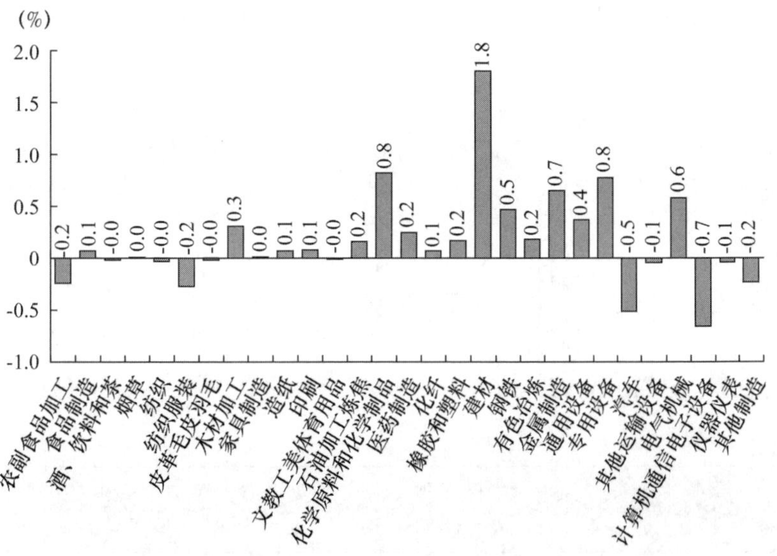

图 4　2018 年与上年相比制造业各行业对制造业投资增长的贡献

资料来源：CEIC 数据库。

二、2019 年仍然面临投资下行的压力

（一）房地产投资增速存在较大的下行可能

2018 年房地产投资一直保持较高的增长速度。全年房地产投资累计达 12.0 万亿元，占总投资的 18.9%，同比增长 9.5%，而且自年初以来一直

保持 10% 左右非常稳定的态势，在全年基础设施投资增速出现断崖式下落的情况下，成为除制造业投资外保持总投资较为稳定的又一关键因素。但 2018 年下半年以来，我国房地产市场形势发生了显著变化，特别是房价上涨的趋势出现了明显扭转，很多地方出现了土地流拍或底价低价成交的现象，多种迹象显示 2019 年房地产投资增速可能会出现较大幅度下降。

房地产开发投资完成额可以分为土地购置费和建安支出两大部分，而建安支出的增速直接取决于房屋施工面积的增长情况，因此对 2019 年房地产投资的判断仍然要分别考虑这两个部分的变化。

从历史经验看，房地产土地购置费的变化主要取决于房地产市场的形势，特别是房地产销售情况的变化。从 2006 年以来，房地产销售面积一直与土地购置面积增速的变化关系非常稳定，房地产销售面积一般领先土地购置面积领先指标，2007 ~2016 年大致领先 1 年的时间，而且当销售面积负增长时，土地购置面积往往负增长幅度更大（见图 5）。2016 年 4 月以来，房地产销售面积增速持续回落，预计 2019 年土地购置面积很可能进入负增长。进一步，土地购置面积和购置费用的增速之间高度相关，但购置费用的波动幅度更大。

图 5　房地产销售面积与土地购置面积的关系

资料来源：Wind 数据库。

土地购置面积增长的变化还将直接影响新开工面积的变化。从历史经验看，这两者是高度相关的，而且几乎没有时滞（见图6）。因此，2019年如果由于销售面积持续走缓导致土地购置面积出现负增长的话，当年的房屋新开工面积也很可能出现负增长。

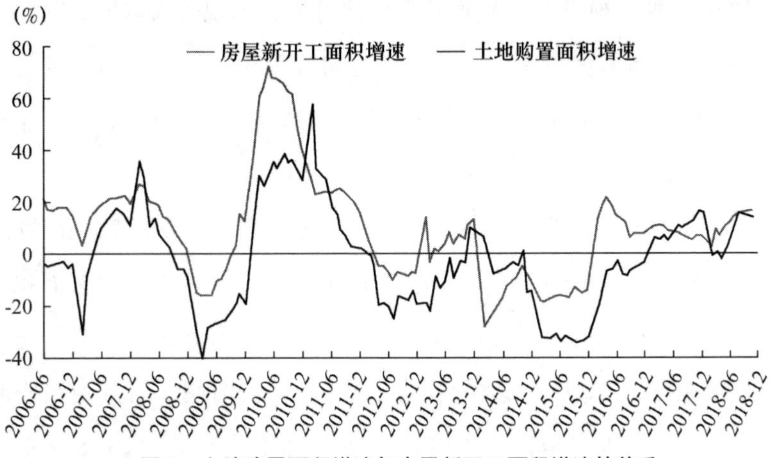

图6 土地购置面积增速与房屋新开工面积增速的关系

资料来源：Wind 数据库。

新开工面积将直接影响房屋施工面积的变化。从构成上看，房屋施工面积等于尚未竣工的房地产施工面积加上新开工面积。如果2019年房屋新开工面积出现负增长，房屋施工面积增速一定会出现下滑，并带动房地产投资中的建安支出走低（如果建材价格下降，则建安支出降低幅度更大）。从历史经验看，由于房地产在施工的存量较大，所以施工面积的变化幅度要远小于开工面积的变化幅度（见图7）。2018年1～12月，房地产施工面积累计增长5.2%，预计2019年可能下降至零增长左右。

综合考虑土地购置费用的变化和房地产施工面积的变化，预计在房地产调控政策没有大的变化的情况下，2019年的房地产投资可能降至零增长附近的水平，类似于2015年从10%降至1%的情况，这将给2019年的稳投资带来较大的压力。

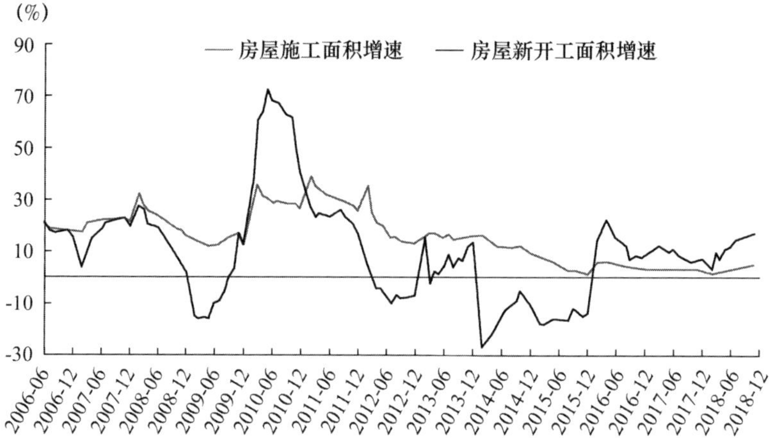

图 7　房屋新开工面积增速与施工面积增速的关系

资料来源：Wind 数据库。

（二）基础设施投资受融资来源的约束难有较大回升

2018 年第四季度基础设施增速实现触底反弹主要受政策的强力推动。2018 年前三季度，我国基础设施投资（包括电力燃气水）同比增长仅有 0.8%，增速比 2017 年全年的 17.6% 下降了 16.8 个百分点，降速非常迅猛。在下半年一系列稳投资的作用下，第四季度基础设施投资出现了全面的企稳回升，其中 1 ~12 月电力燃气水的投资负增长 6.7%，比 1 ~9 月回升了 4.0 个百分点。交通运输和仓储邮政业的投资回升较小，在 1 ~9 月仅增长 3.2% 的最低点上，全年增速回升到 3.9%。另外，水利、环境和公共设施管理业共投资 8.5 万亿元，同比增长 3.3%，也比 1 ~9 月回升 1.2 个百分点，从这三个部分的发展趋势看，2018 年基础设施投资已经触底企稳（见图 8）。

虽然 2018 年四季度基础设施投资已经出现回升，但 2019 年全年仍然难有明显回升，主要有以下几个方面的原因。

一是减税降费的大政策和地方政府的债务约束决定了基础设施投资的资金来源难有大的增长。2018 年以来，我国实体经济面临较大的困难，迫切需要减税降费提高竞争力，中央政府也明确了 2019 年将进一步推进大力

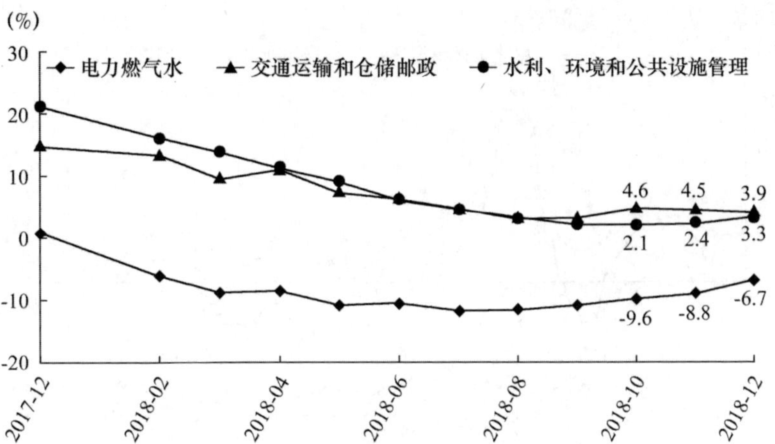

图 8 基础设施分项投资增速变化情况

资料来源：CEIC 数据库。

度的减税降费政策。减税降费必然带来中央和地方政府可支配财力增长放缓甚至绝对减少。另外，近年来，中央政府切实加强地方政府债务管理，坚决遏制违法违规举债，坚持堵“后门”、开“前门”，地方政府举债的途径、规模和用途受到明确的约束。虽然 2019 年地方政府的一般债和专项债规模都有大幅度增长，但主要用于基础设施投资的专项债受到项目本身效益情况的约束，难有快速增长。

二是 2019 年地方政府来自土地的收入可能有所下降。2018 年 9 月以后全国房地产市场形势出现变化，各地土地流拍现象增多，土地出让价格下降，这两方面的变化都将制约 2019 年地方可用于基础设施投资的资金规模。

三是近年来各地基础设施的主体来源——PPP 项目，也出现明显的不足现象。2018 年 1 ~ 11 月，全国 PPP 项目总投资额达 17. 5 万亿元，低于 2017 年全年的 18. 2 万亿元，从构成看，项目执行和采购阶段分别为 7. 2 万亿元和 3. 4 万亿元，高于上年同期的 4. 6 万亿元和 3. 3 万亿元，而反映后续项目多少的准备和识别阶段分别为 2. 3 万亿元和 4. 6 万亿元，远远少于上年同期的 2. 9 万亿元和 7. 2 万亿元。这说明，2019 年的基础设施投资将面临较大的项目不足问题。

另外，从回报机制看，当前的 PPP 项目还存在收益项目比重减少，政府负担加重的问题。2018 年 1 ~ 11 月，在 17.5 万亿元的 PPP 项目中，使用者付费的投资额为 2.0 万亿元，比 2017 年同项目的 4.2 万亿元减少了 2.2 万亿元，相应地可行性缺口补助部分的投资规模增加了 1.2 万亿元，可见 2019 年还面临有收益的基础设施投资更少的问题。

（三）出口增速可能回落以及企业投资信心下降，制造业投资预计将有回调压力

2018 年制造业投资持续回升，主要受益于出口和投资拉动。2017 年，我国对外出口增长 7.9%，部分行业增长更快，如“计算机、通信和其他电子设备制造业”出口增长 13.2%。出口较快增长拉动了 2018 年这些行业的投资，如 2018 年我国“计算机、通信和其他电子设备制造业”投资增长高达 16.6%，“电气机械和器材制造业”的投资增速为 13.4%，“家具制造业”的投资增速达到 23.2%，这几个都是出口比重较大的行业。

2019 年，受到中美经贸摩擦的影响，我国出口增速很有可能回落。2018 年的投资增速已经进一步降低，也会对 2019 年相关制造业行业的新增投资产生影响，所以出口和投资这两个因素对制造业投资的拉动都会减弱。另外，国际经济环境变化也已经引起企业投资信心不足。因此，预计制造业投资的增速可能会显著回落，甚至降至 2016 年时的较低水平。

三、2019 年稳投资需要着重强调提高投资效率

（一）只有促进有效投资才能达到稳增长的效果

不同类型投资拉动经济增长的机制和效果有巨大差别。虽然宏观调控一般重视投资增长速度，似乎各种投资都能发挥类似的促增长的效果，但无论从理论上，还是从实际上看，不同类型投资促进经济增长的效果有很

大差别。

总体来说，市场化程度高的投资（特别是民间投资）的效率较高，对经济拉动作用也强。民间投资者在作决策时，都必须进行仔细的成本收益分析，并承担投资失败的风险，这些投资的后期回报是相对明确的，效率也相对较高。大部分民间投资都会直接提高经济中的资本存量，能够提高相关行业的生产能力，无论是当期扩大社会总需求，还是在长期提高经济供给能力，都有较高的效率。

房地产投资主要从扩大需求的角度促进经济增长，虽然也受调控政策影响，但也是市场化投资，也是高效投资。房地产投资本身会带动建材、家电、家居等很多行业的产品需求，对经济的拉动能力较强。而且不同于制造业投资会增加下期的生产能力，可能产生产能过剩的问题，房地产投资总体上不会对实体经济的供需平衡产生不利影响。另外，房地产投资主要是市场化的投资，不需要财政性资金的投入，因此，投资效率也比较高。

投资效率存在较大不确定性的是以基础设施投资为代表的政策性投资。不少政策性投资主要投向的是没有直接经济回报的公共基础设施，这些设施通常直接经济效益较小，而间接社会效益大，但这种间接社会效益很难衡量。因此，对这类投资，既有可能由于不能充分体现社会效益，而出现投资不足的情况，也可能出现由于政策性投资过于超前，而出现低效甚至无效的情况。

从稳投资促增长的目标看，如果投资结构不够优化，低效无效投资占比较大，则可能出现大量投资不能有效提振经济增长的情况，甚至可能陷入投资效率低，进一步增大投入，被动削减了有利于增加消费等方面的支出，经济增长速度反而降低的情况。

（二）从总体来看，基础设施投资促增长的效率已经很低

基础设施投资对经济增长的促进作用体现在扩大社会总需求和提高供

给能力两个方面。在短期（当年），基础设施投资主要通过扩大总需求（即投资、消费和净出口）促进经济增长；在中长期（第二年及以后），主要通过提高生产能力（包括基础设施产业的生产能力和提高其他行业的生产效率）促进增长。本文从这两个方面检测了近年来我国基础设施促进经济增长的效果。

1. 从扩大需求的角度看，近年来基础设施投资拉动经济增长的效果已经不再显著

为了检验基础设施投资对经济增长的拉动作用，本文基于 GDP 支出结构，构建了 1994～2016 年省一级名义 GDP 增长率的增长模型，用以检验各类需求对经济增长的贡献，主要计量检验结果如表 2 所示。

表 2　　从需求角度分析基础设施投资与经济增长

项　目＼模型序号	[1]（1994～2016 年）	[2]（1994～2008 年）	[3]（2009～2016 年）	[4]（1994～2016 年）
政府消费	0.341***	0.043	0.798***	0.237***
居民消费	1.206***	1.052***	1.685***	1.143***
出口	0.394***	0.179***	0.318***	0.333***
不包括基础设施的其他投资	0.331***	0.544***	0.362***	0.415***
基础设施投资	-0.040	0.253***	-0.124	0.294***
2009～2016 年虚拟变量×基础设施投资				-0.806***
常数项	3.916***	5.318***	-1.089	3.949***
观察值	682	434	248	682
R-sq	0.541	0.639	0.588	0.584

注：模型中的被解释变量是各省 GDP 名义增长率，解释变量如“政府消费”表示政府消费名义增长率乘以上一年的政府消费占 GDP 比重，其他变量类似，均采用名义增长率。*** 表示在 1‰水平上显著，** 表示在 1% 水平上显著，* 表示在 10% 水平上显著。模型采用面板数据固定效应模型。

根据表 2 的计量结果，政府消费、居民消费、出口和不包括基础设施的其他投资都有显著拉动经济增长的作用。其中，居民消费的拉动作用最强。例如，2016 年居民消费增长 1 个百分点，可拉动 GDP 增长 1.206 × 0.39 = 0.47 个百分点（其中 0.39 是 2016 年居民消费占 GDP 比重）。

从整个时间段来看，基础设施投资变量的回归系数并不显著，这意味着基础设施投资并没有显著拉动经济增长。不过分阶段看，1994 ~ 2008 年，基础设施投资拉动经济增长的效果明显（模型［2］中“基础设施投资”变量前的回归系数为 0.253 且显著）；但 2009 年及以后基础设施投资已经不再能显著拉动经济增长（模型［3］中“基础设施投资”前的系数为不显著的负数，模型［4］中“基础设施投资”前的系数为 0.294 - 0.806 = -0.512）。因此，总体时间段上基础设施投资不能显著促进增长主要是受 2009 年以后无效率的拖累。

2. 从提高供给能力看，近年来基础设施投资促增长的能力也有明显降低

为了检验基础设施投资通过提高供给能力促进经济增长的效果，本文基于生产函数，构建了 1994 ~ 2016 年省一级实际 GDP 增长率的增长模型，主要计量结果如表 3 所示。

表 3　从供给角度分析基础设施投资与经济增长

项目 \ 模型序号	［5］	［6］	［7］
实际人均 GDP 对数（滞后一期）	-1.057**	-1.108**	-0.196
劳动力增速	0.065**	0.062**	0.047*
出口依存度	0.036***	0.038***	0.029**
人力资本水平	0.097***	0.135***	0.062**
投资比重	0.025***	0.023***	0.026***
二产占比	0.165***	0.173***	0.111***
非基础设施投资增速	0.002***（滞后 1 年）	0.001（滞后 2 年）	0.002***
基础设施投资增速	0.011***（滞后 1 年）	0.003（滞后 2 年）	0.016***

续表

项　目 \ 模型序号	[5]	[6]	[7]
2012 ~2016 年虚拟变量 × 非基础设施投资增速			0.111***
2012 ~2016 年虚拟变量 × 基础设施投资增速			−0.025**
年份虚拟变量	有	有	有
常数项	7.362***	3.791	3.399***
观察值	651	620	651
R − sq	0.495	0.533	0.550

注：模型中的被解释变量是各省 GDP 实际增长率，解释变量中的基础设施和非基础设施投资增速也是实际增长率。*** 表示在 1‰水平上显著，** 表示在 1% 水平上显著，* 表示在 10% 水平上显著。模型采用面板数据固定效应模型。

根据表 3 的计量结果，各省实际人均 GDP 的回归系数为负，说明各地区经济增长存在收敛性，即欠发达地区增速较快，而发展程度高的地区增速较慢。其他变量，如劳动力增速、出口依存度、人力资本水平（用平均受教育年限表示）、投资比重、二产比重都有助于提高经济增速，这与已有大多数研究的结论相一致。

从 1994 ~2016 年整个时期来看，滞后 1 年的基础设施投资和其他投资都有利于提高经济增长速度（模型［5］中这两类投资前的系数都显著为正）。基础设施投资每增长 1%（实际增速），可使下一年的 GDP 增速提高 0.011 个百分点。但滞后 2 年的投资增速与经济增长之间并没有显著的相关性（模型［6］中两项投资前的系数小且不显著，更长时期的也没有显著相关性）。

2012 ~2016 年其他投资仍然保持显著促增长的作用，但基础设施投资促增长的效果有大幅度下降甚至为负。根据模型［7］，2012 ~2016 年非基础设施投资的回归系数为 0.002 + 0.111 = 0.113，仍然显著为正，而基础设施投资的回归系数为 0.016 − 0.025 = − 0.009，说明从供给的角度看，2012 年以后基础设施投资并不能显著促进增长，甚至可能有负效果。

3. 基础设施投资的边际产出大幅度下滑

研究者经常用增量资本产出比来直观表示投资效率的变化情况。所谓增量资本产出比就是每新增一个单位的产出，需要增加多少个单位的资本。从全部资本的角度，这一指标容易计算，只要用每年新增资本存量除以每年新增 GDP 就可以了，但是这种方法不能区分出基础设施投资的贡献，因为新增的 GDP 是由新增的基础设施投资和新增的非基础设施投资共同完成的，在两种类型资本的效率不一样时，不能直接算出基础设施投资的贡献。

为了分析基础设施对经济增长的边际效应，我们建立了一个包括基础设施变量的经济增长模型，并根据回归结果测算了基础设施投资的边际产出，如表 4 所示。

表 4　　基础设施投资的边际产出

项　目	2011 年	2012 年	2013 年	2014 年	2015 年	2016 年
省级平均 GDP（亿元）	17420	19216	21037	22781	24565	26361
省级平均就业人数（万人）	2632	2644	2685	2723	2738	2753
平均非基础设施物质资本存量（亿元）	39491	46739	54821	63442	72269	81417
基础设施物质资本存量（亿元）	8735	9571	10497	11535	12791	14171
新增基础设施存量（亿元）	804	836	926	1038	1256	1379
由于基础设施引致的新增 GDP（亿元）	435	232	120	137	55	－23
新增单位基础设施投资的边际产出	0. 54	0. 28	0. 13	0. 13	0. 04	－0. 02

根据表 4 的计算结果，2011 年及以前，我国每新增一单位基础设施投资，平均可以增加 0. 5 个单位的 GDP，但 2012 年以后，新增基础设施投资的边际产出显著下降。2013 ~ 2014 年，基础设施投资边际产出降至 0. 13 个单位的 GDP，2015 年和 2016 年几乎为 0。

四、着力补短板是促进有效投资的重要政策方向

在部分投资效率明显下降的情况下，要提高有效投资的重要举措就是

坚持补短板，防止大水漫灌式投资。但是，对于哪些是短板，哪些是短期内需要着力加强的短板，哪些是需要长期投入的短板，需要加以认真研究。2018 年中央经济工作会议着重强调了技术改造、基础设施和公共服务三个方面的短板，具体表述是："加大制造业技术改造和设备更新，加快 5G 商用步伐，加强人工智能、工业互联网、物联网等新型基础设施建设，加大城际交通、物流、市政基础设施等投资力度，补齐农村基础设施和公共服务设施建设短板，加强自然灾害防治能力建设。"①

（一）制造业改造升级方面强调瞄准关键和核心技术领域

制造业领域的研发和技术改造已经成为投资的重要领域。近年来，我国产业链不断完善，技术水平不断提高，但在不少关键核心技术领域仍然属于空白或落后状态，不少技术成为我国行业突破的"卡脖子"问题。例如工业和信息化部对全国 30 多家大型企业 130 多种关键基础材料的调研结果显示，32% 的关键材料在中国仍为空白，52% 依赖进口，绝大多数计算机和服务器通用处理器 95% 的高端专用芯片，70% 以上智能终端处理器以及绝大多数存储芯片依赖进口。《科技日报》总结了 35 项我国高科技产业的"卡脖子"技术，包括光刻机、芯片、操作系统等。

这些关键核心技术问题，往往攻关难度大风险高，投入巨大，仅仅依靠企业投入难以有效追赶国际先进水平。例如，芯片、碳纤维等许多领域还出现过和发达国家差距越拉越大的问题，迫切需要通过政策支持和引导，通过国家和企业合力加强投入，从而实现投入大规模增长和创新取得成效。

（二）新型基础设施领域需要加大投入超前发展

当前全球正处于新一轮科技革命和产业变革的过程中，一大批核心新

① "中央经济工作会议举行 习近平李克强作重要讲话"，中国政府网 2018 年 12 月 21 日。

技术正取得不断突破和发展，特别是生产领域的智能制造、数字化转型、人工智能等领域蓬勃发展，并已经成为全球竞争的制高点。新一轮技术革命内容众多，包括新能源技术、信息技术、生物技术、新材料技术等多个方面，这些新技术要取得快速发展和应用，离不开新型基础设施的超前投入和完善，包括5G商用、人工智能、工业互联网、物联网、云计算等一系列相关基础设施建设，需要国家和企业通力合作，加大投入。

（三）传统基础设施领域需要进一步补强薄弱环节

2018年10月31日，国务院发布文件，提出了基础设施领域补短板的指导意见，提出了重点投资方向，在传统基础设施领域主要包括九个方面，即脱贫攻坚，铁路领域，公路、水运领域，机场领域，水利领域，能源领域，农业农村领域，生态环保领域以及社会民生领域。

在这九个领域中，每个领域都强调了突出重点和短板环节，而不是全面开花的大水漫灌式投资。例如在铁路领域，重点是完善高速铁路的“八纵八横”主通道项目和铁路骨干网络，京津冀、长三角、粤港澳大湾区等地区的城际铁路，以及集疏港铁路、铁路专用线建设和枢纽改造工程。在机场领域，重点是推进一批国际枢纽机场和中西部支线机场新建、迁建、改扩建项目前期工作。而在生态环保领域，聚焦于天然林资源保护、支持生活污水、生活垃圾处理等重点项目。

（四）除了补“硬短板”外需要更加重视补“软短板”

2019年1月23日，发展改革委等多部委联合出台了《加大力度推动社会领域公共服务补短板强弱项提质量　促进形成强大国内市场的行动方案》，把稳投资中的补短板和建设国内市场的要求结合起来，其中，提出了很多当前需要着力加强的公共服务领域短板项目，包括：补齐基本公共服务短板，加快实现基本公共服务均等化，重点体现在推进义务教育均衡发展；提升贫困地区县域医疗卫生服务能力；加强妇幼健康服务体系建设；提高医学应急救援和传染病等防治能力；健全基本养老服务体系；加强社会福利体系建设；提升公共就业服务水平；推动基本公共文化服务均等化；推动公共体育设施建设和开放；健全完善残疾人公共服务体系。

执笔人：许召元

参考文献

[1] 2019 年中央经济工作会议公报.

[2] 国家发展改革委等. 加大力度推动社会领域公共服务补短板强弱项提质量　促进形成强大国内市场的行动方案. 发改社会〔2019〕160 号.

[3] 国务院办公厅关于保持基础设施领域补短板力度的指导意见，国办发〔2018〕101 号.

[4] 廖茂林，许召元，胡翠，喻崇武. 基础设施投资是否还能促进经济增长？——基于 1994 ~ 2016 年省际面板数据的实证检验. 管理世界，2018（5）.

第二部分

“增强”：增强微观主体活力

第九章

强化竞争政策的基础性地位

中国经济正在向高质量发展阶段转换。通过强化竞争，提高资源配置效率，推动创新发展，保持长期可持续增长和提高国际竞争力，是转向高质量发展的必然要求。2018 年底召开的中央经济工作会议明确指出，要“强化竞争政策的基础性地位”，并将之作为结构性政策的核心内容。为此，要进一步提高对竞争政策的认识，促进产业政策与竞争政策协调，创造公平竞争的制度环境，并采取切实有效的举措为竞争政策充分发挥作用创造条件。

一、强化竞争政策基础性地位的必要性和紧迫性

强化竞争政策的基础性地位，是深化供给侧结构性改革的重要途径，是实施创新驱动发展战略的内在要求，是推动经济高质量发展的重要前提，也是完善社会主义市场经济体制的重大举措。

（一）深化供给侧结构性改革的重要途径

深化供给侧结构性改革，要在巩固“三去一降一补”成果、增强微观主体活力、提升产业链水平、畅通国民经济循环上下功夫。巩固“三去一降一补”成果，主要是推动更多过剩产能和“僵尸企业”加快出清。这就

要强化竞争政策功能，停止对“僵尸企业”的“输血”，更多运用市场化法治化手段，让市场进行优胜劣汰。增强微观主体活力，主要是发挥企业和企业家主观能动性。我国有上亿个市场主体，强化竞争政策功能，建立公平竞争的市场环境，才能激发市场主体活力。提升产业链水平，核心是要增强科技创新对产业升级的支撑作用。强化竞争政策功能，才能倒逼企业加大创新力度，促进我国产业迈向全球价值链中高端，建设有国际竞争力的现代产业体系。畅通国民经济循环，要求加快建设统一开放、竞争有序的现代市场体系。强化竞争政策功能，清理废除妨碍统一市场和公平竞争的各种规定和做法，发挥价格引导资源配置作用，促进生产要素自由流动，才能形成资本、技术、人才与经济的良性循环。

（二）实施创新驱动发展战略的内在要求

创新的动力来自竞争，没有竞争就没有创新。只有在公平竞争的条件下，面对创新可以获取更大的经济利益、不创新就会被市场淘汰的压力，才会倒逼企业加大创新力度。创新的基本特点是不确定性，创新就是一个不断试错和冒风险的过程，企业家的创新精神只有在公平竞争中才能激发出来。强化竞争政策的基础性地位，增强企业为赢得竞争而创新的压力，最大限度地激发企业家精神和创新活力，才能使创新驱动发展战略持续推进。

（三）推动经济高质量发展的重要前提

推动经济高质量发展，要从解决“有没有”转向解决“好不好”，在微观层面主要是提高产品和服务质量，中观层面主要是提升产业价值链，宏观层面主要是提高国民经济的整体效率，也就是要提高全要素生产率。无论是提高产品和服务质量、提升产业价值链，还是提高全要素生产率，动力的源泉都来自竞争。竞争有助于推动创新、增进效率、降低价格、提高生产率。中国要由高速增长转向高质量发展，从“数量追赶”转向“质量追赶”，迫切要求强化竞争政策的基础性地位。

（四）完善社会主义市场经济体制的重大举措

竞争是市场经济的本质要求。党的十八届三中全会明确提出，要使市场在资源配置中起决定性作用和更好发挥政府作用。党的十九大报告强调，要着力构建市场机制有效、微观主体有活力、宏观调控有度的经济体制。市场机制有效，微观主体才会有活力。也只有让市场机制更加有效地发挥作用，才能将更多政府掌握的资源交由市场配置，宏观调控才能有度。市场机制有效的前提是充分竞争。要让市场机制有效，就必须最大程度地发挥竞争政策的基础性作用。强化竞争政策基础性作用与更好发挥政府作用是统一的。要竞争，就会有企业退出市场，在人员安置、再就业等方面，恰恰需要政府更好发挥“兜底”作用，织牢社会安全网，管好市场管不了更管不好的事。

二、促进产业政策与竞争政策协调

促进产业政策与竞争政策协调，就要使产业政策仅限于市场失灵的领域，并尽可能地以非歧视性方式实施产业政策，也就是要推进选择性产业政策向功能性产业政策转型。

（一）选择性产业政策失灵可能成为常态

选择性产业政策发挥作用的前提是政府拥有信息资源优势。过去，我国产业发展总体上处在追赶阶段，有比较清晰的追赶目标，技术路线也比较明确，政府的信息资源优势明显。但随着我国产业结构加快升级，产业体系日趋复杂，部分产业领域技术进入前沿地带或“无人区”，政府拥有的信息资源优势逐步弱化。特别是进入大数据时代后，数据成为产业发展的核心生产要素，处在生产一线的企业占有的数据优势逐步显现。再按老套路用产业政策支持特定产业发展，很可能会因产业技术选择失误而造成资源错配。这方面国际上也有不少案例，比如，日本政府曾通过产业政策推动企业大量投入搞模拟技术研发，而美国通过市场竞争和企业试错，最后选择了数字技术并获得成功。

（二）选择性产业政策负面作用逐步显现

改革开放后，作为一个追赶型经济体，我国借鉴日本、韩国等国家经验，制定产业政策支持特定产业发展，对实现“追赶”目标和缩小与工业化国家差距发挥了重要作用。但也要看到，产业政策效果并不完全如意，比如，政府选产业、定项目，往往“有心栽花花不开，无心插柳柳成荫”。每一个产业政策成功干预的案例背后，往往都有大量失败的干预案例。如果说，在高速增长阶段，选择性产业政策还能够发挥一定作用，那么，进入高质量发展阶段，要提高资本、劳动力、土地等要素的配置效率，推动广泛而有效的创新，就必须加强市场的竞争性。选择性产业政策不利于形成统一开放、竞争有序的市场体系，不利于形成公平竞争的市场环境，还可能带来诸如行业壁垒、企业垄断、市场分割、地方保护、不公平竞争、所有制歧视等问题，必须在更大程度上发挥竞争政策的作用。

（三）产业政策转型的国际经验

日本、韩国在20世纪50年代到80年代的产业政策被许多人认为是产业政策成功的案例，但后期研究表明，那些政府支持的产业之所以成功，是因为在出口导向政策推动下积极参与国际竞争的结果，而那些有产业政策支持但没有大规模进入国际市场的制造业并没有形成国际竞争力。日本在20世纪90年代后，随着泡沫经济的破灭，也认识到选择性产业政策带来的破坏公平竞争、造成市场垄断的弊端。1998年以后，日本成立了公正交易委员会，推进经济公平自由竞争，逐步从产业政策主导转向竞争政策优先，选择性产业政策也逐步转向功能性产业政策，更多在市场失灵领域发挥作用。同样，韩国在亚洲金融危机后，也成立了公平交易委员会，加大反垄断力度，放宽市场准入限制。日本、韩国从产业政策向竞争政策转型的经验表明，强化竞争政策功能，才能有效提高资源配置效率，增强经济活力和国际竞争力。

（四）协调产业政策与竞争政策的关系

协调产业政策与竞争政策的关系，关键是要明确竞争政策一般性与产业政策特殊性之间的关系。原则上，竞争政策具有基础性作用，应普遍适用于广泛的、一般的领域。实施产业政策必须要有特殊的约束条件，限定市场机制失灵的领域。例如，严格限定在农业等弱势产业、国防科技等事关国家安全的非竞争性领域，还有一些处于创新早期的幼稚性产业。除此之外，都要适用于竞争政策。即便是要使用产业政策，也要弱化选择性产业政策，重点使用功能性产业政策。与此同时，也不能片面认为竞争政策和产业政策是完全对立的，只要加快产业政策转型，不扭曲市场竞争，并将产业政策限定在市场机制失灵的领域，产业政策和竞争政策可以并行不悖。

三、竞争政策旨在创造公平竞争的制度环境

强化竞争政策的基础性地位，目的是创造公平竞争的制度环境。公平竞争审查制度，是确保竞争政策发挥作用的基础性制度，也是加强公平竞争制度建设的重要环节。

（一）公平竞争审查制度的国际经验

从国际经验看，主要经济体都是通过公平竞争审查制度来保障市场公平竞争的。公平竞争审查制度遵循的基本原则是，除非有确切证据表明政府管制措施产生的效益超过成本，或管制措施是政策目标得以实现的唯一方式，否则，政府应首先废除限制竞争的政策措施。国际上公平竞争审查大致有三种模式：第一种是政策制定机构自我审核，这种模式难以解决自我审查可能带来的不客观、不公正问题。第二种是由专门的市场监管机构负责审核，这种模式能够更好地保障公平竞争审查的中立性、客观性，但

市场监管覆盖的领域广，这就要求市场监管机构配备各领域的专业人才。第三种是由政策制定机构和市场监管机构共同审核，最终由市场监管机构最终裁决，这种模式能够较好地规避第一种、第二种模式的缺陷。

（二）加快推进我国公平竞争审查制度建设

2016 年 6 月，国务院发布的《关于在市场体系建设中建立公平竞争审查制度的意见》（以下简称《意见》），第一次就建立公平竞争审查制度明确提出框架性意见。一是将涉及市场主体经济活动的所有政策措施纳入审查范围。对于规章、规范性文件和其他政策措施，要在正式出台前进行公平竞争审查；对于行政法规、国务院制定的其他政策措施以及地方性法规，鉴于制定主体的特殊性，要由负责起草的政府部门在起草过程中进行审查，未经审查的不得提交审议。二是明确将某些限制竞争情况多发、对竞争影响较大的领域作为重点审查对象，包括市场准入、产业发展、招商引资、招标投标、政府采购、经营行为规范、资质标准等方面的政策措施。三是自我审查与社会监督和责任追究相结合。四是规范增量与清理存量相结合。总体上看，我国公平竞争审查制度还处在起步阶段，尚缺乏完备的工作机制，要真正落到实处还有相当多的工作要做。《意见》是在《深化党和国家机构改革方案》出台前颁布的，从审查制度建设的主要责任主体看，《意见》规定由国家发展和改革委员会、国务院法制办公室、商务部、国家工商行政管理总局会同有关部门指导公平竞争审查制度实施工作，这与机构改革后的实际情况不符。从审查工作的落实主体来看，按照《意见》规定，无论是存量政策清理，还是新拟政策，均由政策制定部门具体负责，谁制定、谁清理；谁制定、谁审查。这种制度规定不利于增强公平竞争审查的中立性、客观性。

（三）明确公平竞争审查的主管机构

《深化党和国家机构改革方案》明确，国家发展和改革委员会的价格监督检查与反垄断执法职责、商务部的经营者集中反垄断执法以及国务院反垄断委员会办公室等职责并入新组建的国家市场监督管理总局。在改革方案实施后，国家市场监督管理总局负责“统筹推进竞争政策实施，指导实施公平竞争审查制度。依法对经营者集中行为进行反垄断审查，负责垄断协议、滥用市场支配地位和滥用行政权力排除、限制竞争等反垄断执法工作”。这就进一步明确了市场监管部门是公平竞争审查的主管部门。从国际经验看，竞争政策实施和公平竞争审查需要有一个部门进行统筹协调。

（四）建立公平竞争审查的激励机制

对于各级行政部门来说，制定政策是行政权力的重要体现。政策制定部门往往不愿意主动进行或接受审查。这就需要建立有利于推动公平竞争审查的激励机制，比如，将实施竞争政策纳入考核体系，对于推广竞争政策取得明显成效的给予奖励，让各级政府部门和地方政府愿意把竞争政策放在优先地位。同时，也要明确建立公平竞争审查制度，对政府制定的政策法规进行审查，是要确保这些政策符合公平竞争要求，而不是要替代这些政策。为了推进公平竞争审查工作，还需要制定适合我国国情的《竞争评估工具书》，形成简便易懂的竞争核对清单，方便各级政府部门开展公平竞争审查工作。

四、强化竞争政策基础性地位应采取的举措

强化竞争政策的基础性地位，需要加强法治保障，完善相关法规政策，推进各项配套改革，理顺执法机构与司法机构之间的关系，培育积极向上的竞争文化。

（一）通过立法明确竞争政策的基础性地位

竞争政策的基础性地位要靠立法来确立，通过立法明确竞争政策在经济政策体系中的优先地位，除了符合“例外规定”的领域，或者遇到特殊情况或经济形势变化，都要以遵循竞争政策为基本原则。

（二）加快完善促进公平竞争的法规政策

根据形势变化，加快完善《中华人民共和国反不正当竞争法》《中华人民共和国反垄断法》《中华人民共和国消费者权益保护法》《知识产权法》等法律，制定促进公平竞争和放宽市场准入的有关政策，鼓励在市场运行的各个环节开展公平竞争，防止和惩罚各种限制竞争和不正当竞争行为，维护公平竞争的市场秩序。

（三）加快推进各项配套改革

全面推行市场准入负面清单制度，进一步缩减市场准入负面清单，推动“非禁即入”普遍落实，即让清单以外的各类市场主体自主进入，公平竞争。深化垄断行业改革，放开石油、天然气、电力、铁路、民航、电信等行业准入限制，加快放开自然垄断行业竞争性业务。营造公平竞争的市场环境，保证各种所有者企业依法平等使用生产要素、公平参与市场竞争、同等受到法律保护。

（四）理顺公平竞争执法的组织体系

建立健全竞争执法机构与司法机关之间的协调机制，加大反垄断和反不正当竞争执法力度，加强统一执法，重点查处社会反映强烈的垄断性排除和限制竞争的行为。

（五）形成鼓励竞争、宽容失败的文化氛围

培育积极向上的竞争文化，加强宣传引导，发挥典型案例作用，增强公众的公平竞争意识。尊重公平竞争的失败者，在全社会形成鼓励竞争、宽容失败的文化氛围。

执笔人：王一鸣

第十章

对竞争政策的认识及强化其基础性地位的工作重点①

改革开放初期，我国是一个典型的追赶型经济体。通过借鉴发达国家的成功经验，政府对经济的发展目标和方向有着清晰的认识，充分发挥制度优势，对资源在不同产业间进行配置，优先发展重点行业，实现了规模扩张和高速增长。经过40年的快速发展，我国已经进入工业化中后期，经济总量稳居世界第二，面对经济发展中出现的新问题、新挑战，世界上已没有现成模板可供参考，尤其需要我们更好营造公平的市场竞争环境，促使千千万万企业在竞争中发现方向、培育增长动力，实现经济运行效率上的新突破。竞争是市场制度的灵魂，竞争政策是更好发挥政府作用的一项基本政策。这方面的政策安排在国际上已经成为一种大趋势。迄今为止，全世界已有超过140个国家或地区建立了竞争法和竞争政策体系。在此背景下，加快确立竞争政策的基础性地位，不但是当前推动供给侧结构性改革的重要内容和促进经济转型升级的有力抓手，更是建设现代化经济体系、打造全面开放新格局和实现高质量发展的重要举措。2016年，中央全面深化改革领导小组第二十三次会议首次提出，要确立竞争政策的基础性

① 本文的部分内容曾发表在国务院发展研究中心《调研报告择要》（2018）第152号（总第2968号）、《经济日报》2018年11月29日理论版、《经济日报》2019年2月20日理论版。

地位。同年6月，国务院印发《关于在市场体系建设中建立公平竞争审查制度的意见》，再次明确提出要确立竞争政策的基础性地位。

一、竞争政策的内涵与基本框架

竞争政策是指为维持和发展竞争性市场机制所采取的各种公共措施，主要包括实现竞争、增进竞争和规范竞争的政策措施和制度体系。在政策实践中，主要由反垄断与反不正当竞争两大支柱构成。

竞争政策的第一支柱是反垄断。垄断行为包括自然垄断和人为垄断。所谓“自然垄断”，又可分为由规模经济导致的自然垄断和由范围经济导致的自然垄断。对自然垄断行业和企业，反垄断工作的重点是通过规制和监管，规范企业行为，保护消费者利益。所谓“人为垄断”，又可分为市场垄断、行政垄断和法定垄断。防止市场垄断，是反垄断工作的重点；对于行政垄断，原则上要予以打破，部分要结合体制改革进行转型；对于法定垄断不仅不应反对，反而应当加以维护。

竞争政策的第二支柱是反不正当竞争。所谓“不正当竞争”是指经营者以及其他有关市场参与者，采取违反公平、诚实信用等公认商业道德的手段，去争取交易机会或破坏他人的竞争优势，损害消费者和其他经营者的合法权益，扰乱社会经济秩序的行为。针对这些不正当竞争行为，必须加以遏制，以达到规范竞争和保护消费者利益的目的。

除此之外，考虑到我国当前所处的发展阶段和国情现实，中国特色的竞争政策还应该有为维持和发展竞争性市场机制所采取的一系列政策法规和改革措施，包括行业管理体制改革、产业政策转型、国有企业改革、放松管制、价格改革、市场双向开放、消费者保护、政府补贴的透明化和公平化，甚至包括经济领域冤假错案的重审与平反等一系列政策措施。

二、竞争政策在经济政策体系中的基础性地位

确立竞争政策的基础性地位，本质上就是确立竞争政策在经济政策体系中的基础性地位，用竞争政策来统领和协调其他各项经济政策及法律法规。法律法规、政府条例以及其他经济政策都要建立在竞争政策的基础之上。所有的经济主体，包括政府、企业和消费者，都要受到竞争政策的约束，无论是新出台的还是现存的经济政策及法律法规，也都必须经过竞争政策执法机构的竞争政策审查。贯彻落实中央经济工作会议精神，强化竞争政策在政策体系中的基础性地位，需深化对竞争政策与其他经济政策之间关系的认识。

第一，产业政策必须服从于竞争政策，与竞争政策保持一致。从实践看，产业政策在许多国家的经济发展过程中都曾经扮演过重要角色，但是，当经济发展到一定阶段以后或经济发展的国际环境发生了较大变化时，产业政策对竞争的抑制作用和负面影响就会逐渐凸显出来。从发达国家的经验来看，大多都经历了产业政策逐步弱化、转型，而竞争政策不断得到强化巩固的过程。在市场经济条件下，应当以竞争政策为核心来统领和协调其他各项经济政策，其他经济部门出台任何经济政策之前都必须经过竞争政策审查。

第二，监管政策必须服务于竞争政策，与竞争政策相协调。为了维护市场有效运行，克服市场失灵，实现某些公共政策目标，政府通常会针对具体行业出台相应的监管政策，包括对特定行业和微观经济主体的进入、退出、资质、标准、价格及涉及国民健康、生命安全、可持续发展等行为的监督与管理。统一公平、公开透明的市场规则是实现公平竞争、建设现代化经济体系的前提条件。规范行业进入与退出、降低进入与退出壁垒有助于保证市场的可竞争性；严格监管政策、规范企业行为是促进与规范竞争的重要手段。除此之外，对行业标准不健全以及信息不对称、外部性等

市场失灵问题及时加以纠正，也是竞争政策的重要任务之一。

第三，以贸易政策强化竞争政策的作用，以竞争政策促进贸易政策转型。根据对国际贸易的态度，贸易政策可以分为鼓励贸易的政策和抑制贸易的政策；根据商品与服务的流动方向，贸易政策又可以分为进口政策和出口政策。在政策实践中，抑制进口的政策和鼓励出口的政策是最常用的两类贸易政策。一般而言，鼓励进出口的政策通常是有助于加强市场竞争的，而抑制国际贸易的政策则是有损竞争的。有效的竞争政策能够提升企业在竞争环境中的适应能力，从而提升企业在国际市场上的竞争优势，促进国际贸易。从我国的发展历程来看，更加开放的进出口政策提升了众多行业的竞争优势与效率，“以开放促竞争”的实践还推动了国内竞争规则的确立与完善，促进了国内竞争格局的形成。随着我国对国际市场影响力的不断增强，同时面对生产经营成本（如劳动力成本、环境成本等）上升、传统比较优势减弱的挑战，亟须依靠竞争政策提升我国参与国际经济规则制定与修订的话语权以及我国企业的国际竞争优势，“以竞争促开放”。

第四，竞争政策要有利于创新，创新政策要有利于竞争。竞争能够为创新提供良好的土壤——在激烈的竞争中，企业难以获得超额利润；要想从竞争中取胜，企业的唯一选择就是通过持续创新与技术进步取得竞争优势，获取超额利润；但创新在有些时候也会呈现出“反竞争”的特点——一旦某一企业通过创新获得了垄断地位，市场的竞争环境就可能会遭到破坏。因此，合理的创新政策既要为经济主体提供足够的创新激励，以保护和鼓励创新，又不能为创新主体提供过多的垄断地位以至于妨碍竞争。合理的竞争政策既要能够保证市场的有效竞争，又要能够为经济主体预留一定的利润空间，为其研发和创新创造必要的条件，从而为经济的持续增长提供动力。

第五，宏观调控需遵守竞争政策，以不影响公平竞争为前提。为了实现充分就业、物价稳定、经济增长和国际收支平衡，政府通常会采取一系列宏观调控政策。这些政策，无论是需求管理政策还是供给调控政策，都应当是总量政策，其实施应以尊重微观经济主体为前提。竞争政策的实施也要求对所有的经济主体一视同仁。从这个意义上来讲，两者是一致的。不仅如此，公平有序的竞争环境能够为宏观经济的健康运行、宏观经济政策的有效传导提供可靠保障。强化竞争政策在经济政策体系中的基础性地位，意味着所有宏观调控措施都必须经过竞争政策审查。

总而言之，产业政策、监管政策、贸易政策、创新政策以及宏观调控在内的各类经济政策的实施，都有赖于市场功能和竞争机制的健全。竞争政策如果不在整个经济政策体系中处于基础性地位，不能够对其他经济政策进行竞争政策审查的话，其他各项经济政策就很容易出现限制或妨碍竞争的可能性。建立并完善与现代化经济体系相匹配的经济政策体系，实现各种经济政策的目标和效果，充分发挥我国社会主义市场经济体制的优越性，要求我们必须协调好各项经济政策之间的关系，尤其是竞争政策与其他经济政策之间的关系，用竞争政策来统领和协调其他各项经济政策。

三、竞争政策与市场经济制度之间的关系

首先，产权制度是保障竞争政策有效发挥作用的基础性制度。市场竞争的基础是清晰明确的产权。“有恒产者有恒心。”产权是所有制的核心，产权激励是最大激励，市场经济全部活动都以产权为基础并围绕产权展开，市场主体对利益的追求本质上是对各类产权的追求。明确界定和严格保护产权是市场经济的基础，是稳定投资者预期、增强市场信心、充分发挥各市场主体积极性的基本保障，也是维护市场秩序、巩固信用基础、规范生产经营活动的重要举措。

其次，相对独立的司法制度是有效实施竞争政策的内在要求。由于竞争政策多数是通过法律手段加以实施的，所以竞争政策有效实施必然要求执法机构的相对独立性。最近，对经济领域一些疑似冤假错案的重审，引

起了巨大的社会反响，并赢得了广泛好评。但不得不承认，此类冤假错案对党和政府形象的伤害以及纠错成本都是巨大的。要想避免类似事件的发生，最有效的途径之一就是强化竞争政策执法机构的相对独立性，使竞争政策能够随时随地发挥纠错作用，而不是等到问题堆积如山时再不得不进行纠错。

最后，完善的社会保障制度是有效实施竞争政策的必要条件。一方面，有效的竞争机制通常会伴随着对经济主体的优胜劣汰，企业破产、职工下岗等现象在所难免。这就要求政府对市场竞争的失败者和弱势群体提供失业保险等必要的社会保障。另一方面，由于科技创新、风险投资与资本市场的组合可能使掌握了新技术的人一夜暴富，但没有掌握新技术的人就会面临失业的威胁，至少也是低工资的风险。为此，政府要加快建立和完善社会保障制度，从而为竞争政策的实施创造良好的社会环境和制度保障。

四、强化竞争政策基础性地位的重点工作

面对国内经济下行压力持续增加以及中美经贸摩擦不断升级，要聚焦实业企业和中小企业面临的突出问题，以落实公平竞争审查制度和确立“竞争中立”原则为重点，加快确立竞争政策的基础性地位，从体制、法律、政策等方面多管齐下，做好以下三个方面工作，以稳定市场预期，增强企业信心，提高企业对改革、对政策的认同感和获得感。

第一，加快落实并强化公平竞争审查制度，打破行政性垄断和地方保护。加快调整竞争政策执法机构设置，做实开展公平竞争审查的主体机构，提高其权威性。加快梳理相关法律法规，对涉及市场主体经济活动的规章、规范性文件和其他政策措施开展公平竞争审查，及时修订与竞争政策相抵触的条文，向社会公布详细的工作计划，并定期公布审查结果。各级政府、各个部门新出台的法律法规以及政策条例必须进行公平竞争审

查，经审查认为不具有排除、限制竞争效果的，可以实施；具有排除、限制竞争效果的，应当不予出台或者调整至符合相关要求后出台；未经公平竞争审查的，不得出台；所有审查结果均需及时向社会公布。尽快清理和废除那些不必要的由行政部门制定的、明令授权特定企业以特许经营权的文件，清理并大幅减少现有中央各部门、各省市区实施的产业补贴或扶持项目，并将保留的优惠扶持政策透明化。削弱地方政府实行地方保护的动机，将地方政府事权收缩到非竞争性领域，增强地方政府维护国内市场统一的激励，破除市场壁垒和地方保护，促进全国范围的公平竞争。

第二，以确立“竞争中立”原则为重点，加快推动国有企业改革。加快落实十九大精神，加快实现对国有企业以“管企业”为主向以“管资本”为主的转变。以公平竞争审查制度为基础确立“竞争中立”原则，确保政府的行为不给任何实际的或潜在的市场参与者尤其是国有企业带来任何“不当的竞争优势”而破坏市场竞争，在税收征管、财政补贴、研发创新、人才管理、行业监管、政府采购等方面给予不同所有制企业以同等待遇，以减少对竞争环境的扭曲和破坏。推进具有垄断势力的国有企业所在行业的体制改革，逐步放开军工、电力、民航、电信、石油、供销、农垦、铁路等行业的准入限制，打破准入壁垒，允许民间和境外资本进入，并确保国有企业不利用国家的权力强化自己的竞争优势。对国有企业按照公益、商业类进行划分，实行分类改革，区分确定哪些企业、哪些业务属于公益类，哪些属于商业类；对于公益类国有企业，政府对其承担公共服务或公共政策职能的成本要给予公平、透明的补偿；对于商业类国有企业，要加快推进混合所有制改革、企业的公司制股份制改造、国有股权公开出售、管理层收购、“僵尸企业”清理、职工身份转换、企业办社会职能接收等工作，加强国有企业的信息披露。

第三，进一步提高政策的法治化水平，规范政府行为，加强对私有产权的保护。认真贯彻落实中共中央、国务院《关于完善产权保护制度依法保护产权的意见》，及时修订《中华人民共和国宪法》《中华人民共和国物权法》《知识产权法》中对不同产权的差异化描述，抓紧甄别纠正一批社会反映强烈的产权纠纷申诉案件；加强政策的法治化，规范政府行为，强化各级政府的契约精神和对市场的敬畏意识，减少监管政策对企业利益的不合理侵犯，杜绝因政府换届造成的违约、毁约现象。对于涉及企业财产利益的重大政策，应加强司法审查和专业评估，不合法的应避免出台，需要利益补偿的应合理补偿，应充分保证社会各界及相关企业参与的渠道，并公开相关参与者的意见。在下一步的去产能、去杠杆、严监管、强环保工作中，应减少行政手段的干预，严格执行质量、环保、安全、风控等标准，让市场机制发挥作用，通过市场竞争淘汰落后产能，防止行政干预带来新的供求失衡，影响下游产业的竞争力。

执笔人：陈昌盛　杨光普　魏加宁

第十一章 我国财政支出结构变化特征与调整方向

围绕高质量发展和现代化经济体系建设，面向现代化的财税体制改革要求财政支出结构适应性调整，进一步从一般竞争性领域退出，加大对基本公共服务均等化等政府履职的保障力度，加大对创新驱动、乡村振兴、区域均衡、生态建设等方面的支持力度，加大对加力提效、补齐短板、保障民生等领域投入力度。为进一步优化调整我国财政支出结构，在梳理相关理论研究文献的基础上，分析总结了典型经济体财政支出结构调整的国别经验，整理了新中国成立以来我国财政支出总量和结构变化情况，并比较了当前我国财政支出结构与典型经济体的差异，对经济建设、产业发展等领域重点财政支出政策进行了效果评估，最后对我国财政支出结构优化提出了政策建议。

一、财政支出结构调整的宏观背景

财政支出结构不仅仅是一个财政问题，更与经济体制、经济发展阶段、人口结构等因素息息相关。新中国成立以来，我国经济体制改革经历了几个重要阶段，财税体制改革既是经济体制改革的重要内容，也为经济体制改革提供了动力。经济体制对我国财政支出结构影响十分深远。同时，为适应不同经济发展阶段的实际需求和人口结构变化的客观要求，财政支出结构需要进行必要调整，这些都是影响财政支出结构的重要因素。

（一）经济体制改革经历的重要阶段

计划经济时期实行统收统支的财税体制。根据 1950 年《关于统一国家财政经济工作的决定》，除批准征收的地方税外，所有关税、盐税、货物税、工商税的一切收入，均归中央人民政府财政部统一调度使用。同时，各级国有企业基本将利润全部上缴，构成了财政收入的大头。在财政支出方面，均由中央统一调配，财力分配上实行平均主义。

改革开放初期探索“分灶吃饭”的财税体制。党的十一届三中全会指出，要采取措施充分发挥中央部门、地方、企业和劳动者个人四个方面的主动性、积极性、创造性。1978 年开始，中央逐步向地方政府和国有企业放权让利。财政领域改变了原有的统收统支制度，在先后实行两步“利改税”和“拨改贷”后，1987 年推行全面承包制，中央与地方承包，国家与企业承包，交够承包额剩下都是自留的。财税体制从中央的统收统支到“分灶吃饭”的财政包干，改变了中央和地方的财政关系，赋予了地方政府一定的财政自主权。

社会主义市场经济建设时期实施央地分权的财税体制。1992 年，党的十四大正式提出建立社会主义市场经济体制，1994 年正式推开的宏观经济体制改革，就是要建立与社会主义市场经济相适应的宏观调控体制框架。财税体制改革在 1994 年改革中处于中心地位。一是统一税制，规范按企业性质和地区实行的差别待遇，让企业间、地区间税负更加公平。二是改善税种设计，建立以抵扣型增值税为核心的流转税体系。三是提高中央财政比重，扭转了此前“两个比例”下降的局面。四是财权与事权相匹配，先后建立税收返还和转移支付制度。

2012 年，党的十八大提出全面深化改革的宏伟目标，2013 年 11 月党的十八届三中全会对若干重大问题作出了决定，提出财政是国家治理的基础和重要支柱，科学的财税体制是优化资源配置、维护市场统一、促进社会公平、实现国家长治久安的制度保障。必须完善立法、明确事权、改革税制、稳定税负、透明预算、提高效率，建立现代财政制度，发挥中央和地方两个积极性。

（二）经济发展水平得到快速提升

经济总量跃居世界第二。2018 年，我国国内生产总值为 90 万亿元，稳居世界第二。按实际同比增速计算，2018 年国内生产总值是 1952 年的 174.3 倍，此间年均实际同比增速为 8.1%。在不同经济体制下，经济增长也表现出较大差异。1952～1978 年，国内生产总值年均增长 6.2%，而 1978～2018 年年均增长 9.4%，其中 1978～1994 年为 9.9%，1994～2012 年为 9.8%，2012～2018 年为 7.0%。

人均收入水平迈入中等偏上收入国家行列。按照世界银行的收入划分标准，2017 年我国人均国民收入为 8790 美元，位于中等偏上收入国家标准 3896～12055 美元的中间水平，摆脱了新中国成立初期的贫穷状态，有望进一步向高收入国家行列迈进。从全球来看，世界银行 2018 年统计的 218 个经济体中，高收入国家 81 个，中等偏上收入国家 56 个，中等偏下收入国家 47 个，低收入国家 34 个，我国人均收入水平仍处于全球中间水平。

经济发展不同阶段存在差异性财政支出需求。经济发展初期，国家积贫积弱，需要投入大量经济建设支出。随着经济逐步发展，人民收入水平不断提高，生活水平持续改善，衣食住行等基本需求得到较好满足后，对教育、医疗、文化等更高需求得以逐渐释放，财政在这些领域的支出就会大幅增加，相应地减少其他领域支出。虽然我国人均收入水平仍然不高，但经济总量大，并可集中力量办大事。我国在基础设施、基本经济建设方面投入了大量资金，并形成了较好的积累，但人民对美好生活的向往尚未较好满足，所以近年来民生领域支出逐步加大。

（三）人口规模和结构发生重要阶段性变化

人口数量快速扩张。2018 年，我国人口总量为 13.9 亿人，是 1949 年的 2.58 倍，年均增长 14‰。20 世纪 70 年代，自计划生育政策实施以来，我国人口增速表现出明显的阶段性下台阶的特点。从经济体制改革的阶段来看，1949～1978 年人口平均增长率为 20‰，1978～1994 年为 13.8‰，1994～2017 年为 6.4‰，近 10 年来人口增速在 5‰左右波动。早些年人口快速扩张，面临的温饱问题和物资短缺问题十分严重，所以必须以经济建设为中心，财政支出中相关支出占比也较高。

城镇化水平提高较快。改革开放后，我国城镇化步伐加快，城镇化率快速提高，由 1978 年的 17.92% 提高至 2018 年的 59.58%，40 年间年均提高 1.04 个百分点，而且城镇化保持较快进程，2009～2018 年这 10 年间城镇化率年均提高 1.26 个百分点。大量人口涌入城市对城镇基础设施和公共服务提出了巨大需求，相应地财政支出中城乡社区支出占比已经超过 10%。

老龄化问题日趋严重。随着人口预期寿命延长，加之人口出生率下降，老年人口占比迅速提高。1953 年 65 岁以上人口仅占总人口的 4.4%，1982 年也仅为 4.9%，1994 年提高至 6.4%，2017 年已上升至 11.4%，其中近 10 年比例提高较快。随着人口老龄化问题日益突出，财政在养老、医疗等社会保障领域的支出占比日益提高。

工作年龄人口数量下降。以 15～64 岁人口占总人口的比例来看，1994 年这一比例为 66.6%，此后这一年龄段人口占比逐步提高，人口数量红利持续释放。2010 年，15～64 岁人口占总人口的比例达到历史峰值 74.5% 后不断下降，2017 年已经降至 71.8%。从 15～64 岁人口绝对数量看，2013 年达到 10.06 亿人峰值后也开始下降，2017 年已降至 10 亿人以下。可见，2012 年前后，工作年龄人口数量下降，老龄人口占比快速上升，是当前我国面临的重大挑战之一。

二、财政支出结构调整的基本事实

（一）财政支出总量变化

财政支出总量变化与经济体制和财税制度息息相关。在经济体制改革和财税体制改革的几个重要阶段，财政支出占国内生产总值的比重也发生了重大调整。

计划经济时期财政支出相对规模保持基本稳定。1978 年以前，财政支出占国内生产总值的比例保持相对平稳且较高水平，1952～1977 年的平均水平达到 28.4%。

改革开放初期财政支出相对规模持续下降。伴随改革开放，财税改革首先从分配关系着手，理顺政府与企业、中央政府与地方政府的关系，放权让利，激发各类主体的活力和改革动力。但随之改变的就是财政支出比重持续下降，从 1978 年的 30.5% 一直下降至 1994 年的 11.9%，最低点 11.1% 出现在 1995 年（见图 1）。

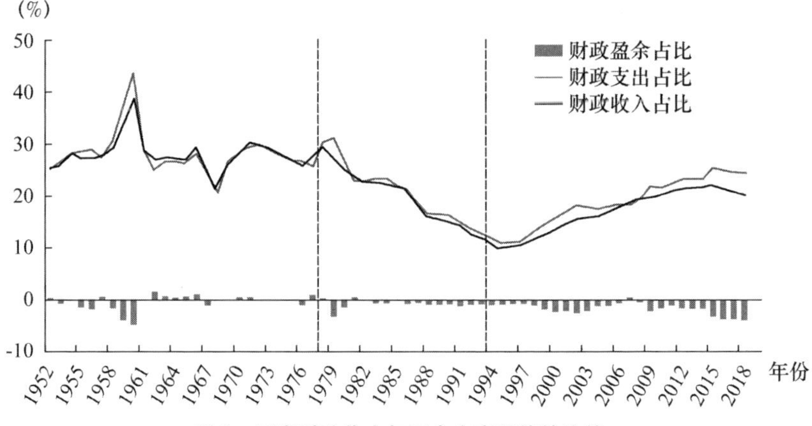

图 1　国家财政收支与国内生产总值的比值

资料来源：Wind 数据库和《中国统计年鉴》。

1994 年财税体制改革使得国家财政能力逐步恢复。为了进一步理顺中央与地方的财政分配关系，更好地发挥国家财政的职能作用，增强中央的宏观调控能力，促进社会主义市场经济体制的建立和国民经济持续、快速、健康的发展，1994 年的财税改革取消了地方财政包干体制，实行分税制财政管理体制。此后，财政支出比重逐步提高至 25% 左右的水平。2015 年财政支出与国内生产总值的比值为 25.5%，2018 年已下降至 24.5%。

（二）财政支出结构变化

按功能分五大类财政支出结构变化显著。按功能性质分类，财政支出可以分为经济建设支出、社会文教支出、国防支出、行政管理支出、其他支出。图2展示了1950年以来五大类支出占财政支出的结构变化。需要注意的是，由于2007年开始不再公布按功能性质分五大类财政支出，本文根据2007年前后按项目分类别重新归类后进行了衔接。经济建设支出方面，1950年开始经济建设支出占比由25.5%逐步提高至1959年的71.7%，随后稳定在略低于60%的水平，1950～1977年平均占比为54.1%；20世纪80年代开始经济建设支出占比逐步下降，直至2008年全球金融危机爆发后略有回升，2012～2017年的平均占比为28.9%，2017年已降至26.7%。社会文教支出方面，总体上呈现缓慢上升态势，2017年占比已达到39.3%。国防支出方面，总体上呈现缓慢下降态势，2017年占比已降至5.1%。行政管理支出方面，2007年以前呈现占比提高态势，近年来有所降低，2017年占比为17.6%。其他支出合计占比11.2%。

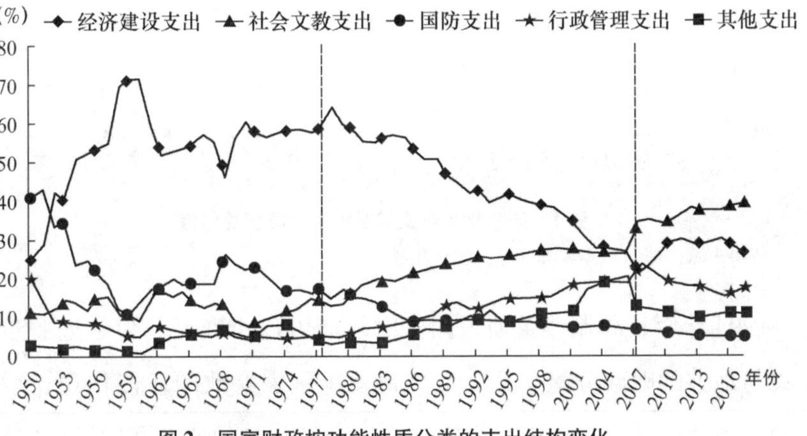

图2 国家财政按功能性质分类的支出结构变化

资料来源：Wind 数据库和《中国财政年鉴》。

按项目细分财政支出结构变化明显。按2007年以后财政支出项目分类，财政支出包含20多个项目，其中占比较高的项目有教育、社会保障和就业、一般公共服务、城乡社区、农林水、公共安全、交通运输、国防等。表1展示了2007年、2012年和2017年各项目财政支出占比情况，通过对比可以发现10年来我国财政支出结构的变化。其中，一般公共服务支出占比由2007年的17.1%下降至2017年的8.1%，教育支出2017年保持在14.8%的较高水平，社会保障和就业支出占比由2007年的10.9%提高至2017年的12.1%，医疗卫生与计划生育支出占比由2007年的4.0%提高至2017年的7.1%，节能环保支出占比由2007年的2.0%提高至2017年的2.8%，城乡社区支出占比由2007年的6.5%提高至2017年的10.1%，农林水支出占比由2007年的6.8%提高至2017年的9.4%。

表1　　按项目分类财政支出结构　　单位:%

支出项目	2007年	2012年	2017年
一般公共服务	17.1	10.1	8.1
外交	0.4	0.3	0.3
国防	7.1	5.3	5.1
公共安全	7.0	5.6	6.1
教育	14.3	16.9	14.8
科学技术	3.6	3.5	3.6
文化体育与传媒	1.8	1.8	1.7
社会保障和就业	10.9	10.0	12.1
医疗卫生与计划生育	4.0	5.8	7.1
节能环保	2.0	2.4	2.8
城乡社区	6.5	7.2	10.1
农林水	6.8	9.5	9.4
交通运输	3.8	6.5	5.3
资源勘探电力信息	0.0	3.5	2.5
商业服务业	8.6	1.1	0.8
金融支出	0.0	0.4	0.6
援助其他地区	0.0	0.2	0.2
国土海洋气象	0.0	1.3	1.1
住房保障	0.0	3.6	3.2

续表

支出项目	2007 年	2012 年	2017 年
粮油物资储备	0.0	1.1	1.1
国债付息和发行费用	0.0	2.1	3.1
其他支出	5.9	2.0	0.9

资料来源：Wind 数据库和《中国财政年鉴》。

从支出明细分类看，商品和服务支出占比较大幅度下降。基于全国 70 余万户预算单位汇编情况，2016 年财政支出中工资福利支出占比 23.1%，比 2007 年下降 2.6 个百分点，但比 2012 年提高 3.4 个百分点，工资福利待遇明显好转；2016 年商品和服务支出占比 28.7%，分别较 2007 年和 2012 年下降 6.3 个和 3.7 个百分点，呈现逐步降低态势，但仍为财政支出中第一大项；2016 年其他资本性支出占比 23.4%，较 2007 年提高幅度达 9.5 个百分点，资本性支出的重要性明显提高；2016 年对企事业单位的补贴占比 5.4%，分别较 2007 年和 2012 年提高 3.4 个和 1.8 个百分点，呈现逐步上升态势（见表 2）。

表 2　按支出明细分类财政支出结构　单位:%

支出类别	2007 年	2012 年	2016 年
工资福利支出	25.7	19.7	23.1
基本工资	10.9	5.3	6.9
商品和服务支出	35.0	32.4	28.7
办公费	2.1	2.3	1.6
维修（护）费	3.0	3.4	2.6
会议费	0.9	0.8	0.2
对个人和家庭的补助	12.8	13.8	13.8
离休费	0.6	0.3	0.2
退休费	5.3	4.3	3.5
助学金	0.6	0.8	0.7
基本建设支出	5.8	5.0	4.5
其他资本性支出	13.9	24.0	23.4

续表

支出类别	2007 年	2012 年	2016 年
对企事业单位的补贴	2.0	3.6	5.4
债务利息支出	0.0	1.1	0.9
其他支出	4.2	0.3	0.2

注：基本建设支出和其他资本性支出主要科目包括：房屋建筑物购建、办公设备购置、专用设备购置、交通工具购置、基础设施建设、大型修缮、信息网络购建、物资储备、其他支出，主要区别在于是否由发改部门安排。根据海通证券研究所的研究，2017 年 A 股上市公司获政府补助总计 1302 亿元，占其利润总额的 2.9%，若假设非上市公司补助占利润比例为上市公司的 50%，则估计企业所获补贴金额超过 4300 亿元。

资料来源：《中国会计年鉴》。

（三）中央与地方财政支出关系

地方财政支出占比提升至较高水平。1978 年改革开放前后，中央和地方在财政支出中各占 50% 左右，随着放权让利，更多事权下放给地方政府，地方政府的支出责任增加，在财政支出中的占比也随之提高，20 世纪 90 年代上升至 70% 左右，2000 年以后又逐步提高，在 2012 年地方财政支出占比超过 85%，此后一直稳定在略高于 85% 的水平（见图 3）。可见，地方政府承担了主要的财政支出责任。

三、财政支出结构国际比较

基于国际组织的数据库，我们对部分国家的广义财政支出结构进行了对比，所谓广义是指包括社会保障支出，主要对比财政支出占国内生产总值的比重、财政分项支出结构，以及相同发展阶段的部分国家财政支出结构对比。

我国财政支出占国内生产总值比重处于较低水平。从包括社会保障的广义财政支出看，2015 年我国广义财政支出占国内生产总值的 31.2%，普遍低于同期 OECD 经济体，如法国为 56.6%、德国为 43.8%、英国为

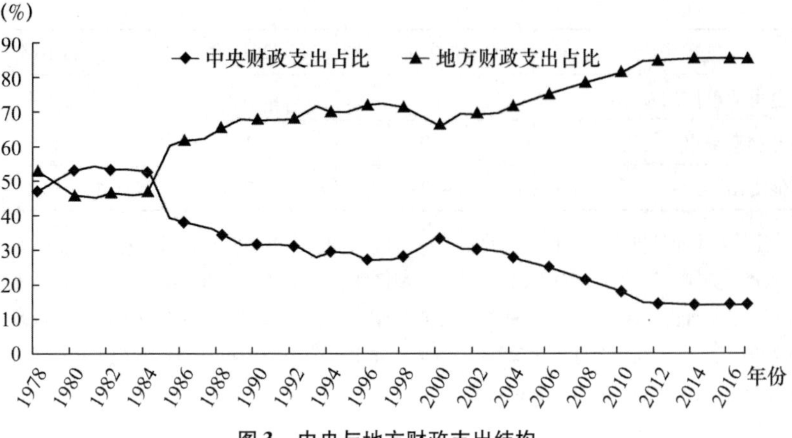

图 3　中央与地方财政支出结构

资料来源：Wind 数据库和《中国财政年鉴》。

42.2%、日本为 39.4%、美国为 37.6%、韩国为 32.3%。从增长态势看，我国广义财政支出占国内生产总值的比重提高较快，2005 年和 2010 年分别为 21.0% 和 25.4%。

我国分项财政支出中经济事务占比较高。在进行对比的 31 个国家中，中国的经济事务支出占财政支出的 27.7%，排第 1 位，超过第 2 名 9.5 个百分点；一般公共服务支出占比 8.6%，排第 31 位；社会保护支出占 22.0%，排第 29 位，仅略高于美国的 20.8% 和韩国的 20.1%；健康支出占 8.9%，排第 29 位；教育支出占 12.3%，排第 12 位；环境保护支出占 2.3%，排第 9 位；公共安全支出占比 4.3%，排第 12 位；国防支出占 4.2%，排第 8 位，远低于以色列的 14.7%、美国的 8.8%、韩国的 7.7%；住房和社区设施支出占比 8.2%，排第 1 位；娱乐、文化和宗教支出占 1.5%，排第 28 位。

我国财政支出结构大体符合当前发展阶段特征。根据宾夕法尼亚大学世界表 9.0 公布的数据测算，2015 年我国按照购买力平价衡量的人均国内生产总值约为 13300 美元，将人均国内生产总值达到这一水平的主要经济体进行对比，并考虑数据可得性，我们主要选择了 1991 年的韩国（见图 4）和 1972 年的日本。从相同发展阶段的韩国和日本来看，当时的经济事务支出占比也比较高，随着经济发展水平提高，经济事务支出占比逐步下降；健康和社会保护支出也是经历逐步提高的过程。因此，我国当前的财政支出结构具有一定的阶段性特征，不宜直接同当前的发达国家直接比较，而应随着经济发展逐步推动财政支出结构调整。

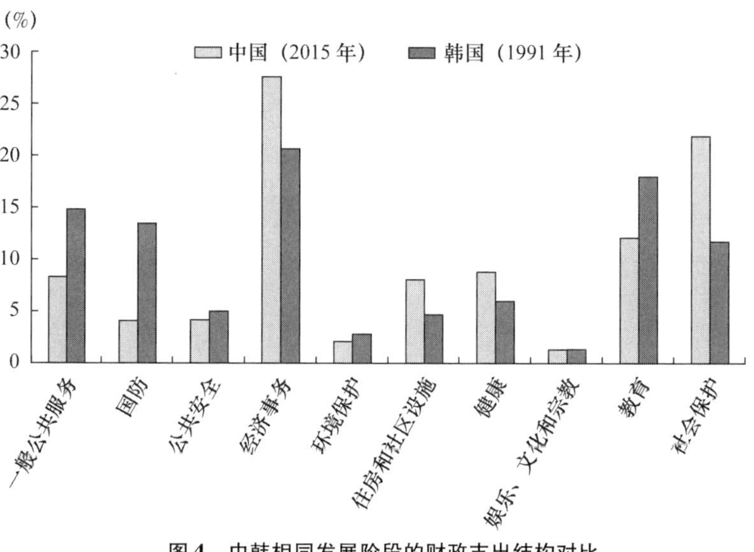

图 4　中韩相同发展阶段的财政支出结构对比

四、财政支出结构调整效果评估

通过回顾我国财政支出结构变化和进行财政支出结构国际比较，可以看出，经济发展阶段、经济体制、财税体制、人口结构等都是影响财政支出结构的重要因素。不同发展阶段财政支出的目标有所差异。在经济起步阶段，经济基础薄弱需要政府加大经济建设领域的投入，同时居民温饱问题需要政府加大基本民生支出；经济经过高速增长实现一定积累后，政府在经济事务领域的支出就会相应减少，而会加大居民生活质量方面的投入。经济体制主要影响政府在经济社会发展中所扮演的角色，计划经济时期财政支出占国内生产总值的比重更高，市场经济时期政府对经济的参与和干预都会相应减少。财税体制直接影响中央与地方分权和支出结构，影响不同项目间预算调整的机制，进而影响财政支出结构。人口结构也对财政支出产生重要影响，人口快速扩张期需要加大教育、住房、公共资源等方面的投入，人口老龄化时期又对养老、医疗等方面提出巨大需求。我们通过实证方法，评估了财政支出在经济建设等方面发挥的作用和效果。

用省际分项支出 2007～2017 年的面板数据做回归分析，数据来源为 CEIC 数据库。删除了样本数小于 100 的财政支出分项，分别是外交支出、地震灾后恢复重建支出和预备费支出。根据国内生产总值、财政总支出和各分项支出的名义值计算得到年度增速。具体结果如下。

一是财政支出对经济增长具有显著影响。实证结果显示，财政总支出增速的提高对经济增长具有显著的促进作用。中、西部虚拟变量与财政总支出的交互项系数不显著，说明东、中、西部地区的财政总支出在影响经济增长上不存在显著差异。财政总支出与时间虚拟变量的交互项通过显著性检验且系数为正，说明在 2011 年及以后年份，单位财政支出对经济的促进作用有所增大，财政总支出的效率有所提高。

二是仅有部分财政支出分项对经济增长有显著影响。与经济增速显著相关的财政支出分项主要有一般公共服务支出、教育支出、科学技术支出、医疗卫生和计划生育支出、农林水事务支出、交通运输支出、住房保障支出、国债付息支出，其他财政支出项目与经济增长不具有显著相关性。

三是固定效应模型显示，一般公共服务支出、医疗卫生和计划生育支出、住房保障支出、国债付息支出的增速对经济增长有显著正向影响。各项财政支出与时间虚拟变量的交互项表明，2011 年及以后，教育支出、科学技术支出和交通运输支出增速提高对经济增长的促进作用增强；医疗卫生和计划生育支出、国债付息支出、农林水事务支出的增速提高对经济增长的促进作用减弱。

四是系统矩估计方法表明一般公共服务支出和住房保障支出对经济增

长有正向作用，2011 年及以后科学技术支出、住房保障支出对经济增长的正向作用增强。考虑到经济增长与财政支出增长之间存在互为因果关系的可能，因此还使用动态面板系统 GMM 方法和差分 GMM 方法进行估计。结果表明，仅有部分变量依然显著，确实对经济增长具有重要作用，而且作用在增强，比如科学技术支出和住房保障支出。

综合来看，多数财政支出项目与经济增速并不直接相关，更多体现的是公共服务的性质，而且这些项目占财政总支出的比重正逐步提高，更多地向公共服务倾斜，也体现了现代化财税体制的要求。同时，我们也发现，在某些领域的财政支出对经济增长具有重要意义，比如一般公共服务支出、科学技术支出、住房保障支出与经济增长高度相关，而且促进作用更趋明显。

五、财政支出结构调整引入竞争政策审查

当前，我国经济正处在转变发展方式、优化经济结构、转换增长动力的攻关期，建设现代化经济体系是跨越关口的迫切要求和我国经济发展的战略目标。现代化经济体系的核心任务之一就是建立统一开放、竞争有序的市场体系和行之有效的现代化经济政策体系。深化对现代化经济政策体系中竞争政策与财政支出政策之间关系的认识，妥善处理好两者之间的关系，既有利于强化竞争政策的基础性地位，优化市场的竞争环境，又有利于优化财政支出结构，提高公共财政资源的配置效率。

首先，竞争政策与现代化财政支出政策的根本目标是一致的。竞争是市场机制的灵魂，政府是市场的“守夜人”。党的十九大强调，要使市场在资源配置中起决定性作用，更好发挥政府作用。竞争政策的直接目标是实现竞争、促进竞争和规范竞争，但其根本目标在于实现公平，提高效率，实现消费者福利最大化。伴随着我国经济从高速增长阶段转向中高速增长阶段，同时我国已连续多年并将继续大幅度减税降费，我国财政收入

增速势必出现下降，这就客观上要求必须优化财政支出结构，提高公共财政资源的配置效率。在这一目标上，竞争政策同现代化财政支出政策是一致的。

其次，确立并强化竞争政策的基础性地位与优化财政支出结构的要求是一致的。一方面，竞争政策内在要求“公平竞争”，其实施也内在要求对所有的经济主体一视同仁。另一方面，财政支出政策是总量政策，其实施必须以尊重微观经济主体为前提，而不应对它们进行区分或歧视。从这个意义上来讲，两者是一致的。

再次，公平有序的竞争环境能够为财政支出政策的有效传导提供可靠保障。竞争政策是使市场机制能够正常发挥作用的根本保障，也是更好地发挥政府作用的一项基本政策。公平的竞争政策既能够降低行业的进入与退出壁垒，为所有企业提供公平参与竞争的机会，还能够规范所有企业的竞争行为，从而营造公平有序的竞争环境与竞争秩序。有效的竞争政策既能够促进企业降低成本、增加产量、提高质量、鼓励创新，从而提高企业的微观效率；还能够通过优胜劣汰，优化资源配置，提高国民经济的整体效率。

最后，建设现代化经济体系，调整优化财政支出结构，必须以尊重竞争政策的基础性地位为前提。当前，我国的财政支出，尤其在财政补贴与奖励、定向财税优惠、政府采购（含政府购买公共服务）、公共工程招投标、转移支付等领域，还存在不同程度伤害竞争甚至加剧不公平竞争的现象存在。因此，应加快清理各种不合理的补贴以及“以奖代补”，尤其是将由补贴导致的不公平竞争降到最低；加快调整各种定向财政优惠，在有必要的情况下，将定向财税优惠转向普惠式的财税优惠；在政府采购和公共工程招投标过程中，要坚决打破各类地方保护，降低为中小企业设置的各种有形和无形的门槛；加强对财政支出的竞争政策审查力度，确保财政支出政策不会伤害公平竞争，甚至造成更大的不公平。

六、基于国内外经验的启示和建议

第一，财政支出占国内生产总值比重持续提高的态势需要控制。随着经济的发展，财政支出的相对规模并不一定要持续扩大，瓦格纳法则并不必然成立。例如，美国的广义财政支出占国内生产总值比重为37.6%，过去10年经历了提高后回落的过程，仅比10年前水平略高，远远低于欧洲发达国家的平均水平。又如，韩国的广义财政支出占国内生产总值比重为32.3%，在发达国家中处于较低水平。目前，我国广义财政支出占国内生产总值比重已达31.2%，而且过去10年年均增长1个百分点，增长势头较快。同时，“大政府”与“大财政”并不等同，政府监管行为不一定付出较大的财政支出，例如新加坡政府监管较多但财政支出规模并不大。为了财政可持续发展，需要做好财政支出管理，控制好财政支出过快增长的势头。

第二，加快调整优化财政支出结构。从财政可持续角度讲，在减税降费和控制债务的背景下，必须打破刚性财政支出，调整财政支出结构，提高财政支出效率。财政支出结构调整应该以减少对经济的直接干预、提高公共服务均等化水平、增强经济长期发展能力为目标，打破各领域财政支出刚性增长的僵局，减少低效投资和企业补贴，保持合理水平的一般公共服务支出，加强科学技术和住房保障等方面的投入，提高医疗养老和基础设施补短板等领域的财政资金使用效率。

第三，从财政纪律着手推动财政支出结构调整优化。零基预算、中期预算等方法倡导已久，但难以落地见效，主要是缺乏有效约束。从国际经验看，只有执行强有力的财政纪律，才能打破刚性支出、提高支出效率。加强第三方对预算编制、执行、评价等环节的监督，对于不合理之处具备强制干预的能力。建立科学合理的绩效评估体系，以及相应的奖惩约束激励机制，使得预算能够严格执行。引入竞争政策审查机制，减少财政支出对经济的干预及其带来的扭曲。

第四，有效盘活存量财政资金。在财政支出压力加大的情况下，盘活财政存量资金对于促进经济发展和提高财政资金使用效率具有重要意义。一是有效保障在建项目资金需求，对必要的在建项目要避免资金断供、工程烂尾。二是对存量资金较多的部门适当调减下一年度预算总额，建立事权与支出责任相适应、与财力相匹配的财税制度，提高财政管理绩效。三是盘活财政存量资金也有利于加强监督，清理和避免财政资金被挤占挪用。四是加大补短板力度，推动公共服务均等化，提高科技创新能力，促进高质量发展。

第五，通过转移支付促进公共服务均等化。目前，中央财政与地方财政之间通过上解、返还、转移支付等方式分配财力，再通过中央财政的转移支付平衡各地区之间的财力差距，但具有较强的妥协特征，平衡财力的作用不足，地区间公共服务均等化的目标也较难实现。德国执行高度平衡的财政政策，通过增值税预先平衡、横向转移支付、联邦补充拨款三步实现人均财力基本平衡，这些做法可以有所借鉴。

第六，引入竞争政策评估财政支出的有效性。对于现存的财政支出政策，评估其效果和经济社会影响，判断是否需要及时进行调整，该退出的应及时退出，并给出退出时间表，让市场主体能够提前适应调整生产计划。对于新增的财政支出项目，需要充分评估财政支出的必要性、支出方案的合理性、支出标准的科学性，同时引入竞争政策审查，减少对经济的干预和扭曲。总的来讲，就是要减少财政支出的惯性，增强财政支出的收放自如程度，将有限的财政支出发挥更大的作用。

执笔人：李承健　杨光普

第十二章

提升生态环境保护执法的有效性、科学性

有效而科学的生态环境保护执法是改善生态环境质量的关键。党的十八大以来，我国生态环境保护执法的严格程度之大前所未有，政府、企事业单位等主体的生态环境保护责任落实程度之深前所未有，生态环境质量的改善速度之快也前所未有。生态环境保护执法在普遍取得显著成效的同时，在某些区域、某些领域以及某些环节，逐渐暴露出执法效率不高、执法公平性不足、执法科学性不强等问题，提高生态环境保护执法的精准性，兼顾执法的效率和公平，促进经济增长、民生保障、环境保护的协调，是决策者面临的重要议题。

一、十八大以来我国生态环境保护执法取得显著进展

（一）生态环境保护的法律法规和标准体系不断完善，有法可依得到明显夯实

党的十八大以来，我国完成了《中华人民共和国环境保护法》《中华人民共和国大气污染防治法》《中华人民共和国水污染防治法》《中华人民共和国环境影响评价法》《中华人民共和国环境保护税法》等 10 多部与生态环境保护相关法律法规的制修订。其中，2014 年修订、2015 年生效的《中华人民共和国环境保护法》作为史上最严环保法，增加了按日计罚、

查封扣押、行政拘留等条款。全国人大常委会、最高人民法院、最高人民检察院对环境污染和生态破坏界定入罪标准，加大惩治力度。我国生态环境司法进程明显加快，环境公益诉讼制度加快健全。2012 年新《中华人民共和国民事诉讼法》第 55 条规定，对污染环境、侵害众多消费者合法权益等损害社会公共利益的行为，法律规定的机关和有关组织可以向人民法院提起诉讼。新修订的《中华人民共和国环境保护法》规定，环境保护组织可以提起民事公益诉讼。2015 年发布的《最高人民法院关于审理环境民事公益诉讼的解释》，细化了环境民事公益诉讼的相关规则。

生态环境保护的责任制度加快建立健全，不同主体的生态环境保护责任开始得到清晰界定，生态环境保护执法的规范实施有了制度基础。生态文明建设目标评价考核、自然资源资产离任审计、生态环境损害责任追究等制度出台实施，生态环境监测数据质量管理、排污许可、生态环境损害赔偿制度、河（湖）长制、环境信用制度等环境治理制度加快推进。中央环境保护督察制度是我国生态环境保护领域最具中国特色的问责制度。习近平总书记在 2018 年全国生态环境保护大会上指出："中央环境保护督察制度建得好、用得好，敢于动真格，不怕得罪人，咬住问题不放松，成为推动地方党委和政府及其相关部门落实生态环境保护责任的硬招实招。"①

生态环境保护的标准体系加快健全，生态环境保护执法的科学依据逐渐完善。污染排放标准是日常环境监管执法的直接依据。近年我国及时修订污染物排放标准，在重点地区重点行业实行更加严格的排放标准。我国现行有效的国家污染物排放（控制）标准达 160 余项，同时对重点地区的二氧化硫、氮氧化物、颗粒物、挥发性有机物（VOCs）全面执行大气污染物特别排放限值②，对促进技术创新和推进企业升级改造方面起到重要作用。

---

① "习近平：推动我国生态文明建设迈上新台阶"，中国政府网 2019 年 1 月 31 日。

② 《国务院关于印发打赢蓝天保卫战三年行动计划的通知》，国发〔2018〕22 号。

（二）生态环境保护的执法力度空前，有法必依和执法必严得到明显加强

生态环境保护执法的行政规格之高空前。中央生态环境保护督察制度的建立和实施，集中体现了中央对生态环境保护执法的高度重视。2015年，中央全面深化改革领导小组第十四次会议审议通过《环境保护督察方案（试行）》，提出建立环境保护督察工作机制，要求全面落实党委、政府环境保护“党政同责”“一岗双责”的主体责任。中央生态环境保护督察组由原国家环境保护部牵头成立，中纪委、中组部的相关领导参加，是代表党中央、国务院对各省区市党委和政府及其有关部门开展的环境保护督察。公开资料显示，中央生态环境保护督察的领导机制已超越了专业的环境监管范畴，督察范围也由污染末端治理领域扩展到自然资源节约、环境保护、生态修复、人居环境等多个领域。2018 年中央生态环境保护督察办公室成立，根据授权对各地区、各有关部门贯彻落实中央生态环境保护决策部署情况进行督察问责，中央环境保护督察有了机构保障。

生态环境保护执法的覆盖范围空前广泛。2018 年 5 ~6 月，全国人大常委会大气污染防治法执法检查组分赴 8 个省区开展检查，同时委托 23 个省区市人大常委会开展自查，实现了执法检查全覆盖。我国自 2015 年 12 月开始中央环境保护督察试点，到 2018 年 1 月中央环境保护督察实现全国 31 个省区市全覆盖。2018 年又分两批对河北等 20 个省区市开展中央生态环境保护督察“回头看”。各省区市在做好中央生态环境保护督察整改工作的同时，积极借鉴中央环境保护督察的做法，开展本省份辖区内的环境保护督察，基本实现了地市督察全覆盖。生态环境保护执法不仅覆盖到了从中央到地方的各层级政府，也覆盖到了当前环境污染防治的重点区域和重点排污企业。2018 年，全国实施行政处罚案件 18.6 万件，罚款数额 152.8 亿元，同比增长 32%，是新修订的《中华人民共和国环境保护法》实施前 2014 年的 4.8 倍。

生态环境保护执法机制不断创新。生态环境保护综合行政执法改革正

在推进，执法资源逐步得到整合。近年，网格化环境监管体系加快建立，环境保护执法的精细化程度明显增强。同时，联合执法、区域执法、交叉执法等环境保护执法方式得到越来越普遍采用，环境保护执法的公平性有所增强。生态环境执法信息的公开内容更加详细，公开方式更加通俗易懂，公开的时效性也不断增强。

生态环境保护执法的手段更加先进。近年，为了满足大范围、高强度的生态环境保护执法要求，自动连续监测技术、大数据技术、无人机技术等先进手段得到广泛应用，这些新技术的应用明显提高了生态环境保护执法的效率。

（三）生态环境保护的追责问责力度空前，违法必究得到切实加强

领导干部因生态环境保护不力被追责问责的情形空前增加。近年，全国对各级领导干部不考虑资源环境承载能力、盲目决策导致生态破坏的行为加以终身追责。2017 年底，中央对甘肃祁连山国家级自然保护区生态环境破坏问题，按照党政同责、一岗双责、终身追责、权责一致的原则，对相关责任单位和责任人进行严肃问责。在第一轮环境保护督察中，约谈党政领导干部 18448 人，问责 18199 人，共与 768 名省级及以上领导干部、677 名厅级领导干部开展个别谈话，对 689 个省级部门和单位进行走访问询。通过督察问责，一批领导干部受到警醒，环境保护压力得到有效传导①。

排污企业违法排污的行为受到严厉惩治。近年，生态环境保护相关监管机构对企事业单位过度开发自然资源、主要污染物严重超标排放、生态破坏等行为实施严格查处和监管。对那些存在屡查屡犯、长期污染物排放超标问题的企业，相关部委在网站上及时向社会公布企业的环境违法案件

---

① 李干杰："以习近平新时代中国特色社会主义思想为指导奋力开创新时代生态环境保护新局面——在 2018 年全国环境保护工作会议上的讲话"，见 http：//www. mep. gov. cn/gkml/sthjbgw/qt/201802/t20180212_ 431334. htm。

查处情况，包括企业名称、企业存在的主要环境违法问题以及环境治理的整改要求等。环境保护执法信息的公开透明，向企业施加了环境污染治理的压力。

生态环境保护的司法进程开始提速。截至 2017 年 4 月，各级人民法院共设立环境资源审判庭、合议庭和巡回法庭 956 个。各级法院受理的环境公益诉讼案件日趋增多。2018 年，全国各级法院共受理由社会组织提起的环境民事公益诉讼案件 65 件，较 2017 年上升 12.07%；全国各级法院共计受理由检察机关提起的环境公益诉讼案件 1737 件，较 2017 年上升 33.21%。近期，最高人民法院向社会发布生态环境保护十大典型案例，涵盖大气、水、土壤、矿产、林业、渔业、野生动物、自然保护区等环境要素和自然资源，类型包括私益诉讼、公益诉讼和生态环境损害赔偿诉讼，涉及刑事、民事、行政三种责任形式。这些典型案例利于加快完善我国生态环境保护的司法制度。

二、当前我国生态环境保护执法存在的若干争议性问题

生态环境保护执法在全国各地各领域普遍开展的同时，引起了不同利益相关方的激烈争论。生态环境保护执法对不同利益相关方的影响程度不同，不同利益相关方对生态环境保护执法也就持不同甚至完全相反的态度。为了提高生态环境保护执法的效率和公平，有必要从不同利益相关方的角度，对当前存在的主要争议性问题进行分析，找出争议焦点，分析争议存在的原因，以便形成最广泛的社会共识，扫除污染防治攻坚战过程中的思想障碍和体制机制障碍。

（一）严格的生态环境保护执法是否影响当地经济发展

近几年，关于这个问题的争论一直存在。国家相关部委、智库、高校等机构围绕该问题开展了一些相关研究。研究结果显示，在宏观层面严格

的生态环境保护执法对延缓经济增长带来影响，但影响程度非常小。宏观层面上的定量研究结论，为决策者提供的是总体判断，但在当前中国企业发展水平参差不齐、行业环境千差万别的情况下，就难以对生态环境保护执法的经济影响作出定论。

调研中发现，不同企业对生态环境保护执法政策的严格程度持不同态度。一些规模小、资金薄弱的小微企业，往往抵触当前的生态环境保护执法。这些小企业难以经受关停限产等措施的冲击，一旦错过产品的市场供应时机，企业就可能面临严重亏损或倒闭。从污染物排放和能源消耗情况看，并非所有小微企业的排放强度和能源消耗强度都大，一些小微企业能够达标排放。此时，如果仅仅按照企业规模来决定生态环境保护执法水平，则往往会引起企业抵触。调研还发现，一些受大宗商品价格影响的资源型企业，往往也对严格的生态环境保护执法行为较敏感，这类企业认为提高环境保护水平明显增加企业的发展成本。还有一些企业，在行业中具有较高的竞争力，掌握着行业先进技术，这类企业相对支持严格的环境保护执法，希望通过环境保护标准来维持自身在行业中的竞争力。

可见，企业面临的发展环境不同、盈利能力不同，使得企业对生态环境执法是否影响经济发展持不同态度，相应也会影响企业履行环境保护义务的意愿和程度。

（二）达标排放的企业是否可以拒绝执行关停限产等环保监管措施

近年不少企业反映，企业在建设和投产运行过程中，环境影响评价等手续齐全，工艺流程也能实现当时或眼下的环境保护排放标准，但地方政府为了应对中央环境保护督察或迫于快速改善当地环境质量的压力，强行让这些企业关闭、停产或者搬迁，引起企业强烈不满。此现象反映出环境监管者和监管对象在依法监管、监管依据变动等方面的分歧和冲突。

首先，企业一般认为排放标准是其履行环境保护义务的主要依据，也是政府部门开展环境监管的主要依据。这样的理解总体正确，但目前我国污染排放总量已接近或超过环境容量，控制污染物排放总量在一定时期内、在重污染天气下仍非常必要。在这样的指导思想下，地方政府为了短期内快速改善环境质量，就会采取关停企业的做法。此外，目前我国的排污许可制度仍在建立健全之中，企业对于排放配额管制的认识仍有待加强。

其次，排放标准作为监管依据，应在一定时期内保持稳定，便于企业开展稳定的环境污染治理，为企业实现达标排放提供缓冲期。当前，我国环境污染排放标准的变动周期短，一些企业尚未完成上个标准要求的污染治理改造，新的标准又颁布。这种急剧改变排放标准是为了满足当前我国加速环境污染治理的迫切要求，但由于没有给企业预留足够的过渡期，企业环境治理水平提高的速度跟不上环境保护标准提高的速度，这种滞后性导致企业面对越来越严格的排放标准时“措手不及”，也往往存在抵触和畏难情绪。企业何时才能达到政策文件规定的排放标准，这应是排污企业和政策制定者反复谈判的结果。美国环境污染治理经验显示，政府部门在制定企业的达标排放标准以及达标期限时，往往要和企业进行反复沟通、谈判、博弈，这个过程往往经历很长时间，一些企业甚至投入大量资金用于游说政策制定者，其目的就是保证在当下的技术水平下，为企业争取到符合成本效益原则的排放标准和达标期限。但我国排放标准的制定过程并非如此，企业参与程度较小，政策制定花费的时间也相对短，这在一定程度上影响了企业执行排污标准的意愿和能力。

（三）排污企业的减排顺序如何确定才能更加体现公平公正

近几年，随着淘汰落后产能工作的不断推进，一些高排放、高污染、低产出、低效益的企业逐步退出市场。目前工业企业的排放强度较以往明显降低，能源消耗强度逐年下降就是例证。在这种情况下，当进一步削减污染排放总量时，就难以延续以往的压缩落后产能的做法来决定哪些企业先退出市场，或者哪些企业先减排。不少地方政府反映，依靠行政手段压缩落后产能的空间已非常有限。同理，在污染治理水平大体相当的情况下，哪些企业先减排，哪些企业减排更多，不能完全由政府部门决定。政府部门掌握的企业信息有限，在信息不对称的情况下，政府部门往往难以作出符合成本效益原则的合理决策。

调研中一些企业反映，企业自身执行的污染排放标准比隔壁企业要高，但政府监管部门并未对隔壁企业进行环境处罚。这种不公平的执法使得环境绩效高的企业执行环境保护标准的积极性受到严重挫伤。造成这种不公平执法的重要原因是，政府没有充分掌握企业的排污信息，没有瞄准执法对象。此时，容易造成执法效率低下，也容易造成执法权力滥用，需要弥补行政执法机制的弊端。

建立灵活的污染减排机制、由企业自主选择何时减排以及减排多少等，将利于提高减排效率。尽管当前我国在一些行业探索建立排污权交易、碳排放交易、节能量交易等灵活减排机制，但这些机制应用范围非常狭小，大范围的灵活减排机制尚未建立。由于缺少灵活的减排机制，企业履约的手段受限，履约成本也较高。

（四）严格的生态环境保护执法如何不妨碍民生保障

总体来看，当前社会公众对坚决打好污染防治攻坚战持支持态度。国务院发展研究中心“中国民生调查”课题组 2018 年在河北、黑龙江、江苏、浙江、安徽、福建、广西、陕西 8 个省区开展包括生态环境污染在内的民生关切点入户调查，共获得 10134 份有效问卷。调查发现，大多受访者支持和配合蓝天保卫战行动。81. 2% 的受访者表示，政府采取的限制企业生产、汽车限行、限制煤炭使用等空气污染治理措施，对其日常生活“没有干扰”。

调研中也发现，一些生态环境保护执法造成了某些工作机会的丧失，比如，清理网箱养鱼、治理部分“散乱污”企业。这些做法带来的短期影响难以避免，地方政府已经开始意识到这些影响，并作出了积极应对措施。及时处理好生态环境保护执法和民生保障的协调一致，是决策者需要妥善处理的问题。

三、提高生态环境保护执法有效性、科学性的思考和建议

（一）客观看待生态环境保护执法存在的争议

当前严格的生态环境保护执法引起的各种争议，既反映出我国生态环境保护执法工作迈入新阶段，也反映出生态环境保护执法工作存在薄弱环节。一方面，生态环境保护已和经济发展、技术进步、民生保障等事业紧密结合在一起，“五位一体”的总体布局在实践中得到落实。生态环境保护问题归根结底是发展问题，也是社会问题。另一方面，当前的生态环境保护执法难以适应新形势的要求，执法思路和执法方式需要在实践中不断摸索、不断纠正，没有现成的经验可循，需要进行大胆创新，努力实践。

（二）坚定不移地推进严格的生态环境保护执法

我国生态文明建设进入了“关键期”“攻坚期”“窗口期”，需要保持生态环境保护执法不松懈，不能因存在一些争议就裹足不前。需要加快生态环境保护执法机制创新，稳步推进生态环境行政综合执法改革，及时总结环境保护执法经验，全面提高生态环境保护执法能力，提高生态环境执法的稳定性和规范性。

（三）提高生态环境保护执法的法治化水平

依法开展生态环境保护执法是关键。建议依据现有的法律体系，在实践中不断细化生态环境保护执法细则，完善环境保护法律制度，及时制修订相关法律。规范执法程序。各级生态环境保护综合执法队伍应当切实履行职责，规范办案流程，依法惩处各类生态环境违法行为。全面推行执法

全过程记录制度、重大执法决定法制审核制度，积极落实执法案卷评查和评议考核制度。

（四）创新生态环境保护执法方式

合理科学的执法方式是提高执法效率的关键。需在实践中继续探索完善联合执法、区域执法、交叉执法、网格化执法等方式。充分运用遥感技术、自动监测技术、大数据技术等现代手段，提高执法的精准性和及时性，降低执法成本。继续推进执法过程信息公开透明，充分发挥社会的监督作用，推动执法公平公正。

（五）合理回应生态环境保护执法过程中的企业诉求

完善污染物排放标准体系，为企业守法提供科学依据。增强排放标准的连续性、稳定性，为企业实现达标排放预留足够的响应时间。建立灵活的污染减排机制，为企业守法创造更适宜的制度环境，降低企业的守法成本。适当考虑不同企业的履约守法能力，分批次、有步骤地纵深推进生态环境保护执法。

执笔人：王海芹

第三部分

“提升”：提升产业链水平

第十三章

提升产业链水平：挑战与对策

提升产业链水平是提高供给体系质量的重要途径。目前，我国已建立比较完整的产业体系，但“大而不强”问题仍然突出，特别是在中美经贸摩擦的背景下，关键核心技术的“卡脖子”问题凸显。提升产业链水平，需要充分认识国际产业变革的发展趋势，强化科技创新的引领作用，促进我国产业迈向全球价值链中高端，建设有国际竞争力的现代产业体系。

一、国际产业变革发展趋势

当前，新一轮科技革命和产业变革加速推进，呈现诸多新特征，产业形态、核心要素和竞争范式发生深刻变化。

（一）全球科技创新进入活跃期

全球科技创新正在进入多点突破、群体迸发的新阶段。信息网络技术加速向智能化方向发展，呈现网络互联的移动化、泛在化和信息处理的高速化、智能化，促进创新链、产业链的代际跃升。制造技术向网络化、智能化、绿色化方向发展，先进传感技术、数字化设计制造、机器人与智能控制系统等日趋广泛应用，促进以人机协作为特征的新一代机器人能力不断增强。颠覆性技术不断涌现，催生新技术、新产业、新业态、新模式，对传统的生产方式产生前所未有的深刻影响。

（二）智能制造进入加速拓展期

全球制造业在经历了机械化、自动化、信息化三次革命后，正在发生新的变革。智能制造在核心要素、基础设施、主导产业和组织形态等方面趋于成熟与拓展，正在酝酿新的重大产业变革。新一代互联网技术向生产领域的全面渗透，大幅提升了信息数据对企业核心能力的贡献。在信息数据要素和新一代互联网基础设施的支撑下，制造业产品、生产流程管理、研发设计、企业管理乃至用户关系都出现智能化趋势，正在重新定义制造业部门，成为重塑制造业竞争力的关键因素。

（三）信息数据成为核心生产要素

随着信息技术的突破性发展和信息基础设施的不断完善，信息数据逐步成为产业发展的核心生产要素，促使三次产业边界日趋模糊，产业结构高度化的内涵发生明显变化。统计意义上的三次产业结构比例关系越来越难以度量产业体系发展水平，产业体系的现代化程度将主要表现为信息数据作为核心投入，对各传统产业的改造程度以及新兴产业的发展程度，度量指标主要体现在由信息数据要素投入而导致的边际效率改善和劳动生产率提升的程度。随着信息数据成为核心生产要素，在计算机、互联网、物联网技术的支撑下，现代产业体系正沿着数字化、网络化并最终向智能化方向发展。

（四）产业形态发生深刻变化

生产组织和社会分工方式向网络化、扁平化、平台化、小微化转型，适应消费者个性化消费需求，大规模定制生产和个性化定制生产日益成为主流制造范式，企业组织边界日益模糊，基于平台的共享经济和个体创新创业获得巨大发展空间。从经济理论视角看，现代产业体系的效率源泉正在从规模经济主导转向范围经济主导。在这种背景下，国家间的制造业竞争范式，由过去的大企业竞争和供应链竞争，转向基于跨产业的数据平台的价值链网络竞争。

（五）劳动力结构发生深刻转型

数字技术的普及，对劳动力结构转型产生重要影响。自动化设备对劳动的替代，导致劳动力市场的两极分化，即程序化工作的需求减少，非程序化工作需求增加。由此引发高技能和低技能（以非程序化工作为主）的就业增加，而中等技能（以程序化工作为主）的就业减少。人与机器将从以往的互补关系变成替代关系，人们将进入“与机器赛跑”的时代。

总之，国际产业变革新态势对我国提升产业链水平提出了更加紧迫的要求。要以全球视野和战略思维，谋划产业升级的思路，提出创新科技和产业融合发展的战略方向和具体路径。

二、我国正处在提升产业链水平的关键期

我国经济已经开启了由“数量追赶”转向“质量追赶”阶段的历史进程。今后一个时期，我国经济发展将从量的积累为主转向质的提升为主，提升产业链水平将进入关键时期。

（一）我国科技创新进入战略攻坚期

近年来，我国科技创新取得重大进展，正处于从量的积累向质的飞跃、从点的突破向系统能力提升的重要时期，已具备发力加速的基础。我国已成为全球第二大研发投入大国和第二大知识产出大国。2017 年，全社会研发支出达到 1.76 万亿元，占 GDP 比重为 2.13%，居发展中国家首位，超过欧盟 15 国 2.1% 的平均水平；国际科技论文总量居世界第二，国际科技论文被引量首次超过德国和英国，跃居世界第二。发明专利申请量和授权量居世界第一，有效发明专利保有量居世界第三。我国与创新型国家的差距缩小，根据世界知识产权组织发布的《2017 年全球创新指数报告》，中国创新排名升至第 22 位，比 2013 年提升了 13 位，成为前 25 名中唯一的非高收入经济体。

（二）战略高技术取得重大突破

我国在载人航天和探月工程、载人深潜、深地钻探、超级计算、量子反常霍尔效应、量子通信、中微子振荡、诱导多功能干细胞等领域取得一大批重大原创成果，高速铁路、水电装备、特高压输变电、对地观测卫星、北斗导航、电动汽车、大飞机等重大装备和战略产品取得重大突破，部分产品和技术开始走向世界，并首次荣获诺贝尔生理学或医学奖、国际超导大会马蒂亚斯奖、国际量子通信奖等国际权威奖项。战略高技术的重大突破，为产业转型升级创造有利条件。

（三）科技创新体制机制逐步改善

市场导向的科技创新机制逐步形成，政策工具从财税支持为主逐步转向更多依靠体制机制改革、普惠性政策和发挥市场机制的作用。企业技术创新主体地位不断增强，在智能终端、无人机、电子商务、云计算、互联网金融、人工智能等领域崛起一批具有全球影响的创新型企业。2017 年我国“独角兽”企业数量仅次于美国，居全球第二，全球研发投入最高的 2500 家企业中，我国有 376 家，居全球第三。

（四）企业参与市场竞争能力增强

企业创新主体地位显著增强，企业在全社会研发投入、研究人员和发明专利的占比均超过 70%。在供给侧结构性改革的推动下，部分企业通过兼并重组提升集中度、改善产品和服务质量等方式，盈利能力得到提升，对市场环境变化的适应性增强。越来越多的企业在国际市场上与国际一流企业同台竞争，产品和服务向国际标准和标杆看齐，形成一批有竞争力的跨国企业和中小型“隐形冠军”，为产业转型升级奠定了良好的微观基础。

（五）整合国际资源的能力快速提升

受益于广阔的国内市场并积极参与全球分工，我国已取代日本成为亚洲的生产组织中心。据经合组织测算，1995 年亚洲六个重要经济体，中国、印度、韩国、马来西亚、菲律宾和泰国的中间品出口主要目的地均为日本；2005 年之后，包括日本在内，亚洲重要经济体中间品出口主要目的地转向中国。我国与美国、欧盟一起成为全球三个最重要的生产平台。国内市场潜力巨大、产品门类齐全，参与全球产业分工日趋深入，又能控制产业链的节点位置，这些变化大幅提升了我国整合国际生产资源的能力，在全球价值链中的地位不断提升，为产业转型升级提供了战略机遇。

三、我国提升产业链水平面临的挑战

尽管我国科技创新和产业发展取得重大进展，但与国际先进水平和建设世界制造强国的要求相比，还存在一些薄弱环节和深层次问题。

（一）“大而不强”问题仍然突出

目前，我国已建立比较完整的产业体系，但“大而不强”问题突出。原创性、颠覆性、引领性科技创新成果缺乏。科技成果转化难、转化率低。多数企业仍处于中低端水平，产能过剩与高端供给不足并存。在产品质量和性能上，特别是核心零部件、高端装备的精度、稳定性、可靠性和使用寿命等方面与发达国家差距较大，“中国制造”缺少具有竞争力的自主品牌。

（二）原始创新能力不足

从我国创新投入现状来看，研发投入结构明显存在基础研究和应用基础研究比重低、试验发展比重高的特点，如 2015 年我国三大研发活动的比重分别为 5. 1% 、10. 8% 、84. 1% ，同期美国的比重约为 17. 4% 、19. 3% 、63. 3% 。科研成果评价重数量、轻质量，重短期利益、轻长期效果，整体质量不高，尚不具备引领国际前沿的能力。随着我国科技发展进入跟跑和并跑、领跑并存的新阶段，迫切需要加大基础研究等创新链前端环节的投入，构筑创新先发优势。

（三）关键核心技术受制于人

由于基础研究和应用基础研究投入明显不足，支撑产业升级、引领前沿突破的源头技术储备缺乏，关键核心技术供给难以满足提升产业链水平的要求，一些产业领域关键核心技术，特别是芯片、航空发动机、机器人核心部件、储能技术、高端医疗设备、生物制药等受制于人的局面尚未根本改变。我国近八成的芯片依赖于进口，其中高端芯片进口率超过九成。我国是世界上最大的工业机器人使用国，但高端减速器、控制器伺服电机等核心部件基本被欧美日企业垄断。综合创新能力不强，特别是缺乏重大突破性、颠覆性技术创新，不少关键核心技术仍受制于发达国家。关键核心技术有效供给不足，具有自主知识产权的关键核心技术不足，已成为制约我国提升产业链水平的“瓶颈”。

（四）企业技术创新动力不足

近些年，我国企业的创新主体地位不断提升，但总体上创新水平不高，存在创新动力不足、能力受限的问题。由于知识产权保护不到位，开展创新活动的成本和风险高，企业的技术创新缺乏有效的市场激励，创新的动力不足。企业研发活动规模和投入强度也偏低。我国经济总量已多年居世界第二，发明专利申请量连续多年居世界第一，但尚未产生获得世界公认的全球领先创新企业。汤森路透集团公布的“全球创新企业百强”榜上，大都是美欧日企业，2014~2016 年我国仅有一家企业入围。国有企业尤其是大型国有企业在获取国家科技计划项目、土地供给、资金等各种要素资源方面占据明显优势，但受国有企业保值增值考核、工资总额限制等体制机制束缚，创新动力不足。民营企业自身机制灵活，但在平等获取创新资源、市场准入等方面受限较多，创新活力难以发挥。

（五）激励人才的体制机制不健全

人才激励不足、结构失衡是制约创新驱动发展的突出因素。各种人才计划层次多、交叉重复，政策措施落实力度需要进一步加强。对科研人员和高技能人才激励措施不到位。对科研人员创造的价值体现不足，创新难以获得相应回报，抑制了科研人员的积极性。重人才引进数量，轻人才环境建设，与国际接轨的科研氛围、可持续的科研设施保障，以及一些大城市难以回避的户籍、住房、子女教育、医疗等公共服务仍有较大差距，吸引的科技领军人才、创新型企业家等高端人才不多。尽管我国科技人员总量居世界前列，但高端领军人才和高技能人才匮乏，创新型企业家也非常有限。汤森路透集团发布的《2015 年全球最具影响力的科研精英》报告显示：中国共有 148 位科学家（含港澳台地区）入选 168 人次，占比仅 5%（共 2975 名，3125 人次），仅为美国的 1/10。

（六）深层次体制机制问题仍然突出

政府对科技创新和新兴产业发展的管理仍存在“越位”“缺位”和“错位”问题，该放的没放活，该管的没管住。现行管理手段比较单一，管理方式创新不足，不适应新技术新业态迅速发展的需要。创新政策体系着重于技术供给，供给侧政策较多，需求端激励政策较少，对创新技术和产品的市场培育不足。市场准入方面，重审批、轻监管，监管能力未能及时提升，政府常常以控制企业规模和数量设置准入门槛，导致后来者无法参与竞争，一定程度上阻碍了创新。在维护公平竞争方面，存在知识产权保护不力、执法不严、垄断规制不到位等问题。

四、提升产业链水平要有新思路

今后一个时期，我国处于提升产业链水平的关键时期，要适应国际产业变革发展趋势，由“结构”标准向“效率”标准转变，由“技术”升级向“系统”升级转变，由“产业”思维向“体系”思维转变。

（一）由“结构”标准向“效率”标准转变

国际金融危机后，我国产业结构发生明显变化。2013 年，服务业比重达到46.7%，第一次超过第二产业 44% 的比重；2015 年，服务业比重超过50%，达到50.2%，成为占比最大的产业。应该说，一个国家的工业化进程进入工业化中后期后，第二产业和制造业比重下降，服务业比重提高是经济发展的一般规律，也是经济现代化的结构转换特征。但是，也要看到，产业结构高级化也出现了“脱实向虚”现象，实体经济占经济的比重下降，而虚拟经济规模过度扩张，其中金融业占 GDP 的比例从 2001 年的4.7%上升到2015 年的 8.4%，当年占比几乎超过所有发达国家。与之形成鲜明对比的是，过去一段时间我国全要素生产率持续下降，即出现了产业结构升级、生产效率下降的“逆库兹涅茨化”问题。随着我国产业体系日趋完备，通过资源在产业间再配置的空间越来越小，传统的产业结构调整思维需要向提升产业链水平思维转变，衡量产业结构高级化要从“结构”标准向“效率”标准转变。

（二）由“技术”升级向“系统”升级转变

从发展态势看，智能制造体系既包括以信息技术、新材料技术和生物技术等通用技术，以及数字制造、人工智能、3D 打印、工业机器人等为代表的专用技术，还包括集成通用技术和专用技术的大规模生产系统、柔性制造系统和可重构生产系统，以及以工业互联网为核心的现代制造系统。由于智能制造体系是紧密联系、相互作用的多层面技术的协同突破和应用，我国的产业升级部署不能仅仅停留在工业机器人、3D 打印等关键技术领域的突破，还要协同在传感、大数据、纳米新材料等通用技术领域的突破，同时要加强大规模生产系统、柔性制造系统、可重构生产系统和工业互联网系统的战略部署。我国发展智能制造的优势在于产业升级过程中对智能解决方案的巨大需求，要发挥需求牵引优势，坚持问题导向，采取有力措施推进智能制造深入发展，真正构建智能化、数字化、网络化条件下的智能制造模式和产业生态。

（三）由“产业”思维向“体系”思维转变

过去我国产业结构调整仅仅聚焦于“产业”自身，而忽略了科技创新、现代金融、人力资源对产业发展的支撑和协同，表现为产业升级资金缺乏、技术缺乏、人才缺乏的问题比较突出。产业发展要从单一“产业”思维向“现代产业体系”思维转换，围绕产业链部署创新链，围绕创新链完善资金链和人才链，加快形成实体经济、科技创新、现代金融、人力资源协同发展的产业体系，使提升产业链水平建立在依靠科技进步、资本配置优化和劳动者素质提高的基础上。

五、提升产业链水平的主要对策

通过加强基础和应用基础研究、深化体制机制改革、强化市场竞争机制等举措，增强科技创新能力，推动提升产业链水平。

（一）增强原始创新能力

随着我国科技水平不断提升，利用后发优势的空间日益缩小。只有加强前瞻性基础研究，提升原始创新能力，才能真正掌握竞争和发展的主动权。要进一步加大基础研究和共性技术研究投入，增强源头技术供给。增加研发经费投向基础研究和应用基础研究的比例，以基础研究的突破带动引领性原创成果、战略性技术产品的重大突破，在更多领域跻身世界领先行列。优化科学研究支出结构，增加面向需求的基础研究支出，提高基础研究对创新的支撑作用。改进科学研究的评价机制，实行分类评价和分类管理。对自由探索的研究项目以同行评议为主，对满足国家战略需求的研究项目以目标评价为主。

（二）提高创新体系整体效能

调整自上而下政府主导创新的组织形式，强化创新过程中的市场需求导向和企业的主体作用，推动市场、企业、政府在创新过程中的良性互动，形成有效的创新激励机制，增强创新主体的创新动力，提升创新的供给质量。营造公平竞争的市场环境，发挥市场机制在创新资源配置中的导向作用。加强技术市场建设，改进科研成果转移、转化的模式，提高成果的落地率和转化率，加速科研成果转化为现实生产力。

（三）强化企业技术创新主体地位

依托企业建设国家技术创新中心，开展关键核心技术、前沿引领技术、现代工程技术和颠覆性技术创新。在信息安全、云计算、大数据、储能技术、电动汽车、生物育种等领域，以新体制和新模式组建一批国家级创新中心，集中一批多领域、跨学科的科学家和技术专家，形成高度集成、协同创新的研究团队，努力取得一批原创性的科研成果。推进新技术、新业态、新模式跨界融合，实现产业技术群体性突破。以技术的群体性突破推动产业升级和新兴产业培育。完善支持创新的普惠政策，加强对中小企业创新支持，进一步降低小微企业的税费负担，保障中小企业在土地征用、人才引进、信息获取、融资渠道、公共资源以及各类政务服务等方面的公平机会。

（四）着力提升产业整体效率

加快实施智能制造工程，促进信息技术在制造业产业链各环节的广泛应用。大力发展数字化制造技术、增材制造技术、人工智能和工业机器人，提高制造业智能化水平。利用信息技术改造传统产业，促进工业全产业链、全价值链的信息交叉和智能协作。扶持工业云服务平台建设和大数据示范应用，鼓励发展基于互联网的众包设计、柔性制造、个性化定制、智慧物流等新型制造模式。鼓励企业应用大数据技术提升研发制造、供应链管理、营销服务等环节的智能决策水平和经营效率，实现产业转型升级，促进形成具有更高生产率的现代产业体系。

（五）以体系思维提升产业链水平

把科技创新、金融创新、人力资源队伍建设聚焦到提升产业链水平上，围绕产业链部署创新链，围绕创新链完善资金链和人才链，促进科技创新与金融协同发展，构建创新、创业、创投“铁三角”；推动科技与教育紧密结合，加强学生创新精神和能力的培养，充分利用移动互联网、大数据、人工智能等新技术创新教育方式。发挥科技、资本、劳动力与人才等生产要素协同促进作用，把各种要素调动好、配置好、协同好，通过每一种生产要素质量的提高、配置结构的优化，形成一个适应技术变革的协同发展的产业体系。

（六）建立科技成果市场化激励机制

探索职务科技成果初始权益分配改革，赋予科研人员职务科技成果股权，在科研项目立项之初或立项之前，由科研团队与单位之间签订协议，明确知识产权处置办法和科技成果股权分配比例，在收益分配上充分体现知识和创新的价值，让科技成果与研发人员受益直接挂钩，释放科技人员创新潜力，提高科技供给质量和效率，加快解决关键核心技术“卡脖子”问题。

（七）深化体制机制改革创新

深化市场准入制度改革，全面实施市场准入负面清单模式，营造公平市场环境。深化商事制度改革，加强事中事后监管。激发和保护企业家精神，鼓励更多社会主体投身创新创业。推进企业信用体系建设，推行产品标准、质量、安全自我声明和监督制度。加快市场化导向的生产要素价格改革，加快发展技术市场，健全知识产权创造、运用、管理、保护机制。

执笔人：王一鸣

第十四章

提升产业链安全

产业链安全是指产业链各环节没有价格风险、供应风险、质量风险、技术风险和行为风险等各种风险。根据产业链面临的风险大小，将产业链安全与风险状态分为产业链绝对安全、相对安全和相对风险、绝对风险四种状态。总的来说，我国产业链相对安全，但不同产业链安全程度呈现差异性。与民生相关的必需品产业总体安全，但相关质量风险亟待加快提升；部分产业产能过剩风险与部分高端产业存在被国外“卡脖子”的风险并存；一些行业进口规模不断增加，伴随外部市场风险不断增加；出口面临的摩擦不断增多。今后，促进经济高质量发展，既要充分利用全球范围内的资源与市场，博采众长，为我所用，又要不断提升产业链安全，防范各种风险。对于一般性的市场风险、价格风险、技术风险、质量风险等，尊重市场规律，充分发挥市场机制自我调节作用。提升产业链安全性，关键是要确保与民生相关的必需品产业、关系到国家竞争力的产业的核心环节和关键环节的绝对安全。在决定国家影响力的产业的核心环节和关键环节，大国不能受制于人，核心技术靠化缘是要不来的。

一、产业链风险与产业链安全的内涵

（一）产业链风险

产业链包括要素供给、中间品供给、最终品供给、消费者四个重要环节。在经济全球化背景下，全球化分工可以使全球资源、技术等比较优势充分发挥，但也会放大风险。产业链全球分工中存在的风险包括价格风险、供应风险、质量风险、技术风险等各种风险，还包括产业链全部被国外垄断所引发的各种行为风险。价格风险是指价格波动风险，有时价格过低，有时价格过高；供应风险是指产品不能供应出来或供给不足或供给过剩；质量风险是指产品质量问题对消费者带来的风险。

（二）产业链安全

与产业链风险相对应的是产业链安全，产业链安全是指产业链各环节没有价格风险、供应风险、质量风险、技术风险和行为风险等各种风险。

（三）产业链绝对安全、相对安全和相对风险、绝对风险

根据产业链面临的风险大小，将产业链安全与风险状态分为产业链绝对安全、相对安全和相对风险、绝对风险四种状态。

产业链绝对安全是指，产业链不受外部冲击，产业链没有价格、供应、质量、技术和行为等风险。产业链绝对风险是指，在经济全球化背景下，产业链受外部影响较大，产业链面临较大的价格或供应、质量、技术和行为等风险。在产业链绝对安全、绝对风险中间的两种状态，就是相对安全和相对风险。产业链相对安全是指，尽管产业链面临价格或供应、质量、技术和行为等风险，但仍相对安全。而产业链相对风险是指，产业链面临一定的价格或供应、质量、技术和行为等风险。

二、我国产业链安全现状

总的来说，我国产业链相对安全，但不同产业链安全程度呈现差异性。

（一）与民生相关的必需品产业总体安全，但相关质量亟待加快提升

近年来，我国粮食净进口量逐年增加，从2008年的3670万吨增加至2016年的约1.16亿吨（见图1）。2017年我国粮食进口约1.3亿吨。但总体而言，目前我国谷物产大于需，粮食产需总量缺口不到2500万吨，粮食产业基本安全。

图1　2008～2016年我国粮食净进口量情况

资料来源：国务院发展研究中心课题组：《百年大变局》，中国发展出版社2018年版。

与民生相关的必需品能满足居民生存需要，但与民生相关的必需品质量亟待加快提高。例如，随着收入提高，我国居民对消费质量提出了更高的要求，希望消费质量较高的进口产品。例如，居民更青睐进口奶粉，进口奶粉数量从2007年的9.82万吨增加至2017年的71.81万吨（见图2）。进口奶粉不断增加，说明消费者对国内奶粉质量的信心不足。

（二）部分产业产能过剩风险与部分高端产业存在被国外"卡脖子"的风险并存

我国国内部分产业产能过剩。一方面，传统产业产能过剩。例如，钢铁、水泥、平板玻璃等产业产能过剩。虽然我国采取措施积极化解，但产能过剩压力仍存在。另一方面，个别高端产业也存在过剩风险。例如，近年太阳能光伏产业也出现了过剩。

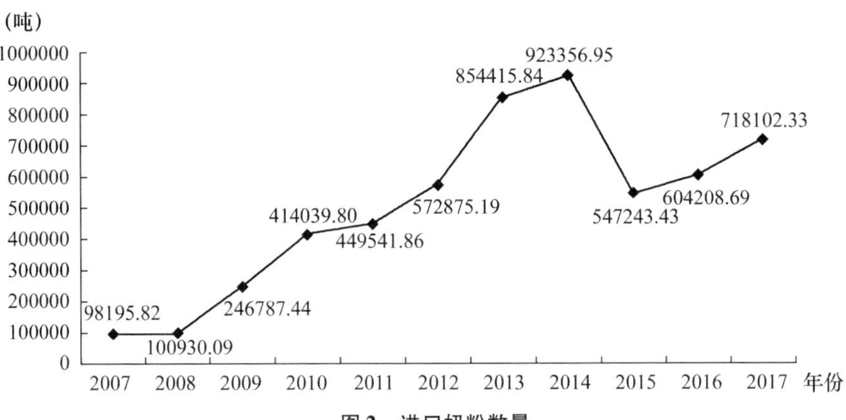

图2　进口奶粉数量

资料来源：Wind 数据库。

虽然我国是制造业大国，但制造业大而不强，关键技术、核心技术缺乏，创新能力和动力不足。目前，我国很多出口产品科技含量不高、附加值较低，核心技术、关键部件、基础材料等严重受制于人。例如，我国高速动车组等成套装备制造水平已位居世界前列，但很多主轴轴承仍基本依赖进口；为大飞机等国家重大专项配套的基础研究条件、材料、工艺、技术装备能力不足。2018 年美国制裁中兴通讯公司，使其主要经营活动陷于停顿，暴露出我国在核心技术领域存在被人“卡脖子”的风险。

（三）一些行业进口规模不断增加，伴随的外部市场风险不断增加

我国能源、资源等领域的大宗商品进口规模不断增加，对外依存度不断提高，相应的潜在外部市场风险不断加大。例如，我国原油进口规模从 2000 年的 0.70 亿吨，增加至 2018 年的 4.62 亿吨（见图 3）；与此同时，我国原油对外依存度从 2000 年的 26.85% 增加至 2018 年的 70.83%。

我国铁矿石进口规模增加，占全球铁矿石进口比重不断上升。我国铁矿石进口规模从 1990 年的 1419.1 万吨，增加至 2017 年的 10.75 亿吨；与此同时，我国铁矿石进口规模占全球的比重从 1990 年的 3.54% 增加至 2017 年的 68.15%（见表 1）。

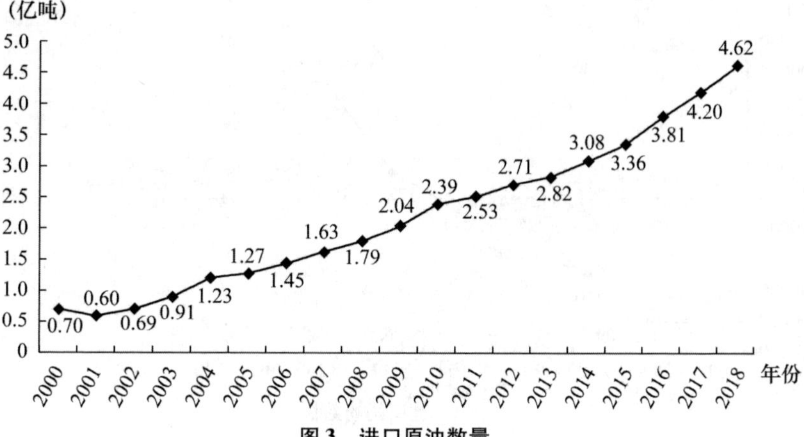

图 3 进口原油数量

资料来源：Wind 数据库。

表 1 我国进口铁矿石情况

年　份	我国进口铁矿石数量（万吨）	全球进口铁矿石数量（万吨）	我国进口铁矿石数量占全球比重（%）
1990	1419. 1	40104. 5	3. 54
1991	1903. 5	39985. 6	4. 76
1992	2517. 2	37447. 5	6. 72
1993	3302. 0	39179. 4	8. 43
1994	3734. 3	42724. 7	8. 74
1995	4115. 0	45603. 7	9. 02
1996	4387. 4	44419. 4	9. 88
1997	5510. 6	47625. 3	11. 57
1998	5177. 1	47148. 5	10. 98
1999	5527. 4	44355. 2	12. 46
2000	6997. 1	51078. 3	13. 70
2001	9239. 3	50671. 5	18. 23
2002	11142. 3	53129. 6	20. 97
2003	14812. 8	58302. 1	25. 41
2004	20797. 8	67217. 2	30. 94
2005	27521. 4	75406. 1	36. 50
2006	32619. 7	80420. 4	40. 56
2007	38361. 8	86178. 6	44. 51

续表

年　份	我国进口铁矿石数量（万吨）	全球进口铁矿石数量（万吨）	我国进口铁矿石数量占全球比重（%）
2008	44402.8	93340.1	47.57
2009	62817.5	98216.2	63.96
2010	61891.5	107180.2	57.75
2011	68674.7	114038.5	60.22
2012	74543.4	120633.4	61.79
2013	82017.5	127619.5	64.27
2014	93310.8	143534.0	65.01
2015	95337.0	146507.1	65.07
2016	102470.9	152812.5	67.06
2017	107539.8	157796.7	68.15

资料来源：Wind 数据库。

（四）出口面临的摩擦不断增多

随着我国出口规模日益增大，面临的贸易摩擦也不断增多。以商务部公布的我国遭受贸易救济调查案件数量看，从 2004 年的 57 起增加至 2016 年的 119 起，2017 年回落至 75 起（见图 4），呈现不断增加的趋势，涉案金额同样呈现增加态势。2004 年遭受贸易救济调查案件的涉案金额为 12.6 亿美元，2016 年涉案金额为 143.4 亿美元，2017 年为 110 亿美元。

贸易摩擦对象不断拓展。例如，1979～1989 年，美国对华反倾销和实施配额限制主要涉及纺织品和一些工业品。2000 年后，美国对华反倾销数量逐年增多，从纺织、轻工等领域逐步蔓延到化工、钢铁、机电以及高新技术产品领域。

我国遭受贸易摩擦数量不断增多，这和我国与发展中国家、发达国家之间的产业分工结构正在发生改变有关。20 世纪 80 年代至 2008 年前后，我国与发达国家的产业分工总体呈现互补性。以我国为代表的发展中国家，依靠劳动力成本低等优势，优先发展具有比较优势的劳动密集型产

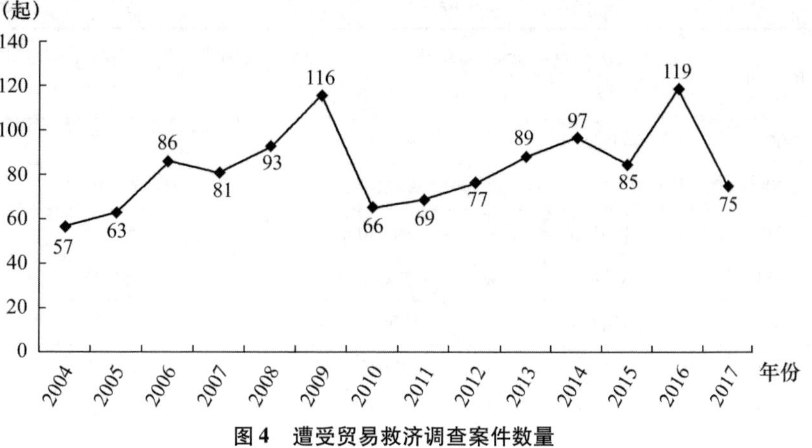

图 4 遭受贸易救济调查案件数量

资料来源：Wind 数据库。

业，大力开展加工贸易，出口产品以初级产品、轻纺等劳动密集型产品为主，发达国家则向我国出口相对高端的产品，双方的产业分工呈现互补性。近年来，受劳动力、土地等要素成本不断上升的影响，我国加快了产业转型升级的步伐，部分制造业回流到发达国家本地，我国与发达国家之间的产业同质化程度在提升。与此同时，部分劳动密集型产业转移到成本更低的周边国家，我国也开始面临发展中国家的激烈竞争。

三、产业链安全面临的新形势

（一）我国在很多产业链上仍然存在关键环节缺失

从 20 世纪 60 ~ 70 年代开始，随着信息通信技术（Information and Communications Technology，ICT）的发展，一些大企业特别是跨国公司可以把之前往往集中在全国范围内甚至是本企业范围内的一系列生产环节进行拆分，将其中某些价值链环节进行外包（outsourcing）。这些外包的环节既可能是某个零部件，也可能是最后的组装环节，或者是部分设计等环节，这些外包可能发生在本国内，但更多地发生在跨国甚至全球范围内，从而形成了产业发展的“全球价值链”模式。也就是说，在新的阶段，很多商品和服务的价值环节是在全球范围内高度分工合作的，不少国家只是承担其中的某个价值增值环节。

20 世纪 90 年代，全球价值链得到了快速发展，特别是我国成为很多产业的加工装配中心（加工贸易）。这些在我国集聚的产业从最初的劳动密集型的纺织服装，到后来的机械装备，很快发展到电子电气等高技术行业。通过承担这些产业的低技术装配环节，我国很快切入了大多数的行业，突出表现在从产品结构看，我国出口中高技术产品份额已经远超美、日、德、韩等制造业大国，成为高技术产品的重要制造国。

随着国内经济发展和整体技术水平不断提高，我国很多行业不断完善了国内的产业配套能力，拓展了产业链的长度，研发投入日益增加，技术创新能力不断增强。很多原先需要进口的零部件慢慢可以在国内生产，使相关产业不再完全依赖国外的零部件供应，产业链安全有了极大的提升。

但是，由于很多高精尖产品特别是关键零部件的研发和生产需要长期的技术积累，发达国家凭借先发优势在相关领域已经建立了全面的专利保护体系，导致在很多关键零部件的供应上，国内供给能力仍然缺失，对产业链安全形成了巨大的制约。2018 年工业和信息化部副部长辛国斌表示："工信部对全国 30 多家大型企业 130 多种关键基础材料调研结果显示，32% 的关键材料在我国仍为空白，52% 依赖进口，绝大多数计算机和服务器通用处理器 95% 的高端专用芯片，70% 以上智能终端处理器以及绝大多数存储芯片依赖进口。在装备制造领域，高档数控机床、高档装备仪器、运载火箭、大飞机、航空发动机、汽车等关键件精加工生产线上逾 95% 制造及检测设备依赖进口。"①

《科技日报》总结了 35 项我国高科技产业的"卡脖子"技术，包括光

① 辛国斌：《以制造业高质量发展引领建设制造强国》，载《中国科技产业》，2018 年第 8 期。

刻机、芯片、操作系统、航空发动机短舱、触觉传感器、真空蒸镀机、手机射频器件、iCLIP 技术、重型燃气轮机、激光雷达、适航标准、高端电容电阻、核心工业软件、ITO 靶材、核心算法、航空钢材、铣刀、高端轴承钢、高压柱塞泵、航空设计软件、光刻胶、高压共轨系统、透射式电镜、掘进机主轴承、微球、水下连接器、燃料电池关键材料、高端焊接电源、锂电池隔膜、医学影像设备元器件、超精密抛光工艺、环氧树脂、高强度锈钢、数据库管理系统、扫描电镜等，在这些技术或设备上，我国与发达国家相比，都有相当大的差距。

由于很多产业链上的关键零部件仍然高度依赖进口，一旦由于经贸摩擦等原因，发达国家对我国禁运这些零部件，就将对相关产业特别是高附加值产业产生致命威胁，甚至完全无法继续生产，成为我国产业链的重大风险。

（二）产业链升级面临多重防范与围堵

在我国工业化初期，我国工业主要处于低技术环节，与发达国家并不构成竞争关系，因此发展的环境相对宽松；但我国产业不断升级，特别是更多地嵌入高技术环节，开始对发达国家形成竞争与威胁的态势。为应对这种竞争，发达国家表露出对我国先进技术的发展进行全方位打压与限制的企图。这种趋势发展下去，会阻碍发展与创新的国际合作，可能导致我国在先进技术领域无法充分吸收国际先进成果，与发达国家的技术差距不能缩小甚至扩大，在中长期形成制约我国产业链安全的重要因素。

例如，2018 年下半年以来，随着中美经贸摩擦的发展，美国在一系列领域大幅度收紧了与我国的技术合作。

一是加大对华先进技术出口与合作的防范与管控。2018 年 8 月 1 日，美国商务部在原有《出口管理条例》的基础上，将我国 44 个企业（8 个实体加 36 个附属机构）加入了出口管制的实体名单，包括多家电子、航空研究机构；美国还开始阻止我国科技人员访美，同时收紧我国工程和科技类学生的签证，阻碍我国公民到美国科研机构和大学从事敏感领域的研究，阻止我国企业与美国高校的科研合作。

二是加大对我国企业并购美国企业的国家安全审查。2018 年，美国参众两院同时发起《美国外商投资风险审查现代化法案》，推动近 10 年来规模最大、力度最强、范围最广的外商投资审查制度改革。美国还对外资投资委员会（CFIUS）进行改革，包括扩展 CFIUS 审查范围，规定涉及关键技术和关键基础设施的“非被动投资”或者将知识产权或关键技术转移给外国投资者的特定合资项目，都必须纳入审查；强化国家安全审查，新增关键技术的“累积”控制、公民敏感信息、网络安全、舆论影响等多项内容；提升 CFIUS 的执行效率，引入强制申报制度，加强事后合规性监管等。这都将给予 CFIUS 更多国家安全审查的借口和依据，使我国在美国投资并购难上加难。

二是对我国高技术领头企业的发展进行围堵。例如，美国动用国家力量，禁止我国华为公司在美国开展业务，还要求其盟国在 5G 建设中把华为排除在外，试图通过这些定点打击，打压我国高技术企业的发展。

（三）一些传统优势产业链面临新技术革命带来的挑战

长期以来，我国产业链的优势主要来源于两大方面。第一是劳动力的成本和质量优势。我国劳动力众多，成本较低，而技能水平相对较高，特别是较为吃苦耐劳，在很多劳动密集型以及对工人技能要求较高的行业具有显著优势。第二是规模和配套优势。我国许多产业的规模大，企业之间分工细致，上游配套能力强。但近年来，随着新一轮科技革命的兴起，这些传统优势正在受到挑战。

一是新一代智能机器人的发展，减少了很多行业对劳动力的需求，为发达国家促进制造业回归创造了较好的条件，也在一定程度上削弱了我国的比较优势，加大了对我国产业安全的威胁。近年来机器人的发展表现在多个方面。第一是性能不断提升。随着人工智能、先进传感器等各种技术的进步，机器人的能力比以前有了极大的增强，越来越多的工艺可以被机器人替代，而且机器人还具有不怕危险、连续工作等优点。第二是机器人的价格迅速下降，使得机器人越来越具有经济性。随着机器人技术发展和产量的增长，其成本也在不断下降。劳动力成本的普遍上涨，进一步显现了机器人的成本优势。可以预计，机器人在今后的发展中将有越来越广泛的应用，将为发达国家发展制造业带来极好的机遇。

二是智能制造业等新一代技术不断发展，个性化订制成为可能，制造业的生产有向消费地集中和靠近的趋势。近年来，随着智能制造、工业互联网、3D 打印等技术的成熟和应用，大规模批量化生产正在逐步向个性化生产发展，很多产业都在将生产逐步向消费地靠近，以便更好地适应消费者的需求，提高满足消费者需求的时效。目前，最主要的消费地还是以美国和欧盟为代表的发达国家，因此一部分产业可能会向美国和欧盟附近的地区，如墨西哥、东欧等地集中，这也将降低对我国产业链的外部需求，形成我国产业链的发展隐忧。

（四）产业链低附加值环节面临发展中国家的激烈竞争

随着我国制造业成本不断攀升，近年来东南亚等发展中国家充分发挥其低成本优势，在很多产业上进展迅速，成为威胁我国产业链安全的新因素。例如，2008～2017 年，印度的低技术产品出口额从 417 亿美元增加到 716 亿美元，年均增长 6.2%，而越南 2008～2016 年低技术产品出口额从 209 亿美元增长到 570 亿美元，年均增长 13.4%，超过了同期我国 4.2% 的增长速度（见图 5）。

东南亚等国不仅在劳动密集型产业上对我国形成了快速追赶态势，部分高技术产业的发展也很快。例如，越南在 2010～2016 年，高技术产品出口从 76.4 亿美元增长到 609.8 亿美元，年均增长 41.4%，而同期我国高技术产品出口从 5495 亿美元增长到 6806 亿美元，年均增速仅为 3.6%（见图 5）。

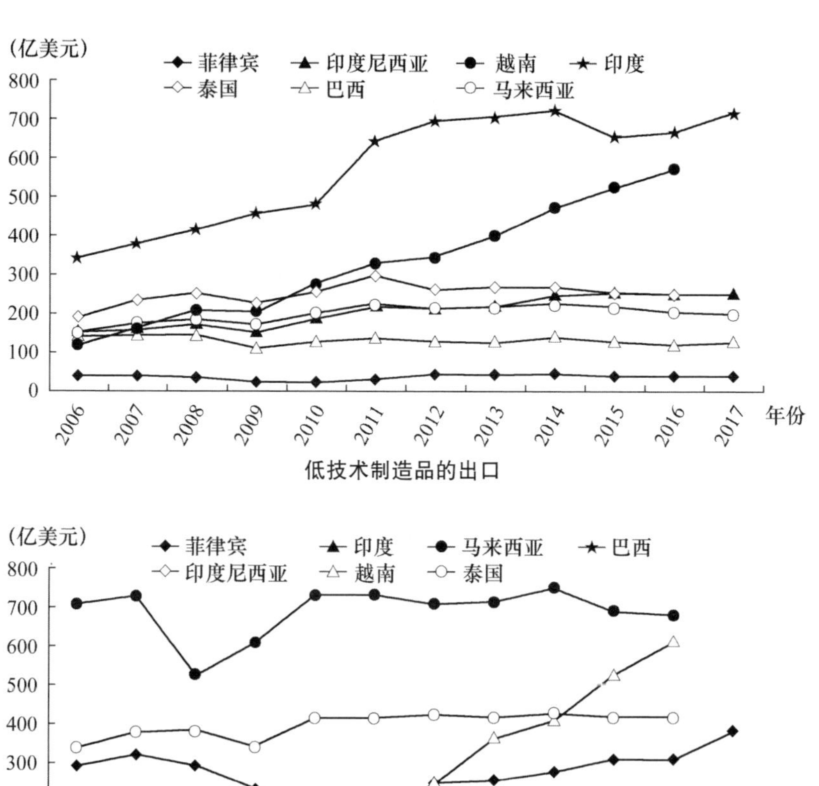

图5　近年来东南亚和巴西等发展中国家在低技术和高技术制造品的出口

四、提升产业链安全的思路与政策建议

（一）思路

统筹产业全球分工的收益和风险。在经济全球化条件下，既要积极参与全球分工，利用好国内国际“两个市场、两种资源”，共享经济全球化成果，又要不断提升产业链安全，防范各种风险。

充分发挥市场机制在化解和防范产业链风险上的作用。在经济全球化条件下，产业链在全球分工和配置，必然会受国际市场影响。对于一般性的市场风险、价格风险、技术风险、质量风险等，要以平常心看待尊重市场规律，充分发挥市场机制自我调节作用。不能因为国际市场正常波动中的风险，就放大产业链全球分工中的风险。

把握重点。提升产业链安全性，关键是要确保两大类型产业链的绝对安全。对于与民生相关的必需品产业和关系到国家竞争力的产业的核心环节和关键环节，必须确保绝对安全。在决定国家影响力的产业的核心环节和关键环节，大国不能受制于人，核心技术靠化缘是要不来的。

重点施策。对发生概率小，但产生的损失较大的产业链风险，要提前加以防范，未雨绸缪。一些小概率风险一旦发生，会引发经济主体策略行为，尤其会对民生产生较大影响，必须提前防范。

（二）政策建议

1. 加快构建安全高效的开放型经济格局

进一步扩大开放，不断增强在全球范围内配置资源的能力。产业分工的国际化已是大趋势。我国促进经济高质量发展时，要充分利用全球范围内的资源与市场，博采众长，为我所用。在国际产业分工中，需要考虑我国供给、需求因素对国际市场的影响，避免“我国买什么，什么就涨”“我国卖什么，什么就跌”的被动局面，需要在产业进入上，有所选择，不是每个产业都要去发展，而要结合自身优势和战略重点去发展相应的产业。

进一步扩大开放与提升产业链风险防范能力并重。收益与风险是相伴随的。我国参与经济全球化，既是经济全球化的受益者，也面临相关的风险，比如容易受到国际经济波动的影响，面临国际贸易摩擦的压力，因产业全球化分工面临的不确定性，等等。经济全球化引发产业链风险的因素主要包括：因自然灾害导致的供给短缺；产业链市场上供应商与中间商的价格操纵；因居民、供应商与流通商的投机行为而导致市场恐慌性的抢购；因国家间关系破裂、紧张而导致的贸易中断。

因此，在经济全球化背景下，构建安全高效的开放型经济体系尤为重要。随着我国进一步扩大开放，开放水平不断提升，更要加快构建安全高效的开放型经济格局。即便是开放程度较高的美国、欧盟、日本等，也非常注重风险的防范。例如，美国、欧盟、日本都对农业实施保护，突出粮食安全的重要性。

构建安全高效的开放型经济体系，要充分评估扩大开放带来的收益与风险，充分考虑金融开放、服务业开放、关税税率降低带来的各种风险。比如，服务业进一步扩大开放、关税进一步降低，对弱势产业可能带来的冲击；我国经济规模大，在参与全球竞争时，既会改变全球的市场结构，也会对自身带来一些潜在的压力与风险。

建立和完善产业链风险应对和防范机制。对于一般性的市场风险、供应风险、质量风险、技术风险，建立和完善风险预警监测、风险防范应对机制，形成能适应和参与全球化竞争的风险应对能力。加快完善外资安全审查体系和相关制度，防范形成全产业链垄断。

2. 积极拓展多元化的市场和进口来源

为应对制造业将会面临不断增多的贸易摩擦，既要不断拓展多元化的出口市场，尤其是深化与“一带一路”沿线国家和地区的合作，又要积极拓展内需，推动部分出口向内需市场转型。我国国内市场规模大，应充分利用国内市场需求优势，不断提升产业链安全性。在进口市场上，积极拓展多元的进口来源，防范外部市场波动对我国产业链的影响。

3. 区分不同产业风险类型实施相应的提升产业链安全策略

对资源性产业，实施“走出去”战略，提高资源、能源供给的保障能力，增强对粮食、能源等大宗商品的供给能力，增强产业链安全性；对一般性产业，可以在全球范围整合资源，在全球范围内分工，顺应我国劳动力成本不断增加的趋势，主动将部分劳动密集型产业转移出去；对关系到产业竞争力的核心环节、关键环节，则坚持我国自主性，提升我国在国际产业分工中的地位。

4. 不断提升关系到国家竞争力的核心技术、关键技术的安全性

关系到国家竞争力的核心技术、关键技术，投入大、风险大，一般企业没有能力投入，或因担心风险不愿意投入。而跨国公司技术基础好、实力强，可以先进入后通过市场需求偏好、知识产权制度和产业链，形成并强化市场地位，国内一般企业难以与其竞争。核心技术、关键技术靠化缘是要不来的，必须立足于自身，一些重大核心技术必须靠自己攻坚克难，需要政府发挥作用。国内企业在核心技术、关键技术的发展初期，由于服务链不配套、产品性能不稳定和成本高等原因，难以在国际竞争中获得优势，使得市场需求不足。因此，需要相关政策工具的组合作用支持其发展。在市场需求方面，以政府采购创造市场需求。这样不仅能为企业发展引导稳定的市场预期，也有利于企业追求长远目标，积累研发、技术创新和服务网络等长期发展能力。另外，政府采购能发挥对市场的引导作用，诱导上下游投资者进入，衍生、延伸出相关生产环节，促进完整产业链的形成，降低市场成本。企业在政府采购支持下，逐步进入生命周期的成长和成熟期，将在良好的竞争市场上获得核心竞争力。此时，政府采购政策应逐渐退出。在市场环境建设方面，充分运用财政、金融、科技、教育等政策工具，营造良好的生态环境。在运用相关政策支持产业发展时，要按照 WTO 规则要求，加强政策合规性审查。

5. 加快技术进步和产业转型升级

对于进口依存度高的产业，加快技术进步，大力发展替代品，不断提升产业链安全。例如，针对石油对外依存度不断增加的态势，加快发展新能源，实现进口替代。针对铁矿石进口规模大的态势，加快钢铁产业转型升级、积极化解钢铁行业产能。

执笔人：赵福军　许召元

第十五章

深化农业供给侧结构性改革

自2015年12月中央农村工作会议提出要着力加强农业供给侧结构性改革以来，农业供给侧结构性改革成为近几年我国农业农村工作的主线。三年多来，我国从农业支持保护政策改革、粮食去库存、调整农业种植结构、调整农产品进口等方面大力推进农业供给侧结构性改革并取得较好成效，同时也暴露出一些深层次的问题和矛盾，需要进一步深化改革加以解决。

一、农业供给侧结构性改革的主要举措及成效

近年来，我国推进农业供给侧结构性改革的主要举措包括农业支持保护政策改革、粮食去库存、调整农业种植结构以及调整农产品进口等四个方面。

（一）农业支持保护政策改革

2004年以来，我国逐步建立了比较完善的农业支持政策体系，基本达成了粮食增产和农民增收的双重政策目标。但随着我国农业支持水平越来越高、支持力度越来越大，在取得显著成效的同时，粮食库存压顶、财政压力巨大，农产品国内国际价格严重倒挂，农业竞争力迅速下降等负面作用也逐步凸显。例如，近几年粮食库存较高，压低了粮食价格，农民种粮

收益不高。通过目前的农业支持政策已经难以达成粮食增产和农民增收的双重目标。

落实农业供给侧结构性改革政策主线，在农业支持保护政策改革方面，政策重点是推进农产品市场价格改革。包括取消玉米临时收储政策，实行“市场定价、价补分离”政策。2015 年 9 月，国家首次降低玉米临时收储价格，降幅最高达 0.13 元/斤，玉米价格大幅度下滑。2015 年 10 月 16 日，全国玉米现货价仅有 2062.19 元/吨，与上年同期相比下降了 428.23 元/吨，下降幅度达 17.19%。包括降低稻谷最低收购价。2017 年是 2004 年实行稻谷最低收购价以来的首次全面下调，早籼稻、中晚籼稻、粳稻的最低收购价每千克分别下调 3 分、2 分和 5 分钱。2018 年生产的早籼稻、中晚籼稻和粳稻最低收购价格分别为每 50 千克 120 元、126 元和 130 元，比 2017 年每千克分别下调 2 分、2 分和 4 分钱。包括对农业补贴政策调整，大力支持集中化、规模化的种植，扶持特色农业、绿色农业以及生态农业的发展。包括推进棉花目标价格改革，棉花结束临时收储政策之后，国家不再直接干预市场价格，国内棉花价格完全由市场供求决定，逐步实现与国际接轨。

（二）粮食去库存

近年来，我国粮食库存连创历史新高，主产区粮仓爆满、轮库艰难，仓容空前紧张，去库存压力巨大。这两年，落实农业供给侧结构性改革，国家针对粮食尤其是玉米采取了一系列去库存措施并取得明显成效，粮食总体库存快速增长的势头得到遏制。

一方面，粮食总体产量下降。随着玉米取消临时收储，稻谷、小麦陆续调低最低收购价，近几年我国粮食产量已经呈下降趋势。2018 年全国粮食播种面积 17.56 亿亩，比上年减少 1428 万亩，下降 0.8%；全国粮食总产量 65789 万吨，比 2017 年减少 371 万吨，下降 0.6%。2015～2018 年，我国稻谷、小麦、玉米三大主粮产量从 60977.3 万吨持续下降到 60089.2

万吨，减少888.1万吨，连续三年下降（见图1）；同期玉米从26499.2万吨持续下降到25733万吨，减少766.2万吨，连续三年下降。并且，稻谷也存在减产的可能性。自2004年实行稻谷最低收购价以来，国家通过多次上调稻谷的最低收购价，有效保证农民种粮积极性与收入。2017年，稻谷最低收购价首次全面下调以来，全国稻谷播种面积以及产量就开始小幅下降。据国家统计局公告数据，2018年稻谷播种面积为3018.9万公顷，同比减少56万公顷，降幅为1.8%，总产量为21213万吨，同比减少55万吨，减幅为0.26%。

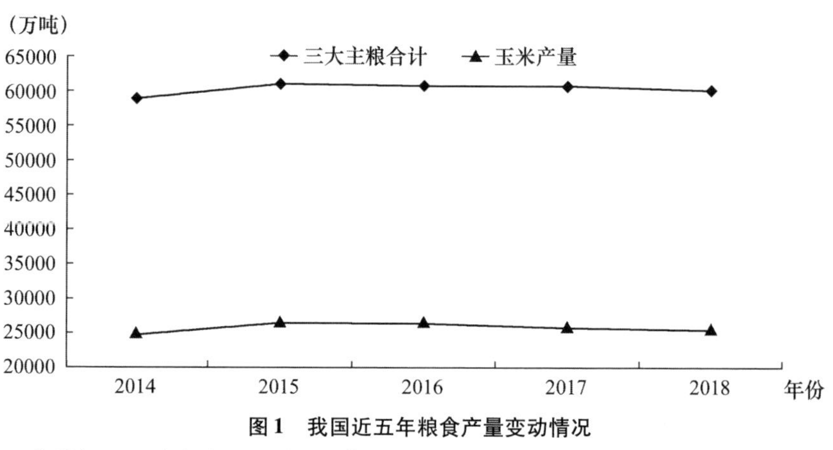

图1　我国近五年粮食产量变动情况

资料来源：国家统计局、国家粮油信息中心。

另一方面，粮食总体需求提升。近几年粮食需求提升主要集中在谷物饲料消费和工业消费增长方面。根据国家粮油信息中心修正后的数据，2015/2016年度国内谷物饲料消费、工业消费量合计23310万吨，2018/2019年度预计提高到33150万吨，增长9840万吨，增幅42.2%。尤其是玉米饲用消费量、工业消费量大幅度增加。根据国家粮油信息中心数据，2015/2016年度国内玉米消费量为20850万吨，2018/2019年度预计提高到27300万吨，增长6450万吨，增幅30.9%。玉米饲料消费量增长很快，据美国农业部预测，2018/2019年度我国玉米饲料消费为19500万吨，比2015/2016年度增加4150万吨，增幅27.0%。同时，玉米工业消费也有较大幅度的增长，根据国家粮油信息中心数据，2018/2019 年度我国玉米工业消费为 7800 万吨，比 2015/2016 年度增加 2300 万吨，增幅 41.8%。

根据万德资讯最新数据，我国 2018 年度玉米、稻谷、小麦期末库存合计为 4.47 亿吨，比上年减少 2942.6 万吨，三大主粮库存已经开始下降。其中，全国稻谷期末库存上升到 1.78 亿吨，比上年度提高 849.9 万吨；小麦期末库存上升到 8066.1 万吨，比上年度提高 1217.1 万吨；玉米期末库存下降幅度较大，下降到 1.89 亿吨，库存消费比下降到 60.8%，比上年度下降 24.2 个百分点。粮食去库存尤其是玉米去库存取得明显成效。

（三）调整农业种植结构

第一，重点是调减玉米种植面积。落实农业部《关于“镰刀弯”地区玉米结构调整的指导意见》，调减“镰刀弯”地区，包括东北冷凉区、北方农牧交错区、西北风沙干旱区、太行山沿线区及西南石漠化区等重点地区。政策目标是到 2020 年，“镰刀弯”地区玉米种植面积稳定在 1 亿亩，减少 5000 万亩以上。随着农业部《关于“镰刀弯”地区玉米结构调整的指导意见》深入实施，我国玉米种植面积持续调减。根据国家统计局数据，2017 年我国玉米播种面积为 4239.9 万公顷，同比减少 177.8 万公顷，减幅 4.0%；国家统计局公告显示，2018 年玉米播种面积 4212.9 万公顷，同比减少 27 万公顷，减幅 0.64%。我国玉米产量在 2015 年达到历史最高点之后持续降低。2015～2018 年，我国玉米从 26499.2 万吨持续下降到 25733 万吨，减少 766.2 万吨，连续三年减产。

第二，适度调减稻谷种植面积。近几年国内稻谷市场供需状况持续供大于求，在农业供给侧结构性调整的背景下，国家通过降低稻谷最低收购价、增加休耕轮作面积等方式引导农民进行种植结构调整，以减少稻谷市场的供给压力。根据国家统计局公告数据，2018 年稻谷播种面积为 3018.9 万公顷，同比减少 56 万公顷，降幅为 1.8%；总产量为 21213 万吨，同比减少 55 万吨，减幅为 0.26%。

（四）调整农产品进口

一是减少玉米进口。前几年我国玉米国内国际价格倒挂非常严重，玉米进口激增。随着我国调低玉米临储收购价继而取消玉米临储收购政策，玉米国内国际价格倒挂程度逐步减轻。2017 年以来，我国玉米现货价与玉米进口到岸完税价差距不大，玉米国内国际价格倒挂程度减轻，玉米进口量大幅度减少。根据海关总署数据，2015 年我国玉米进口量高达 473. 1 万吨，2018 年下降到 353 万吨。

二是减少玉米替代品进口。高粱是玉米的重要替代品，2012 年之前我国多数年份高粱进口数量不足 10 万吨，2014 年增加到 1016. 2 万吨的历史最高水平，到 2015 年仍然进口 828. 4 万吨。随着玉米价格下调，高粱进口量大幅度下滑，2016 年降低到 364. 9 万吨。

三是玉米酒糟（DDGs）进口量大幅度下降。受进口玉米酒糟价格打压，2015 年末国内玉米酒糟价格甚至跌到 1340 元/吨左右，远远低于成本价。国内玉米酒糟加工企业处于长期严重亏损状态，开工率严重不足，2016 年 8 月，国内玉米酒糟产业开工率甚至跌到 30% 以下。2013 年我国玉米酒糟进口 293. 74 万吨，2014 年激增到 541. 49 万吨，增长 84. 34%。到 2015 年进一步激增到 681. 80 万吨，同比增长 25. 91%。玉米酒糟进口量大增，受大量国外低价玉米酒糟进口冲击，国内玉米酒糟产业几乎处于崩溃的边缘。2016 年 1 月 12 日，商务部对原产于美国的进口干玉米酒糟进行反倾销立案调查，国内玉米酒糟价格逐步上升。2016 年 9 月 23 日，玉米酒糟反倾销初步裁定，确定反倾销税税率为 33. 8%，国内玉米酒糟价格大幅度上涨，到 2016 年 10 月已经上涨到 1936. 8 元/吨，比 2016 年 1 月上涨 423. 85 元/吨，上涨了 28%，同时国内玉米酒糟产业开机率大幅度提升，玉米酒糟产业才避免完全崩溃。近几年，我国玉米酒糟进口量快速下跌，2015 年我国玉米酒糟进口量高达 681. 8 万吨，到 2018 年降低到 14. 79 万吨，下降了 97. 8%。

二、新问题新挑战

（一）农业支持结构仍然不合理

一是从支持结构看，我国农业总体支持①中仍然以生产者支持为主，一般服务支持不足。根据 OECD 统计数据，2008 年我国一般服务支持总额占农业支持总额的 49.3%，之后逐年快速下降，到 2017 年我国一般服务支持总额仅占农业支持总额的 14.6%，低于日本（17.1%）、美国（20.9%）、加拿大（26.5）、巴西（21%）的水平，远低于新西兰（72.4%）、澳大利亚（56.3%）的水平。二是生产者支持中，基于产出的支持份额仍然过高。21 世纪以来，我国市场价格支持比例快速提升。特别是 2008 ~ 2015 年，根据 OECD 数据，我国市场价格支持占生产者支持的比例从 55.56% 快速提升到 81.75%，占农业支持总额的 74% 左右②。2017 年，基于产出的支持份额仍然高达 73.51%，远高于加拿大（60.97%）、美国（28.81%）、欧盟（20.92%）、澳大利亚（0%）的水平，以及 OECD 平均水平（47.74%）。三是一般服务支持中，农业知识创新体系及农业基础设施建设和维护投入过低。在有限的一般服务③投入中，我国对农业知识创新体系投入仍然明显不够。2017 年我国农业知识创新体系投入降低到一般服务投入的 22.65%。而其他发达国家农业知识创新体系投入占一般服务投入的比例一直都比较高，OECD 平均水平（31.43%）、澳大利亚（42.50%）、加拿大（35.52%）、新西兰（44.71%）、欧盟（59.46%）等都远远高于我国。

---

① 根据 OECD 报告，农业总体支持（Total Support Estimate，TSE）主要包括生产者支持（Producer Support Estimate，PSE）及一般服务支持（General Services Support Estimate，GSSE）两大部分。

② 根据 OECD 数据，2015 年我国市场价格支持占生产者支持的比例为 81.75%。我国生产者支持总额占农业支持总额的 90.5%。

③ 根据 OECD 报告，一般服务支持主要包括农业知识创新体系、品质监测和管理、基础设施建设和维护、市场营销及推广四个部分。

（二）稻谷库存形势严峻

一方面，随着多年的稻谷增产，稻谷和大米的大量进口等，我国稻谷供给不断攀高。另一方面，由于长期存在的“稻强米弱”状况，极大地压缩了加工企业的利润空间，用粮企业竞买积极性不高，稻谷销售成交率很低，大量稻谷憋在库里。据国家粮油信息中心数据，近两年我国稻谷年度结余量保持在2000万吨上下，库存增长速度很快（见表1）。据万德资讯数据，2018年我国稻谷库存将达到1.78亿吨，库存消费比高达88%，库存积压严重。与小麦、玉米相比，稻谷储存期限较短，正常储存年限只有3年，超期储存品质下降较快、容易变质，尤其是南方高温潮湿地区储存时间更短，品质下降速度更快。

表1　中国稻谷供需平衡分析　　单位：万吨

项　目	2014年	2015年	2016年	2017年	2018年
生产量	20960.9	21214.2	21109.4	21267.6	21213
进口量	434.9	511.4	564.3	465.4	400
新增供给	21395.8	21725.6	21673.7	21733	21613
食用消费	15753.2	15750	15700	15880	15850
饲用及损耗消费	1120	1220	1380	1450	1500
工业消费	1160	1200	1300	1600	1850
种用量	128	130	131	134	130
年度国内消费	18161.2	18300	18511	18560	19330
出口量	63.6	45.6	149.2	238.5	350
总消费量	18224.8	18345.6	18660.2	18660	19680
年度结余	2860.8	2988.3	2611.6	2425	1933

资料来源：国家统计局、海关总署、国家粮油信息中心。

若稻谷政策不做太大调整，按照目前我国稻谷结余量增长速度，可以合理预计，到2020年，我国谷物年度结余量将在1500万吨左右，稻谷库存增量可能增加3000万吨左右，稻谷总体库存将达到2亿吨左右，超过玉米，成为库存最大的粮食，给库存、财政支出、农民收入等带来巨大压力。

（三）粮食生产可能滑坡

降低保护价是解决粮食收储压力的有效手段，但也要高度警惕农民种粮收益长期偏低引发粮食大幅度减产的可能性。从历史经验看，粮食大幅度减产之后，要恢复当时的产量，需要 8 ~ 10 年时间①（伍振军，2016）。

据全国农产品成本收益数据，2011 年稻谷每亩净利润率为 327. 27 元/亩，到 2017 年已经下降到 132. 55 元/亩；小麦净利润更是长期偏低，2011 年小麦每亩净利润率为 117. 92 元/亩，到 2017 年已经下降到 6. 10 元/亩；2011 年玉米每亩净利润率为 263. 09 元/亩，到 2017 年已经下降到 -175. 79 元/亩，连续三年为负值；2011 年大豆每亩净利润率为 121. 95 元/亩，到 2017 年已经下降到 -130. 89 元/亩，连续四年为负值。

从近几年的政策措施看，降低保护价是解决粮食收储压力的有效手段，但压低农民收入，打击农民生产积极性，农民收益长期难以保证的情况下，必然影响粮食生产，带来粮食大幅度减产的可能性。实际上，我国三大谷物总产量已在持续下降。2015 ~2018 年我国稻谷、小麦、玉米三大主粮产量从 60977. 3 万吨持续下降到 60089. 2 万吨，减少 888. 1 万吨，连续三年下降。

（四）农民收入增速减缓

工资性收入和经营净收入是农民收入最为重要的构成部分，在工资性收入增长乏力的情况下，农业生产收益偏低，家庭经营收入不高，必然影响农民收入增长。从农村居民人均可支配收入构成看，经营净收入仍然占有重要地位。2016 年农民经营净收入增速只有 5. 27%，这两年略有增长，2018 年只有 6. 57%。近几年稻谷利润率在波动中快速下降；随着玉米价格大幅度下跌，近几年玉米利润率下降速度惊人；小麦利润率偏低。大豆、

---

① 20 世纪 90 年代中期，我国粮食连年丰收，粮食供大于求，出现结构性过剩，粮价下跌，严重挫伤了农民种粮积极性，直接导致 1998 ~2003 年我国粮食大幅减产 15. 9%。直到 2008 年，我国粮食产量才达到 5. 29 亿吨，略超过 1998 年的水平。

棉花、糖料等大宗农产品生产净利润长期偏低甚至为负值，必然影响农民收入。

三、政策建议

（一）改革完善农业支持政策体系

一是降低生产者支持。继续降低市场价格支持比例，取消玉米、棉花临时收储政策之后，继续深化粮食、棉花市场价格改革，降低补贴力度。从国外经验看，目标价格补贴容易扭曲农产品市场价格，仍属于 WTO 农业支持中的“黄箱”政策范畴。对于 WTO 对农业补贴政策的要求，棉花目标价格补贴还是面临改革的压力。同时，从欧盟改革历程看，我国实施的玉米生产者补贴与种植面积挂钩，在一定程度上扭曲了市场信号，未来也面临改革的压力。

二是提高一般服务投入。提高农业知识创新体系投入力度，加快农业科技创新。农业知识创新投入属于 WTO《农业协定》规定的“绿箱”政策范围，也将是各国政府最主要的农业支持措施。应加大投入力度、补齐历史欠账。加快发展农业科技、加快农业科技创新和农业技术推广，尤其是要加大种业科技投入，加大种业知识产权保护，加快与国际接轨速度，促进我国种业发展转型。同时，提高基础设施建设和维护投入，促进农业生产降成本提效率。加强农业基础设施建设，也属于 WTO《农业协定》所允许的“绿箱”政策范畴。增加对以上领域的投入，不但能提高农产品供给能力，还可显著降低农产品生产成本（伍振军，2017）。加大对农田基础设施、机耕道等农业基础设施建设和维护的投入力度，推动规模经营和机械化作业，促进我国农业降低成本、提高效率。

（二）确保粮食生产不出现大幅度滑坡，开辟玉米进口来源，保障粮食供给

应针对稻谷、小麦、玉米生产特点，采取不同措施，防止粮食产量大

幅度滑坡。一是慎重制定和发布粮食保护价。口粮最低收购价降幅不宜太大，甚至应保持合理小幅上涨，以保护好农民积极性，确保口粮安全。保护价是农民进行种植决策的关键参考。应从保障粮食安全的高度慎重制定保护价，合理选择发布时机，避免粮食种植之后发布保护价，打乱农民种植决策。二是以建设高标准基本农田为抓手，以解决土地细碎化，提高土壤质量为重点，加大对土地集中连片整理、被污染农地修复治理力度，促进农业降成本提效率。三是加强对玉米进口规模、价格和来源地研究。玉米价格大幅降低后，今后几年玉米产量很可能大幅下降。应未雨绸缪，加强对全球农业开发潜力、环境与风险分析，预先做好玉米进口规模、价格和来源地研究，统筹利用国际国内两个市场两种资源，保障玉米等谷物供给。

（三）保障农民收入，提高农民积极性

近几年农产品进口激增和农业生产净利润下降，给农产品有效供给带来严峻挑战。保障国家粮食产能，土地生产能力和农民种粮意愿缺一不可。保障农民收入，就是保障农民积极性，就是保障粮食安全和重要农产品供给。必须建立种粮农民收入保障机制，保护种粮农民积极性，保护农民种粮意愿，从根本上保障粮食生产能力。借鉴美国经验，构建农产品价格损失保险和农民收入保险双重保险制度。建议：第一步，监测农产品价格，当农产品市场价格低于设定的警戒线时，按照价格损失比例，向农民支付一定的补贴；第二步，监测农民收入，当农户实际收入低于平均收入的时候，向农民支付一定补贴（伍振军、周群力、叶兴庆，2018）。

（四）科学确立粮食储备规模，推进粮食价格市场化改革

首先，应科学确立国家粮食储备规模，建议国家根据稻谷、小麦生产周期、消费情况等确定国内口粮储备安全线，根据国家粮食中长期需求—产能缺口，合理制定阶段性产能安全目标。适度增加中央储备粮规模，进一步提升安全保障系数，使其达到国内粮食消费总量的15%。目前可考虑

直接划转 3000 万 ~ 4000 万吨政策性库存为中央储备粮（程国强等，2017）。其次，根据国家粮食安全线，建立国家粮食产量调控目标制度。根据粮食库存、国际市场形势等情况，每年都制定公布未来短期和中长期粮食国内产量目标，引导预期，调节进出口。最后，合理储备粮食调控工具。通过最低收购价、市场价等调整农民预期，调控粮食生产；通过关税、关税配额、技术壁垒等贸易政策，粮食深加工产品反倾销，合理调整粮食及其深加工产品进口增长速度。维持一定规模的粮食转化燃料乙醇产能，为消化多余的进口粮食、超期库存粮食留下空间。

同时，在完善农民种粮收入保障的前提下，坚定推进粮食价格市场化改革。在不能保证农民种粮收入不降低的情况下，采取过激措施，很难保证粮食产量不发生大幅度滑坡。短期看，应调整完善最低收购价政策。可减少最低收购价政策覆盖的品种和地区范围，实施大豆、玉米等市场定价，仍然为稻谷、小麦等口粮提供必要的市场价格支持政策。利用 WTO 规则允许范围下的“黄箱”支持，突出重点，优先保口粮，支持口粮生产。进一步完善最低收购价政策，参考前五年平均市场价格，平滑来年最低收购价，辅以配额外关税保护，实现国内生产和流通市场化。在保障农民收入的前提下，更多地发挥市场力量的作用，采取一边补农民收入，一边取消最低收购价政策、放开市场价格的办法，在国家储备调节配额外关税保护下，实现国内生产和流通市场化。

执笔人：伍振军

参考文献

[1] 伍振军. 粮食去库存要警惕生产滑坡. 农民日报，2016-01-23.

[2] 程国强，朱满德. 关于改革粮食最低收购价政策的建议. 国务院发展研究中心《调查研究报告》，2017 年第 108 号.

[3] 伍振军，周群力，叶兴庆. 把握好粮食去库存与稳产能的平衡. 发展研究，2018（8）.

[4] 伍振军. 改革农业支持政策　提升农业竞争力. 发展研究，2017（9）.

第四部分

“畅通”：畅通国民经济循环

第十六章

建设统一开放、竞争有序的现代市场体系

建设统一开放、竞争有序的现代市场体系，是深化供给侧结构性改革的重要基础和条件。改革开放以来，我国市场体系建设取得重大进展，已经形成了较为健全的商品市场，但生产要素市场发展仍相对滞后，要素价格市场化机制尚未完全形成。打造供给侧结构性改革升级版，必须加快推进现代市场体系建设，特别是要加快推进要素市场化配置改革，促进生产要素自由流动，畅通国民经济循环。

一、我国市场体系建设取得重大进展

近年来，我国市场体系建设进一步加快，市场规模不断扩大，市场开放度提高，市场创新步伐加快，市场结构日趋完善，市场规则逐步健全，市场机制在商品和要素配置中的作用不断增强。

从商品市场看，市场决定价格机制基本建立，已有近98%的商品和服务价格由市场决定。市场经营方式创新快速发展，以电子商务为代表的新型商业模式迅速崛起，创造了全新的互联网市场生态，对我国产业转型升级和参与全球商品资源配置起到了重要推动作用。

从要素市场看，加快推进要素市场化改革，劳动力、土地、资金、产权、技术等领域取得长足发展，市场配置要素资源的能力明显增强。继续

推进水、石油、天然气、交通、电信等领域价格改革，放开竞争性环节价格，完善主要由市场决定价格的机制。

从市场规则看，在自贸区和部分地区试点探索的基础上，全面实施市场准入负面清单制度，放宽市场准入限制，特别是要素和服务领域的市场准入，深化以“放管服”为主要内容的商事制度改革，建设法治化的营商环境，市场主体活力进一步增强。

从市场监管看，清理和废除妨碍全国统一市场和公平竞争的各种规定和做法，清理各类违规实行优惠政策的行为，反对地方保护，反对垄断和不正当竞争。强化知识产权和消费者权益的保护力度。建立健全社会征信体系。健全优胜劣汰的市场化退出机制。

总体而言，我国市场体系更加丰富完善，市场化程度继续提高，市场管理方式日益规范化、法治化，市场体系发展对推进供给侧结构性改革，完善社会主义市场经济体制发挥了重要的支撑作用。

二、市场体系建设面临的主要问题

尽管我国市场体系建设取得了长足进展，但与建立统一开放、竞争有序的市场体系目标要求还有相当大距离，要素市场发展相对滞后，要素流动仍受限制，要素价格市场化机制尚未形成，市场竞争还不充分，市场监管水平有待提高。

（一）要素市场发展相对滞后

相对于商品市场，我国要素市场改革起步相对较晚，部分领域事实上仍存在“双轨制”。在劳动力市场上，户籍管理制度和公共服务供给不均等，使得农民工和外来就业人员与城市居民在就业准入、社会保障、子女教育、医疗等方面存在不同待遇。在土地市场上，国有和集体土地同地不同权，加上地方政府对城市建设用地一级市场的垄断，造成土地价格扭曲和配置低效。在资金市场上，国有企业和民营企业的融资难度和成本水平存在明显差异，资本市场仍有明显的行政管制色彩，交易所和银行间债券市场的参与主体、交易品种和托管清算尚未完全统一；股票的发行和上市交易受到行政审批限制。在技术市场上，由于市场化定价机制不健全、知识产权保护不够等原因，技术市场发展仍然相对滞后。要素流动仍存在显性或隐性门槛，比如城乡或不同城市之间的户籍壁垒，妨碍劳动力的自由流动。要素市场发展明显滞后，导致价格机制无法在要素配置中有效发挥作用。

（二）市场准入退出还不通畅

不同市场主体往往难以获得同等的市场准入条件，民间资本在进入能源、电信、铁路、金融、市政、教育、卫生等领域仍存在“玻璃门”“弹簧门”现象，有的领域外资企业能够进入，而国内民营企业却被挡在门外。准入方面限制过多或限制不当，使相关领域缺少充分竞争，不利于资源优化配置和效率提升。市场退出困难则主要表现为企业破产难，原因在于地方政府和银行出于种种利益考量不愿意企业破产，现实中对企业的刚性兑付要求使得企业法人有限责任变为企业的无限责任，与此同时，破产法有待完善，法院受理破产案件的能力仍然不足。

（三）市场竞争无序现象时有发生

为了保护本地企业利益，有些地方制定有利于本地企业的技术、卫生、检验检疫标准，或滥用行政权力对外地企业和产品进行多重检验、超严执法，设置进入壁垒。为了吸引投资，一些地方实行低地价以至零地价，不适当地降低税率、降低环境保护和资源能源利用标准，采取有利于本地企业的采购和销售政策等。消费者保护制度不健全，维护公平竞争的执法手段和力度不够，滥用市场支配地位、侵犯专利、窃取商业秘密、商业贿赂、商业欺诈等行为仍然存在，对新型商业模式和平台经济的有效监管体系也有待完善。

（四）市场监管水平有待提升

由于市场监管能力不足以及市场信息公开的机制不完善，我国市场的透明度仍然较低，影响了市场交易的公平和效率。信用体系建设滞后，市场信息披露与市场监管机制尚不完善。市场道德缺位，市场主体自我约束力差的现象仍然存在。

三、加快现代市场体系建设是深化供给侧结构性改革的重要途径

供给侧改革相对于需求侧改革，更注重提升经济增长效率，更注重经济长期平衡和可持续发展。深化供给侧结构性改革，要巩固“三去一降一补”成果，增强微观主体活力，提升产业链水平，畅通国民经济循环，要求加快现代市场体系建设，健全市场配置资源功能。

第一，巩固“三去一降一补”成果，就要进一步打通市场准入和退出通道，放宽准入限制，让各类市场主体获得平等的准入条件，鼓励要素流动，让供给结构适应需求变化，特别是畅通退出通道，让“僵尸企业”“退得出”，强化市场优胜劣汰功能，能够实现有效出清。

第二，增强微观主体活力，就要深化商事制度改革，打破行政性垄断，加快要素价格市场化改革，完善相关法律法规和市场监管体制，营造公平、透明、可预期的营商环境。只有这样，才能激发企业家的主观能动性，把市场主体活力提起来。

第三，提升产业链水平，就要通过强化市场竞争和倒逼，推动科技创新，进一步破除各种束缚创新发展活力的桎梏，最大限度减少政府对市场资源的直接配置，最大限度减少政府对市场活动的直接干预，让全社会的创新源泉充分涌流，创造活力充分迸发，推动经济依靠创新提质增效。

第四，畅通国民经济循环，就要通过要素市场化配置改革和加快建设统一开放、竞争有序的现代市场体系，破除要素自由流动的障碍，让价格

引导资源配置，完善公平竞争审查和公正监管制度，疏通供给和需求、金融和实体经济的传导机制，形成国内市场和生产主体、经济增长和就业扩大、金融和实体经济良性循环。

总之，就是要通过加快现代市场体系建设，推进深度市场化，建设更高标准更高水平的市场经济，为经济高质量发展开辟途径。

四、深化供给侧结构性改革必须加快要素市场化配置改革

目前，我国商品和服务已基本实现市场化，但要素市场化还没有完全解决。供给侧存在的结构性问题，大都与要素市场化改革滞后有关，制约了劳动力、土地、资金、技术、信息等要素自由流动和优化配置。解决供给侧、结构性问题，根本出路在于推进深度市场化改革，加快要素市场化配置改革。

（一）深化劳动力市场改革

劳动力是最活跃的生产要素，就业是最大的民生。要以深化户籍制度改革为突破口，破除以户籍配置公共服务资源的做法，打破劳动力流动的各种壁垒，加快建设城乡统一的劳动力市场。积极顺应新产业和新用工形式的发展，使有能力在城镇稳定就业和生活的常住人口有序实现市民化，实现劳动力在城乡、区域间自由流动。

（二）深化土地市场改革

以明晰产权和推进城乡土地市场一体化为重点，深化土地制度改革，完善农村集体经营性建设用地权能，探索农村集体经营性建设用地在符合规划和用途管制的前提下进入市场，逐步建立城乡统一的建设用地市场，允许农村集体经营性建设用地出让、租赁、入股，实现与国有土地同等入市、同权同价。

（三）深化金融市场和资本市场改革

围绕提高金融资源配置效率深化金融市场改革，完善金融市场的风险定价机制，加快利率市场化进程，在完善风险评级机制基础上，使市场中的资金价格真正反映资金供求关系和项目风险、投资主体风险。进一步打破刚性兑付，加强对债务违约中政府救助行为的法律约束。深化资本市场改革，促进多层次资本市场健康发展。规范发展股票市场，有序发展债券市场，稳步发展期货及衍生品市场，提高直接融资比重。健全金融监管体系，完善金融机构法人治理结构，加强宏观审慎管理制度建设，加强功能监管和行为监管，守住不发生系统性金融风险的底线。

（四）加快培育技术市场

加强知识产权保护，加快建立技术评估中介机构服务体系，促进技术交易市场发展，使科技创新中的成本投入和风险承担能得到合理补偿。

（五）加快要素价格市场化改革

深化资源性产品、垄断行业等领域要素价格形成机制改革，进一步规范自然垄断，破除各种形式的行政垄断，根据水、石油、天然气、电力、交通、电信等不同行业的特点实行网运分开和公共资源市场化配置，放开竞争性业务和竞争性环节价格，真实反映市场供求关系、资源稀缺程度和环境损害成本。加快劳动力、土地、资金、技术、产权等要素价格市场化改革，发挥市场在价格形成中的作用。强化价格领域反垄断执法，加强事中事后监管。

五、建设现代市场体系要加快各项配套改革

建设统一开放、竞争有序的现代市场体系，必须健全市场规则，进一步打破地区封锁、市场壁垒和行业垄断，完善市场监管体系。

（一）建立公平透明的市场规则

确立竞争中性原则，在要素获取、准入许可、经营运行、政府采购和招投标等方面，对各类所有制企业平等对待。全面实施市场准入负面清单制度，放宽服务业准入限制，激发各类市场主体活力。鼓励行业协会商会制定行规行约和行业内争议处理规则，充分发挥社会专业服务机构的监督作用。为各类市场主体依法平等使用生产要素、公开公平公正参与市场竞争、同等受到法律保护提供支持，形成公平竞争的法律体系，用法律法规和必要的制度安排保障各类市场主体公平竞争。

（二）健全市场化退出机制

加快清理“僵尸企业”，转变企业家破产观，加紧落实破产法中对于出资人的有限责任，保护出资人的合法权益。改变政府的政绩观，建立地方政府信息公开制度，增加其向“僵尸企业”输血成本。转变银行风险观，改变银行目前的考评与问责机制，及时清算不良贷款，释放风险，促进“僵尸企业”退出市场，恢复健康的银企关系。加强法院受理破产案件能力，增加法院受理破产案件的人力与物力支持，并在绩效考核中予以重视，同时出台强制破产制度，简化破产案件的受理流程。

（三）清除地方保护和市场壁垒

清除地方保护和市场壁垒的障碍，着力消除各类市场封锁和地方保护，形成全国统一的商品、要素流通政策和贸易体制。根据产业的整体技术水平和国际发展趋势，推行全国统一、合理的技术标准、检验体系。清理和废除妨碍全国统一市场和公平竞争的各种规定和做法。

（四）完善市场监管体系

推进监管信息互联互通建设，注重以互联网、大数据为依托加强信用激励惩戒，建设全覆盖的企业信用信息公示系统，根据市场主体信用状况实行分类、动态管理，对守信主体予以支持和激励，对各类失信主体在投融资、土地供应、招投标、财政性资金安排等方面依法依规予以不同程度的限制。加快完成信息共享平台建设，通过全国统一的信用信息共享交换平台实现信息互联共享，建立多部门、跨地区信用联合奖惩机制。

执笔人：王一鸣

第十七章 深化要素市场化改革增强微观主体活力

党的十九大提出“经济体制改革必须以完善产权制度和要素市场化配置为重点，实现产权有效激励、要素自由流动、价格反应灵活、竞争公平有序、企业优胜劣汰”，针对要素市场提出了“加快要素价格市场化改革”“打破行政性垄断、防止市场垄断”等具体任务，把要素市场化改革提高到了经济体制改革重点目标的高度，并把价格改革、破除行政性垄断作为下一阶段要素市场化改革的突破口。2018 年中央经济工作会议提出，加快建设统一开放、竞争有序的现代市场体系。这些都为下一阶段深化要素市场化改革指明了方向和途径。

一、要素市场化改革的进展

党的十八大以来，要素市场化改革以推进供给侧结构性改革为主线，紧紧围绕使市场在资源配置中起决定性作用和更好发挥政府作用，要素市场化配置水平不断提高，要素红利不断释放，各类要素的市场化有力支撑了经济增长。

（一）要素价格改革取得长足进展

2015 年，《中共中央国务院关于推进价格机制改革的若干意见》明确了推进价格机制改革、完善主要由市场决定价格机制的路线图和时间表。目前97%以上的商品和服务价格实现市场调节，市场决定价格机制基本建立，少数仍由政府定价的自然垄断行业和公共服务领域也初步建立了以“准许成本＋合理收益”为核心的科学定价制度，企业价费负担大幅降低，价格监管体系持续健全，法规体系不断夯实，价格总水平基本稳定。

在农产品和粮食领域价格改革方面，全面放开种子、桑蚕茧、食盐、烟叶等价格，农产品价格全部由市场形成。2014年起在新疆和东北、内蒙古分别开展棉花、大豆目标价格改革试点。棉花目标价格改革成效超过预期，探索出一条农产品价格主要由市场供求形成、价格与政府补贴脱钩的新路子。

在能源领域价格改革方面，一是加快推进电力价格改革。完善煤电价格联动机制，两次下调燃煤标杆上网电价合计每千瓦时5分。完善跨省跨区电能交易价格机制，明确跨省跨区送电由送受电双方平等协商或通过市场化交易方式确定电量和价格。完善天然气发电、水电及抽水蓄能电站、核电价格形成机制，实行标杆上网电价政策。实施可再生能源标杆上网电价退坡机制。二是健全成品油价格市场化调整机制。2016年，设置了40美元价格调控下限，建立油价调控风险准备金，与国际市场接轨的成品油价格机制化调整已成为常态。三是全面推进天然气价格改革。逐步实现非居民存量气与增量气价格并轨，建立了与可替代能源价格挂钩的动态调整机制。先后放开页岩气、煤层气等天然气价格，明确储气设施相关价格由市场确定。基本构建起天然气长输、短输、配气等垄断环节全产业链价格监管制度框架。

在公共服务领域价格改革方面，一是纵深推进医药价格改革。全面放开非公立医疗机构医疗服务价格，29个省份放开特需医疗服务和个性化需求较强、市场竞争较充分的部分医疗服务价格。全面推开公立医院医疗服务价格改革，全部取消公立医院药品加成。二是有序推进交通运输价格改革。放开散货快运、社会资本投资控股新建铁路货物运输等竞争性领域货运价格，放开高铁动车组等旅客票价。放开民航国内航线货物运输价格，民航机票由航空公司依规自行测算确定基准票价。三是不断探索完善教育养老领域价格改革。对于政府运营的养老机构，以扣除政府投入、社会捐赠后的实际服务成本为依据，按照非营利原则，实行政府定价或政府指导价。国家规定公办幼儿园保教费标准，经省级价格主管部门、财政部门审核。

在自然资源和生态环境领域价格改革方面，一是稳步推进水资源价格改革。推进农业水价综合改革，提高水资源费征收标准。二是污水处理收费制度不断完善。加快构建覆盖污水处理和污泥处置成本并合理盈利的价格机制，推进污水处理服务费形成市场化，逐步实现城镇污水处理费基本覆盖。三是排污费改税全面推进。2018 年 1 月 1 日环境保护税正式实施，标志着实施近 40 年的排污收费制度终止。

（二）各类要素市场健康发展

我国打破“靠计划和行政指令配置，要素资源无偿、无期限、无流动使用”的旧体制，创建了“主要通过市场配置要素，要素有偿、有期限、有流动”的新体制，要素资源得到了节约集约利用。目前各个要素市场已基本形成了较为完备的交易制度、规则体系和信息技术系统，以市场供需为基础的生产要素价格形成机制逐步完善，生产要素的产权更加明晰。

在劳动力市场方面。随着新经济兴起和新型业态的出现，城市服务业劳动力需求旺盛，吸纳了大量农民及城市富余劳动力的就业。在推行供给侧结构性改革的大背景下，党的十八大提出“推动实现更高质量的就业”，实施就业优先战略和更加积极的就业政策，进一步明确了“劳动者自主就业、市场调节就业、政府促进就业和鼓励创业”的新时期就业方针。党的十九大明确要求，要破除妨碍劳动力和人才社会性流动的体制机制弊端，大力推动户籍制度改革，合理引导农业人口有序向城镇转移，有序推进农业转移人口市民化。

在资金市场方面。利率和汇率市场化取得实质性进展，2014～2015 年完全放开贷款和存款利率的管制，由市场决定利率水平。2015 年，参考市场交易价格调整人民币兑美元中间价形成机制。人民币国际化取得新进展，2015 年人民币加入 SDR 货币篮子，成为全球主要储备货币之一。股票和债券市场相继对外开放，2014 年推出“沪港通”，2016 年向世界各类金融机构开放境内银行间债券市场。2016 年推出“深港通”，2017 年又推出“债券通”。这一时期我国资金融通的结构和方式发生很大变化，直接投资比重上升，股票、债券市场融资规模大幅上升，风险投资兴起推动了新经济发展。党的十八大以后，金融市场的定位更加清晰，即金融要服务实体经济。

在技术市场方面。2014 年，颁布《中华人民共和国促进科技成果转化法》，以科技成果使用权、处置权、收益权改革为重点，着力破除制约技术要素流通和技术成果转化的体制机制障碍。技术市场交易模式日趋多元，科技与经济加速融合，从单一的技术开发、转让、入股、咨询和服务，向科技企业股权交易、企业并购、技术投融资等多样化方向发展。技术要素与资本、人才等要素的紧密融合，加速了传统产业转型升级和战略性新兴产业发展，为推动科技与经济结合发挥了重要作用。技术市场服务体系快速发展，促进了研究开发、检验检测、创业孵化、知识产权、科技金融等专业化服务不断完善。

在产权市场方面。2013 年，国务院相关部委提出“要进一步改革和完善国有产权交易制度”，推进市场化改革，实行统一信息披露、统一交易规则、统一交易系统、统一过程监测等“四统一”工作要求。2016 年 7 月，国资委、财政部联合发布《企业国有资产交易监督管理办法》，规定涉及非上市国有资产的股权转让与企业增资，以及未来退出和再融资，都必须合规地进入产权交易场所、进行挂牌交易。这为产权市场注入了新的活力。此外，产权市场在推动供给侧结构性改革等方面发挥了积极作用，协助国有企业清理处置低效无效企业、盘活存量资产，实现瘦身健体、提质增效。在这一时期，产权市场业务进一步创新，开展碳排放权、知识产权等无形财产权的交易。

在土地市场方面。党的十八大以来，为适应经济进入新常态后的发展新要求，我国深入推进土地供给制度改革，农村承包地和宅基地不断探索完善“三权分置”改革，土地确权登记等取得新进展，城乡统一的建设用地市场建设有了新突破。2013 年，我国正式确立不动产统一登记制度。2014 年《关于引导农村土地经营权有序流转发展农业适度规模经营的意见》明确提出“坚持农村土地集体所有，实现所有权、承包权、经营权三权分置，引导土地经营权有序流转”，这为进一步释放土地要素的市场活力、发展多种形式的适度规模经营奠立了产权法律基础。同年，全面推动新一轮农村土地征收、集体经营性建设用地入市和宅基地制度改革的试点，重点是缩小征地范围，探索健全程序规范、补偿合理、保障多元的土地征收制度，同权同价、流转顺畅、收益共享的农村集体经营性建设用地入市制度，依法公平取得、节约集约使用、自愿有偿退出的宅基地制度，大力推动集体土地市场化配置。党的十九大报告中再次强调了农村土地承包关系的“长久不变”，规定第二轮土地承包到期后再延长 30 年。2017 年初，国土资源部印发《关于完善建设用地使用权转让、出租、抵押二级市场的试点方案》，正式启动试点。2018 年，组建自然资源部，这标志着包括土地在内的所有自然资源的调查监测和确权登记、所有国土空间用途管制由多部门分散管理走向集中统一管理，实现了系统性、整体性、重构性变革。

二、要素市场化改革面临的挑战

经过长期努力，目前绝大部分商品和服务价格基本实现了由市场决定，但是通常集中于上游产业的资源、能源、资金、土地、劳动力等领域，要素价格改革进展明显滞后，要素与商品服务之间的比价关系尚未完全理顺，要素价格改革滞后严重制约商品和服务价格进一步深化。此外，要素领域普遍存在市场垄断和行政性垄断，各类要素市场之间也彼此存在一定程度的割裂。最终，我国城乡二元结构、国企非国企二元结构以及垄断与非垄断二元结构的现状对理顺比价关系带来较大阻力，要素资源在不同类型市场主体之间配置的比价关系存在明显扭曲。

（一）要素价格领域改革面临的挑战

目前少数生产资料价格双轨制仍然存在，一部分要素价格的市场化程度还比较低，价格形成和调节机制还不健全。

金融要素价格领域的难点主要集中在利率和汇率两个方面。从利率来看，一是虽然 2015 年我国对存贷款利率的上下限管理在制度上实现了市场化，但是我国利率体系仍然具有明显的“双轨制”特征，银行体系中吸收存款时的基准利率和银行体系之外货币市场融资的市场化利率并存，一定程度上影响中央银行货币政策的传导效率。二是市场化利率不完善，存在利率二元结构。民营企业和小微企业融资难、融资贵，国有企业融资成本低，造成信贷资金配置效率低下，部分国有企业出现较高债务风险，而民营企业发展受到制约。三是市场存在隐性担保、刚性兑付现象，扭曲了资金价格，使得利率水平并不能体现真正的市场风险，增加了投资方和担保方的隐形风险。四是在信贷市场，利率的市场化定价水平较低，一般根据房地产等硬资产定价，软资产、现金流等因素定价能力弱，造成企业获得的信贷资源有限、资金成本偏高。

在汇率方面，一是汇率市场化工作有待进一步推进。当前汇率仍为有管理的浮动，还未真正实现清洁浮动。二是多数企业对汇率的市场风险管理不足，汇率波动较大时，容易出现顺周期行为，引发羊群效应，加剧汇率波动。三是汇率的市场化与资本项目对外开放相互影响，改革的先后顺序需进一步厘清。

在劳动力工资制度和工资价格形成机制方面，受市场化改革、国有企业改革以及事业单位改革进展的制约，劳动力工资形成机制仍然难以充分、合理、有效地反映各类劳动力的贡献大小，与现代化经济体系建设存在不适应、不匹配等问题。一是工资集体协商制度在维护劳动者合理收入方面的作用仍然有限。二是部分劳动者权益保障不到位，违法解除劳动合同，拖欠职工工资，同工不同酬，不缴或者欠缴社会保险费，超时加班，不落实带薪年休假制度，不依法支付加班工资等现象普遍存在。三是竞争性国企工资形成机制中，存在难以界定竞争性国企、难以合理地对劳动贡献定价等一系列操作性难题。四是科研技术人员人力资本和智力资本属性体现仍然不够充分。

在土地价格管理体系方面，现行的土地价格管理体系还有不适应或者不完全适应经济社会发展的地方，在许多方面还存在深层次问题和矛盾。一是城乡二元结构长期存在和固化导致集体土地价格体系缺失，征地补偿标准和政策难以市场化执行，公示地价制度缺乏统一性，集体建设用地基准地价制度仍在试点阶段。二是国有土地地价形成机制单一化，造成供应结构扭曲和地价非对称上涨，商住用地价格远高于工业用地。三是地价政策在宏观调控中过度使用，供求关系调整受到严重干扰。

在资源和生态环境价格改革方面，改革整体滞后，市场发展和培育缓慢，试点尚未全面推广，政府定价缺乏参考。具体来看，在水资源方面，最突出的难点是水资源紧缺的现状和水资源价格倒挂之间的矛盾。在排污方面，一是排污费收缴率偏低，尚有为数不少的县城和重点建制镇没有开征污水处理费。二是排污收费标准低于处理成本，导致已建成的排污处理设施难以运行。三是征收排污费的污染物范围有待扩展。四是排污权有偿使用和交易制度的法律依据不足，交易市场发育较慢，惜售问题突出。

（二）商品和服务领域价格监管面临的难点

随着我国价格改革的不断推进和深入，政府已经放开对大部分商品和生活服务价格管制，由市场决定价格的机制基本形成。但是需要注意，在已经放开价格的领域，出现了一些新问题，现有价格监督和管理体制面对这些新问题带来的变化和风险存在不同程度的认识滞后，《中华人民共和国价格法》中的相关规定和条款也尚未及时、准确、完整地界定这些问题。一是在价格由市场决定的领域，政府的价格监管思路尚未向现代服务型职能转变。二是部分价格已经放开的领域，由于缺乏市场竞争基础导致不当价格行为发生，容易形成价格监管工作盲区。三是网络市场中出现了一系列平台利用垄断地位实行掠夺性定价、价格歧视和算法共谋等不当价格行为，现有价格监管手段尚无法有效应对。

三、要素市场化改革目标和方向

（一）改革目标

建立制度健全、体系完备、结构合理、开放有序的现代要素市场体系，实现要素自由流动、价格反应灵活、激励机制有效，推动经济社会高质量发展。

（二）改革方向

要素市场改革要始终坚持市场化方向，破除深层次体制机制问题，发挥市场在要素资源配置中的决定性作用，更好发挥政府作用。

金融、技术、产权市场已具有较好的制度和硬件基础设施，可遵循规范发展、创新发展、补齐短板（业务模式、产品、服务与经济发展和社会需求相适应）的方向，培养市场化发展需要的独立经济个体、市场化运作能力、服务意识，同时加强行业监管，并对行业发展予以必要的法律和制度保障，建立健全便捷高效的要素交易机制。

劳动力市场和土地市场的改革方向是打破户籍制度，建立城乡一体化的社会保障制度和土地制度。

增强市场定价能力，遵循公平、公正、公开的原则，对各类有形、无形要素实行市场化定价，为市场合理配置要素资源提供准确的价格引导信号。

优化要素结构，实现经济增长由要素数量、价格推动转向要素质量推动，提高科技和高端劳动力的贡献，提高全要素生产率，服务经济高质量发展。

四、要素市场化改革的重点和突破口

（一）建设统一、开放、公平、有序的要素市场

改革户籍及社会保障制度，打破城乡、区域间的分割，建立更加统一公平的劳动力市场。资金市场要平等对待国有及非国有企业，加大金融市场双向开放力度，积极构建高层次开放型金融市场体系。放宽境外金融机构市场准入限制，落实外资准入前国民待遇加负面清单制度。利用“互联网+”等信息化手段整合各地市场，解决当前机构过多、交易分散的问题，打造全国统一的技术和产权市场。以集体土地入市为契机，探索形成城乡统一的建设用地市场，实现“同地、同价、同权”。

（二）深入推进要素价格市场化改革

紧紧围绕使市场在资源配置中起决定性作用，加快价格改革步伐，深入推进简政放权、放管结合、优化服务，尊重企业自主定价权、消费者自由选择权，促进商品和要素自由流动、公平交易。建立健全政府定价制度。对于极少数保留的政府定价项目，要推进定价项目清单化，规范定价程序，加强成本监审，推进成本公开，坚决管细管好管到位，最大限度减少自由裁量权，推进政府定价公开透明。

在具体领域价格改革方面，一是稳步推进利率和汇率市场化，健全科学合理的股票估值机制，避免信息不对称或风险评估不足造成的金融资产价格扭曲。二是推进技术等无形资产的鉴别认定和定价市场化、合理化、

专业化。进一步推进信息披露，引入更多市场参与者，推动产权要素定价市场化，加强文化、知识产权等无形资产定价合理化。三是建立城乡统一土地市场下的地价体系，完善土地租赁、转让、抵押二级市场。在现有土地权属基础上，赋予农民集体土地处置权、抵押权和转让权，特别是探索宅基地所有权、资格权、使用权“三权分置”，利用市场机制来发现和决定要素价格。

（三）健全要素市场体制机制

改革教育体制和人才培养机制，解决高等教育与人才需求相对脱节、人才供需结构性失衡等问题。进一步减少制约资金市场功能发挥的体制机制，鼓励切实服务实体经济的产品和业务模式创新。做好技术登记、认定、转移和技术利益分配。加快落实科技成果使用权、处置权和收益权管理改革，研究探索科技成果所有权改革，激发科研人员创新创业活力。探索适应科技成果无形资产特点的国有资产管理方式，推动大学和科研机构加快输出原创性科技成果。促进技术市场与资金、人才等要素的协同发展。进一步明确产权市场的发展方向，加强相关领域的立法，保障产权交易的顺利有序开展。完善不动产登记制度，改革土地出让制度和用地模式，深化土地储备制度改革，建立新型土地融资机制和资产经营制度。

（四）完善要素市场监管体制

加强劳动力市场监管，切实保障劳动者权益。加强行为监管和信息披露，打击资金市场欺诈和过度投机等行为，防范金融市场运行风险。加强技术、产权等无形资产的登记核实工作，建立价格评估体系，保障交易履约，保障买卖双方的合法权益。建立统一规范的城乡土地利用规划和用途管制制度，加大对土地闲置、不按规定变更用地性质等行为的监管力度。

执笔人：邵　挺

第十八章

就业形势和就业优先政策重点

2018 年我国面临着复杂的国内外形势，国际形势不稳定性增加，中美经贸摩擦升级，国内正处于深入推进供给侧结构性改革、打好“三大攻坚战”的关键期，经济增速下行压力加大。面对这样的局面，实现较为充分的就业，对于我国保持经济社会大局稳定，增强人民群众获得感、幸福感、安全感都有着重要的意义。党中央、国务院高度重视就业工作。2018 年 7 月中共中央政治局召开会议分析研究当前经济形势时提出“做好稳就业、稳金融、稳外贸、稳外资、稳投资、稳预期工作”要求，把稳就业作为“六稳”之首。国务院之后也印发了《关于做好当前和今后一个时期促进就业工作的若干意见》。通过把稳就业放在更加突出位置，坚持实施就业优先战略和更加积极的就业政策，支持企业稳定岗位，促进就业创业，强化培训服务等一系列措施。2018 年我国仍然保持了基本充分的就业，为进一步深化改革，推动高质量发展创造了有利条件。但也需要认识到当前就业形势面临的挑战是艰巨的，既有因中美经贸摩擦、国际经济形势不确定性因素增多等外部因素带来的冲击，也受到我国长期存在的产业结构、人口结构、就业结构等领域矛盾的影响。内外因素叠加，为下一步的改革既带来了压力也带来了机遇。

一、就业形势基本稳定，就业的总量矛盾不大

（一）2018 年我国保持了基本充分的就业

2018 年，我国就业形势总体平稳。城镇就业规模不断扩大。全年城镇新增就业 1361 万人，连续 6 年保持在 1300 万人以上，完成全年目标的 123.7%。城镇就业人员达到 4.34 亿，比 2017 年增长 957 万。农民工的总量也有所上升，达到 2.88 亿，较 2017 年上升了 0.6%。失业率也保持在较低水平，城镇登记失业率仅为 3.8%，比 2017 年下降 0.1 个百分点，各月城镇调查失业率在 4.8% ~5.1% 的区间，31 个大城市的调查失业率全年都低于 5%，第四季度有所下降，稳定在 4.7%，25 ~59 岁人口的失业率也稳定在 4.4%。全国职业求人倍率（需求人数/求职人数）从 2017 年第四季度的 1.22 倍提高到 2018 年第四季度 1.27 倍，表明我国劳动力市场仍保持了需求略大于供给的局面。

从 2017 年和 2018 年中国民生调查电话调查（下称电话调查）的结果也可以发现（见表 1），劳动者的就业水平有所上升。2018 年接受电话调查的 18 ~74 岁受访者共 51606 人，其中过去一周从事有收入工作的占 70.3%，比上年增加 1.3 个百分点。分城乡看，城镇和农村就业的比重分别为 71.9%、67.5%，分别比上年提高 1.5 个和 1.0 个百分点。分性别看，男性受访者的就业比重为 77.2%，比上年提高了 2.5 个百分点，而女性就业比重为 62.3%，基本与上年持平。分年龄看，城镇地区 40 ~54 岁人群，农村地区 50 ~69 岁人群就业的比重增长较快。2018 年，城镇地区 40 ~54 岁受访者的就业比重为 79.2%，比上年提高 4 个百分点；农村地区 50 ~69 岁受访者就业比重为 63%，比上年提高 3.6 个百分点。青年人群的就业比重有所下滑，18 ~24 岁受访者就业比重为 49.9%，比上年降低 6.5 个百分点，其中城镇地区 18 ~24 岁年轻人的就业比重下降较为明显，为 7.4 个百分点。但这一年龄段就业比重的下滑主要是由于更多的年轻人在继

续接受教育，这一年龄段在校学生的比例为38.9%，比上年提高了6.7个百分点。

表1　　城乡各年龄段受访者就业比重变化　　单位：%

年龄段	城镇		农村		总计	
	2018年	2017年	2018年	2017年	2018年	2017年
18～19岁	24.5	30.3	25.2	25.8	24.8	28.7
20～24岁	59.6	67.0	52.5	57.2	57.3	64.0
25～29岁	86.9	87.4	76.5	74.7	84.0	83.7
30～34岁	87.4	85.9	75.8	76.4	83.9	83.1
35～39岁	86.8	87.2	76.7	77.4	84.0	84.1
40～44岁	84.6	81.4	77.1	76.1	82.2	79.6
45～49岁	81.5	77.0	78.0	77.6	80.2	77.2
50～54岁	68.7	64.9	74.4	70.8	71.2	67.6
55～59岁	46.7	46.6	62.7	59.5	54.4	53.5
60～64岁	17.5	20.1	53.4	49.3	34.8	34.0
65～69岁	10.9	10.8	47.1	42.4	28.6	24.4
70～74岁	7.7	10.4	30.8	30.6	17.8	18.2

资料来源：中国民生调查电话调查。

（二）经济的持续稳定增长和人口结构的变化使得就业总量压力趋缓

从需求看，由于我国经济体量已经很大，经济增长的基本面依然向好，对扩大就业的拉动能力很强。2018年我国GDP超过90万亿元，增量接近8万亿元，经济增长所提供的就业机会能够涵盖新增劳动力的就业需求。此外，三次产业结构调整特别是第三产业的相对较快发展，使得我国经济增长的就业弹性有所增加，相对于第二产业，第三产业的就业拉动更强，更有利于就业的扩大，对促进就业也起到了重要作用。从供给看，劳动年龄人口持续减少，2018年我国16～59岁的人口为8.97亿人，比上一年又减少了470万人，较2011年9.25亿人的峰值已经下降了约2800万人，农村劳动力向城市转移明显减速，每年农民工净增加人数由2010年的

1245 万人下降到 2018 年的 184 万人。解决城镇新增劳动力就业的压力有所缓解。

（三）就业创业政策发挥实效

创新创业带动就业的积极效应不断显现。近年来，我国的营商环境不断优化，在注册资本登记制度改革、“多证合一”、“证照分离”等多项改革的利好下，营商环境显著改善。世界银行所发布的《2019 年营商环境报告》显示，中国的排名从 2017 年的第 78 位提升到 2018 年的第 46 位，提升了 32 个名次，首次进入了前 50 名。营商环境的改善极大鼓励了创新创业。2018 年，全国新登记企业比上年增长了 10.3%，平均每天新登记的企业是 1.84 万户，新企业的不断涌现为就业的不断扩大奠定了基础。

就业支持政策为企业解困。2018 年考虑到不少企业因为市场环境的变化而面临暂时性的困难，为了帮助企业度过困难，减少经济波动对就业的影响，国家加大了稳岗补贴的工作力度，人社部启动了“护航行动”，2018 年全年共有 68.1 万户企业享受到了 197.7 亿元的稳岗补贴，惠及职工 6445 万人。此外，人社部还延续了 2016 年以来的阶段性降低社会保险费率的政策，除了养老保险和失业保险沿用原来政策外，2018 年政策还新增了工伤保险费率下调的内容①。自 2018 年 5 月 1 日以来为企业降低成本 1200 亿元。

劳动力市场制度不断完善，公共就业服务的范围、内容和能力不断提升。2018 年《人力资源市场暂行条例》（以下简称《条例》）施行，这是我国人力资源市场领域第一部行政法规，旨在建设统一开放、竞争有序的人力资源市场，《条例》对人力资源市场培育发展、活动规范、服务提供、监督管理等方面作了规定。《条例》规定，县级以上人民政府建立覆盖城

① 自 2018 年 5 月 1 日起，工伤保险基金累计结余可支付月数在 18 个月（含）至 23 个月的统筹地区，可以现行费率为基础下调 20%；累计结余可支付月数在 24 个月（含）以上的统筹地区，可以现行费率为基础下调 50%。降低费率的期限暂执行至 2019 年 4 月 30 日。

乡和各行业的人力资源市场供求信息系统，并且明确任何地方和单位不得违反国家规定在户籍、地域、身份等方面设置限制人力资源流动的条件。人社部等三部门还联合印发《关于推进全方位公共就业服务的指导意见》，提出要扩大服务供给，创新运行机制，提供覆盖全民、贯穿全程、辐射全域、便捷高效的全方位公共就业服务，明确了各级公共就业服务机构要免费就业创业和劳动用工政策法规咨询、相关扶持政策受理，人力资源供求、市场工资指导价位、职业培训、见习岗位等信息发布等 10 项基本服务。劳动力市场制度的完善，使得劳动力在不同地区、不同行业、不同所有制企业之间流动的障碍进一步消除，劳动力市场的效率和灵活性进一步提升，应对结构调整等风险的能力加强。此外，各类职业技能培训、公共招聘、见习计划等都为扩大就业提升就业质量创造了条件。

二、就业的结构性压力有所加大

（一）制造业的从业人员下滑，部分新兴行业成为带动就业的主要动力

制造业的从业人员整体下滑，非金属矿物制品业、纺织业、化学原料及化学制品制造业、农副食品加工业、黑色金属冶炼及压延加工业 2018 年底较 2017 年底的从业人员数量分别下滑 93.5 万、71.9 万、70.7 万、66 万和 63.5 万人，降幅分别达到 17.2%、17.8%、15.9%、17.4% 和 21.8%，这 5 个行业 2018 年的从业人员就已经减少 366 万人。但部分新兴行业的就业人数则有所增长。在制造业中，医药制造业的从业人数就从 2017 年底的 207.5 万人增长到 2018 年底的 221.2 万人，增长 13.7 万人，增幅达到 6.2%。而服务业的就业吸纳能力也愈发凸显。软件行业 2018 年 11 月的从业人员为 632 万人，比 2017 年同期增长 47 万人，增速为 8%。随着互联网经济的发展，很多新的就业形式也在发挥作用，包括网约车、外送送餐等，虽然其中很大比例为兼职就业，但也为不少劳动者提供了新的就业机会。

（二）部分人群、行业、地区就业难度增加

虽然总体的就业形势稳定，但部分人群、行业、地区就业难度有所增加。特别是受中美经贸摩擦、去产能等影响较大的行业势必压缩用工，包括上文提到的纺织服装、冶金、采矿等行业就业都有明显的缩减。

电话调查的结果显示，城镇因单位停工停产或被单位开除失去工作的人员占比有所上升。虽然总体就业人口的比重增长，但2018 年城镇地区因单位原因未就业的人员占全部未就业人员比重为8.1%，比上年增加了1.8 个百分点（见表2）。分户口类型看，城镇非农业户口（城镇户口）因单位原因未就业比重为9.6%，比上年提高了2.9 个百分点，城镇居民户口提高了0.5 个百分点（见表3）。

表2　　城镇地区未工作人员分布　　单位:%

未就业原因	2018 年	2017 年
因单位原因失去工作	8.1	6.3
因本人原因失去工作	11.6	11.4
丧失工作能力	2.7	2.8
在校学生	17.1	14.2
毕业后未工作	3.4	2.4
承包土地被征用	1.3	1.1
离退休	32.5	36.7
料理家务及照料家庭成员	19.6	20.1
不愿意工作	3.7	4.2

表3　　城镇地区分户口类型因单位原因未工作人员比例　　单位:%

	非农业户口（城镇户口）	农业户口	居民户口	总计
2018 年	9.6	3.8	9.1	8.1
2017 年	6.7	3.8	8.6	6.3

东北地区、中年人群、中等学历人群因单位原因未就业比重较高、上升幅度较大。分地区看，2018 年各地区因单位原因未就业比重均比上年有所提高，但存在明显差异。东部地区该比重最低（6.8%），上升幅度也最

小（0.2%）。而中部、西部和东北地区该比重数值较大，上升幅度也较大，特别是东北地区高达13.8%，比全国平均水平高5.7个百分点，比上年增加5.9个百分点，增幅明显高于其他地区（见图1）。

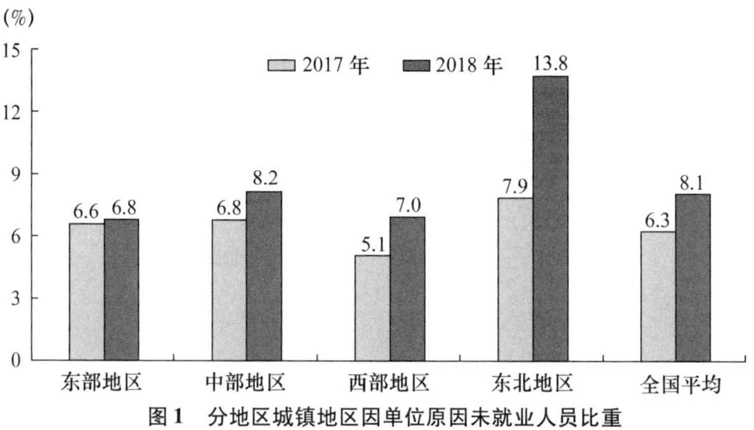

图1　分地区城镇地区因单位原因未就业人员比重

分年龄段看，各个年龄段因单位原因未就业人员占全部未就业人员的比重呈现明显的单峰分布。2018年45～49岁人群该比重最高，高达28.6%，比上年上升了5.9个百分点，上升幅度最大。50～54岁人群的上升幅度也达到5.1%，明显高于其他人群（见图2）。

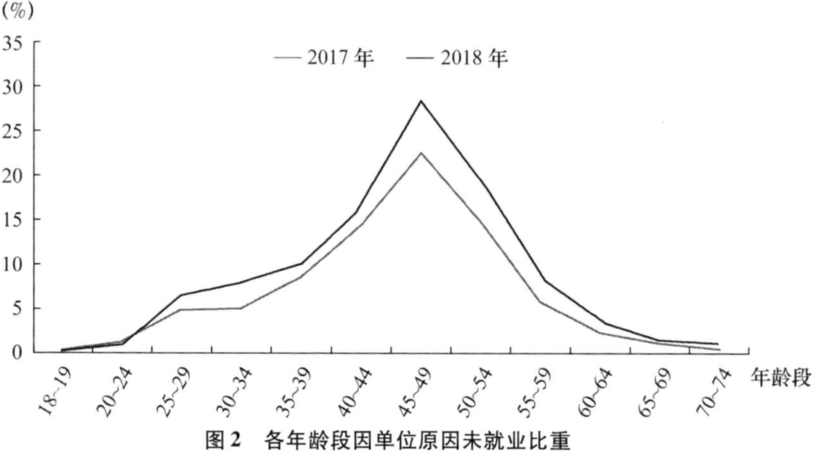

图2　各年龄段因单位原因未就业比重

分学历看，2018年高中（中专、技校）学历人群因单位原因未就业的比重最高，为11%，上升幅度也最大，比上年提高了2.6个百分点（见图3）。

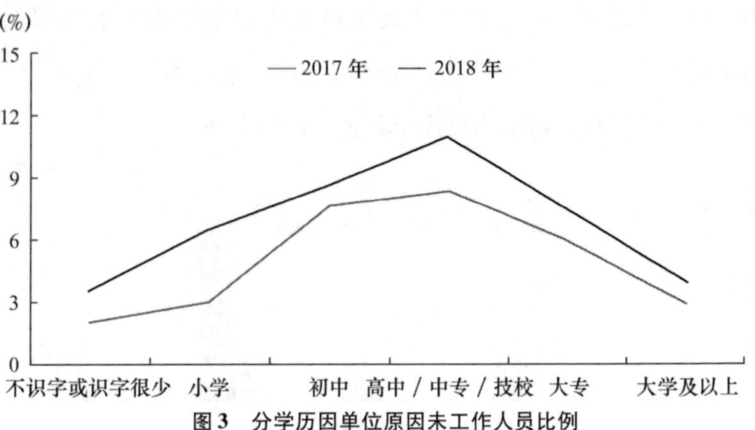

图 3　分学历因单位原因未工作人员比例

三、劳动者收入增长放缓，就业满意度有所下降

（一）劳动者收入的增速放缓

2018 年城乡居民收入中工资性收入的涨幅为 8.3%，虽然已经高于 GDP 的增长速度，但低于 8.7% 的可支配收入的增长速度，特别是低于 12.9% 的财产性收入的增长速度，而且近几年来工资性收入的涨幅持续在缩小，已经较 2014 年的 10.7% 下滑了 1.4 个百分点。其中城镇居民可支配收入中工资性收入的涨幅从 2014 年的 7.9% 下滑至 2018 年的 7.17%，而农村则从 13.7% 下滑至 9.06%。

从电话调查看，就业人员增收面大于减收面，但增收面有所收窄、减收面有所扩大，劳动收入明显下降的比例较高。2018 年就业人员收入比上年增长（包括明显增长和略有增长）的占 32.8%，比上年下降（包含明显下降和略有下降）的占 24.1%，两者相差 8.7 个百分点。但就业人员增收面比上年收窄 3.9 个百分点，减收面比上年扩大 1.5 个百分点。此外，收入明显下降的就业人员占 14.0%，比收入明显增长的比例高 7.2 个百分点，比上年扩大 1.6 个百分点（见图 4）。

农村、东北、低学历和中老年劳动者的减收面较大、收入下降风险较

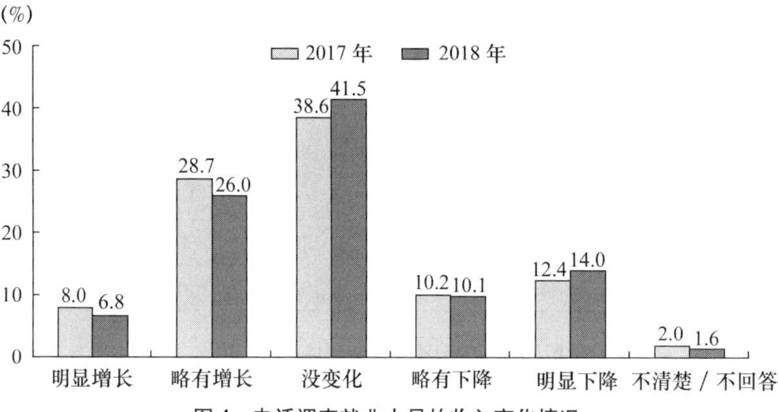

图 4　电话调查就业人员的收入变化情况

高。电话调查显示，2018 年农村地区就业人员收入比上年下降的占 32.2%，比城镇地区高 12.2 个百分点（见图 5），特别是农村就业人员明显下降的比例超过 20%，比城镇高 9.9 个百分点。分地区看，东北地区就业人员收入下降比重较高，约占 1/3，明显下降的超过 1/5，分别超过全国水平 9.1 个、6.5 个百分点（见表 4）。

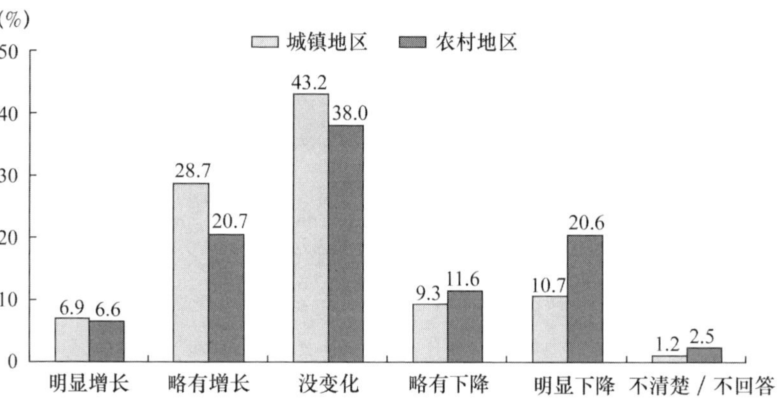

图 5　分城乡就业人员劳动收入变化情况（2018 年）

分学历看，2018 年未上过学、小学和初中学历就业人员收入低于上年的比例分别高达 44.1%、43.0%、37.2%，超过三成的小学及以下学历就业人员的收入明显下降，约 1/4 的初中学历就业人员的收入明显下降（见表 5）。40 岁以上就业人员收入下降的比例为 30.5%，比收入增加的比例高 3.1 个百分点；明显下降的比例为 18.7%，比明显增长的比例高 12.9 个百分点。

表4　　分地区就业人员劳动收入变化情况（2018年）　　单位：%

	明显增长	略有增长	没变化	略有下降	明显下降	不清楚/不回答
东部地区	6.7	27.7	43.1	9.3	11.7	1.6
中部地区	5.7	23.3	43.5	10.8	15.0	1.6
西部地区	8.0	27.4	39.0	9.8	14.3	1.5
东北地区	5.3	19.8	39.2	12.7	20.5	2.6
全国	6.8	26.0	41.5	10.1	14.0	1.6

表5　　分学历就业人员劳动收入变化情况（2018年）　　单位：%

	明显增长	略有增长	没变化	略有下降	明显下降	不清楚/不回答
不识字或识字很少	4.6	8.3	37.4	12.2	31.9	5.5
小学	5.6	12.0	36.0	12.0	31.0	3.3
初中	5.7	16.6	38.3	13.3	23.9	2.2
普通高中	7.4	24.5	41.3	11.2	14.1	1.5
职高/中专/技校	7.1	26.2	41.4	10.5	13.3	1.5
大学专科（高职）	6.7	32.3	43.5	8.3	8.2	1.0
大学本科	7.6	33.0	43.9	7.7	6.5	1.3
研究生及以上	9.0	31.1	42.8	8.7	7.4	1.0
肄业	8.3	19.4	27.8	2.8	36.1	5.6
合计	6.8	26.0	41.5	10.1	14.0	1.6

农民和非正规就业人员的减收问题比较严重。电话调查显示，2018年专业务农的农民表示劳动收入下降的超过四成，表示劳动收入明显下降的超过1/4；个体工商户及农村自营业者雇主、自由职业者和临时务工人员等非正规就业人员收入下降的约占1/3，明显下降的约占1/5（见表6）。

表6　　分就业类型劳动收入变化情况（2018年）　　单位：%

就业类型	明显增长	略有增长	没变化	略有下降	明显下降	不清楚/不回答
务农（含农林牧渔）	5.6	14.4	35.9	12.8	27.8	3.5
农村专业管理人员[①]	13.3	31.0	39.2	10.2	4.5	1.8
个体工商户及农村自营业者雇主[②]	8.3	22.0	32.8	13.7	22.3	1.0
个体工商户雇员	7.2	25.0	43.1	11.2	12.2	1.2

续表

就业类型	明显增长	略有增长	没变化	略有下降	明显下降	不清楚/不回答
党政机关、社会团体（指工会、青年团、妇联）、事业单位职工	8.1	36.9	44.9	5.9	3.3	0.9
国有（国有控股）、集体企业职工	6.1	29.8	45.1	10.2	7.8	0.9
民营/私营企业企业主	8.7	30.5	34.5	9.8	15.0	1.5
民营/私营企业企业员工	6.3	29.5	46.7	7.9	8.4	1.3
合资、外资或港澳台企业员工	8.1	38.5	40.2	6.9	5.7	0.6
自由职业者和临时务工	5.2	17.9	42.1	13.6	19.3	1.8
民办非企业单位、非营利组织员工	3.9	25.9	53.0	6.0	10.8	0.4
未知性质单位员工	9.2	24.5	44.3	4.8	14.7	2.6
合计	6.8	26.0	41.5	10.1	14.0	1.6

注：①包括村医、村教、技术服务人员以及专职的村干部等。②含开网店/微店，包括小卖铺、代销点、小作坊、手工艺品制作贩卖等人员。

国务院发展研究中心民生调查入户调查（以下简称入户调查）结果显示，对于当前工作最希望改变的项目，42.9%的有工作的受访者选择了“收入水平低，收入不稳定”，其后是“工作辛苦、时间长”“工作不稳定，失业风险大”“福利待遇较差”，分别为26.8%、16.7%和15.0%，10.0%的受访者选择“发展空间不大”（见表7）。

表7　对于当前的工作，最希望改善的地方（可选3项）

项　目	样本数	占比（%）
工作不稳定，失业风险大	1080	16.7
福利待遇较差	972	15.0

续表

项　目	样本数	占比（%）
工作辛苦、时间长	1735	26.8
收入水平低，收入不稳定	2781	42.9
劳动安全条件恶劣	348	5.4
与领导、同事等人际关系紧张	26	0.4
发展空间不大	649	10.0
其他	17	0.3
没有需要改善的	1534	23.7

（二）劳动者对当前就业状况的评价有所下降

劳动者对就业状况的评价主要取决于其收入的变化。总体上，受收入状况恶化的影响，劳动者对当前就业状况满意的比例略有下降、不满意的比例略有上升。电话调查显示，2018 年有工作的受访者对当前就业状况表示满意（含非常满意和比较满意）的比例为 43.2%，比上年下降 1.9 个百分点；对当前就业状况表示不满意（含不太满意和非常不满意）的比例为 14.7%，比上年略上升了 1 个百分点（见表 8）。

表 8　　分城乡就业人员对当前工作评价　　单位：%

		非常满意	比较满意	一般	不太满意	非常不满意	不清楚/不了解/不评价
2018 年	城镇地区	12.5	32.4	42.4	8.2	4.1	0.4
	农村地区	15.1	24.8	39.4	11.5	7.9	1.3
	合计	13.4	29.8	41.4	9.3	5.4	0.7
2017 年	城镇地区	12.7	34.9	40.3	8.2	3.4	0.5
	农村地区	14.0	26.7	40.1	10.7	6.8	1.7
	合计	13.1	32.0	40.2	9.1	4.6	0.9

劳动者对当前工作的满意度评价主要取决于其收入的变化情况。电话调查显示，2018 年收入明显增长的劳动者中对当前就业总体状况表示满意（含非常满意和比较满意）的约占 80%，表示不满意（含不太满意和非常

不满意）的仅占 1.5%；而收入明显下降的劳动者中表示满意的仅占 17.1%，表示不满意的则超过 40%（见图 6）。

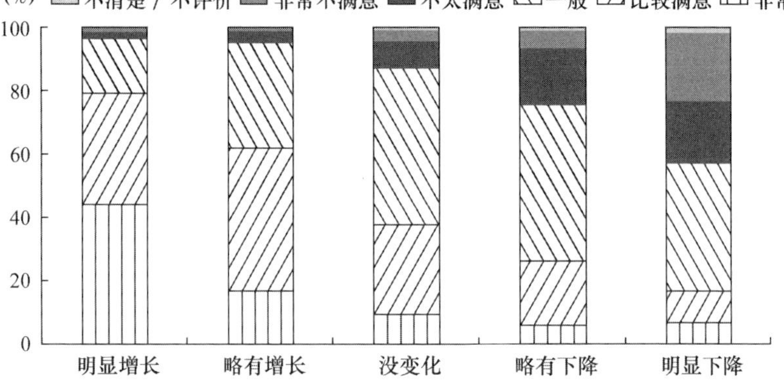

图 6　分收入变化状况对当前工作的评价（2018 年）

农村地区、东北地区、低学历、中老年劳动者，以及农民和非正规就业人员由于收入状况恶化较严重，就业满意比例较低、不满意比例较高。农村地区受访者表示“满意”（包括“非常满意”和“比较满意”，下同）的比例为 39.9%，比城镇地区低 5.1 个百分点，表示“不满意”（包括“非常不满意”和“不太满意”，下同）的比例为 19.4%，比城镇地区高 7.2 个百分点。

分地区看，东北地区受访者表示“满意”的比例最低，为 34.8%，低于全国平均水平 8.4 个百分点，表示“不满意”的比例最高，为 22.2%，高于全国平均水平 7.6 个百分点（见表 9）。中部地区表示“满意”的比例比上年下降 7.8 个百分点，表示“不满意”的比例比上年增加 4.6 个百分点，均显著高于其他地区。

分就业类型看，农村专业管理人员，党政机关、社会团体、事业单位职工，国有企业单位职工，合资、外资或港澳台企业员工满意率最高、不满意率最低，而务农、个体工商户雇员、自由职业者和临时务工满意率较低、不满意率较高。

表9　　分地区就业人员对当前工作评价　　单位：%

		非常满意	比较满意	一般	不太满意	非常不满意	不清楚/不了解/不评价
2018年	东部地区	11.8	31.1	43.4	8.1	4.8	0.6
	中部地区	13.3	28.1	40.5	10.9	6.3	0.9
	西部地区	15.9	30.8	39.6	8.5	4.5	0.7
	东北地区	10.1	24.7	42.0	13.0	9.2	0.9
2017年	东部地区	10.8	31.8	43.5	8.8	4.4	0.7
	中部地区	13.8	35.4	37.1	8.6	4.0	1.1
	西部地区	16.0	31.7	38.3	8.7	4.4	0.8
	东北地区	9.3	24.4	42.4	13.5	8.5	1.9

（三）社会保障和公共服务状况仍有待完善

就业人员的社会保障水平仍有待提高。由于劳动力市场仍存在二元结构，很多城镇就业人员没有参与到城镇社会保障体系中来。以医疗保险为例，我国城镇就业人员总量为4.34亿人，截至2018年末，参加职工基本医疗保险人数为3.16亿人，很多城镇劳动者参与的是城乡居民医疗保险，其保障水平要远低于职工保险。造成这一情况有多种原因，一方面，他们处于非正规部门，甚至缺乏劳动合同，企业不能给他们缴纳正规的劳动保险；另一方面，由于城镇职工社会保险主要依靠企业和个人缴费，也有部分企业和劳动者不愿意缴纳保险费。未来，随着社会保险征缴面的扩大，社会保险的缴费比例存在较大的下调空间。从长期看，广覆盖、高水平的社会保障对于劳动者个人、家庭和社会都有重要意义，而降低社会保险的费率将能够减轻企业和个人负担，有利于促进社会保障覆盖面的扩大。

此外，入户调查显示，对于希望政府在就业或创业上提供的支持和服务上，32.3%的没有工作的受访者选择了“职业技能培训”，选择“招聘信息发布”“创业指导”“就业形势发布，就业政策咨询”的分别占15.4%、13.7%和10.7%（见表10）。

表 10　　不工作的人希望政府提供的支持和服务（多选）

项　目	样本数	占　比
就业形势发布，就业政策咨询	118	10.7%
招聘信息发布	169	15.4%
职业技能培训	355	32.3%
就业心理辅导，求职技能培训	61	5.6%
创业指导	151	13.7%
不需要政府帮助	442	40.2%
其他	4	0.4%
经济帮扶	9	0.8%
公共政策设施服务	3	0.3%
合计	1099	100%

四、政策建议

（一）强化政府在稳就业中的积极作用，进一步强调稳就业在国民经济健康运行中的地位

第一，健全政府促进就业责任制度，将扩大就业、提升劳动者的就业质量作为经济社会发展规划中的优先目标，在对各级政府的绩效考核中将就业指标摆在更为重要的位置，在各地制定相关公共政策时将其对就业的影响作为重要的考察指标，对于会对就业造成不利影响的公共政策予以否决或者制定完善的应对政策，使得经济发展的成果能真正转化为劳动者福祉的提高。第二，开展有针对性的公共就业服务，创新就业服务的供给模式，增强就业服务的专业性，促进城乡服务的均等化，提高人力资源服务网络的信息化程度。在政府开展就业服务的同时，也积极利用社会力量参与人力资源市场建设。第三，建立终身培训体系，农民工、新进入劳动力市场的青年人、大龄劳动者、失业者等应作为公共职业培训的重点人群，并积极发挥企业和劳动者在人力资本投资上的作用，政府对相关的投入应

给予支持。同时积极发展面向职业的教育，加强中高等院校与企业、行业之间的联系，使得用人单位在专业设置、课程设置、教材编写、师资培养等方面发挥更加积极的作用。第四，加强劳动力市场的统计和预警，完善就业、收入调查和信息发布制度，增强对行业、地区失业预警的能力，为政府合理引导劳动力流动和企业、劳动者合理决策提供更为准确的数据基础。

（二）通过高质量发展创造更多优质就业机会

当前我国就业结构性矛盾的一个突出特点是不缺就业机会，但缺乏优质的就业机会。大学生就业难、中年人晋升难、东北等地区就业难、民众对就业质量不满意等都是这一问题的表现。优质的就业机会意味着更有吸引力的薪酬，更健康的工作环境，更广阔的发展机会，这些都必须要有高质量的发展为支撑。我国当前的经济发展仍然主要依赖中低端产业，高端制造业、高端服务业的发展仍很滞后，产业处在价值链下游，企业盈利能力弱，难以为员工提供优质的就业机会。首先，未来大力促进产业结构的转型升级，大力发展新一代信息技术、高端制造、生物、绿色低碳、数字创意等战略性新兴产业，产业的强大是提升就业质量的基础。对于传统行业，也要鼓励企业进一步向产业链上游移动。其次，更加重视研发工作和研发人员，通过改革税收、社保等制度为用人单位加大研发投入，增加研发人员提供更多的优惠，而无论其工作的机构是科研院所还是企业，是公有部门还是私营部门。最后，鼓励创新创业的制度环境，鼓励企业家精神，完善公平、公正、公开的市场竞争环境，保障企业家的合法利益，保护知识产权，构建诚信制度体系，改善营商环境，为小微企业、初创企业和创新型企业提供必要的政策支持，激发企业家的积极性、创造性，增强小微企业吸纳就业的主体作用。

（三）进一步健全完善劳动力市场，消除不利于劳动力流动的障碍，保障劳动者权益

完善劳动力市场，破除妨碍劳动力在城乡、地区、行业、所有制之间

流动的体制机制弊端，用人单位特别是公共部门应该起到示范作用，规范招人用人制度，消除就业歧视，增强反就业歧视法律的可执行性和可操作性，使得每一个劳动者都能得到公平的就业机会，真正实现人尽其才。更好地发挥政府、工会、企业三方机制在协调劳动关系中的作用，使得职工表达合理诉求的渠道制度化、多样化。完善劳动基准，明确劳动者享有的最低劳动权利和劳动待遇。根据不同企业、行业以及劳动者特点的要求，创新劳动关系协调机制。服务业对于就业的拉动作用越来越凸显，成为产业转型中吸纳就业的重要力量。当前服务业的用工形式多种多样，还由于新一代信息技术涌现出很多新的就业模式，政府要充分利用好服务对就业的拉动作用，同时也要积极作为，探索适应行业需求的劳动保护模式，保障员工的合法权利不受侵害。

执笔人：张冰子　马　磊

第十九章

培育区域经济增长和创新极

2018 年区域经济在整体下行的同时呈现出一定分化，中部地区增速最高，东部地区增长最稳，东北地区仍处调整当中，西部地区经济下行压力相对较大，同时，区域板块内部也存在南北差异。分产业部门看，工业是影响区域经济增速差异的主要产业部门，西部地区主要工业产品产量及占全国比重均出现下降。在需求侧，低增长区域面临消费、投资双疲软的制约，部分地区的出口相对较快增长对内需下滑提供一定对冲。从增长质量效益指标看，欠发达地区企业效益总体状况不容乐观，在创新发展方面也与发达地区存在显著差距。未来，要进一步细化深化区域战略，把区域经济稳增长作为近期重点，进一步深化供给侧结构性改革，促进内陆地区对外开放，加快推动欠发达地区区域创新中心建设。

一、2018 年区域经济增长的总体格局

（一）区域经济整体下行，西部地区面临压力相对较大

2018 年，我国国内生产总值（GDP）按照初步核算比上年增长 6.6%，增速比 2017 年下降了 0.2 个百分点。分区域来看，东部、中部、西部、东北地区省级区域 GDP 平均增速分别为 6.5%、7.8%、7.4%、5.1%。分省份来看，全国有 25 个省级区域 GDP 增速相比上年出现下降，有 6 个省级区域 GDP 增速下降幅度超过 1 个百分点，其中有 3 个在西部地区，分别是

重庆、贵州、新疆（见图1）。

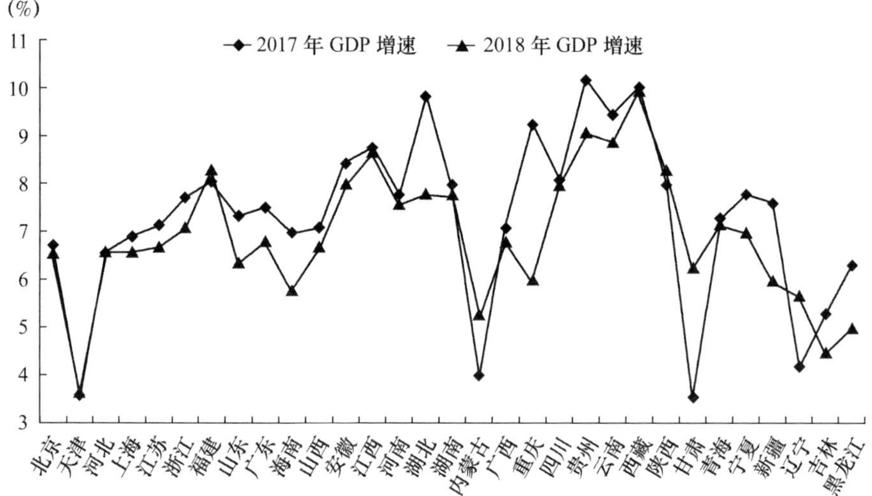

图1　各区域2017年、2018年GDP增速对比

资料来源：国家统计局网站、各省市区统计局网站或2018年政府工作报告。

从区域GDP增速排名的变化来看，2018年东部、中部地区的省级区域排名比上年平均分别上升了0.8位、0.1位，西部地区省级区域排名比上年平均下降了0.3位。整体来看，在2018年经济下行过程中，东部地区经济增长韧性最强，中部地区增长相对稳定，东北地区仍处于转型调整当中，西部地区面临的下行压力较大。

上述情况与近几次我国经济下行中，西部地区经济增速降幅最低、增长最具韧性的情况明显不同。2008年，我国GDP增速下降了4.5个百分点，东部、中部、西部、东北地区省级区域GDP增速平均分别下降3.7个、1.3个、1.3个、0.6个百分点，中低收入地区作为我国经济发展回旋余地的作用体现明显。2011年也是类似（见表1）。但在2018年，西部地区反而成为经济下行的压力区域。这意味着西部地区在上一轮区域协调发展战略和国家在2009～2014年实施大规模投资建设这两大有利条件支撑下形成的增长动力已明显减弱，作为我国经济发展回旋余地的作用需要重新塑造。

表1　　我国三次经济下行期中四大区域板块经济增速变化对比

年　份	指　标	东部地区	中部地区	西部地区	东北地区
2008	GDP 增速（%）	11.1	13.1	13.1	13.7
	比上年变化（百分点）	-3.7	-1.3	-1.3	-0.6
2011	GDP 增速（%）	11.1	12.9	12.9	12.8
	比上年变化（百分点）	-1.9	-1.2	-1.2	-0.8
2018	GDP 增速（%）	6.5	8.0	7.4	4.9
	比上年变化（百分点）	-0.4	-0.2	-0.6	-0.4

资料来源：根据国家统计局、各地统计局网站提供数据计算。

（二）区域板块内部经济增长也存在明显的南北差异

在东部地区，京津冀两市一省、长三角两省一市（苏、浙、沪）、东南沿海地区（闽、粤）省级区域 2018 年 GDP 平均增速分别为 5.6%、6.8%、7.6%。区域内经济增速最高的福建与最低的天津之间经济增速差异达到4.7 个百分点。在中部地区，地处华北的山西 2018 年 GDP 增长 6.7%，中南地区五省（豫、徽、鄂、湘、赣）2018 年 GDP 平均增速达到 8.0%。区域内经济增速最高的江西与最低的山西经济增速差异达到 2 个百分点。在西部地区，西北两省三区（陕、甘、宁、蒙、新）2018 年 GDP 平均增速达到 7.0%，西南三省一区一市（云、贵、川、渝、藏）2018 年 GDP 平均增速达到 8.4%。区域内经济增速最高的贵州与最低的内蒙古之间经济增速差异达到 3.8 个百分点。整体来看，四大板块内部南方地区经济增长强于北方地区。

（三）观察区域经济增长新格局的两条主线

最近两年的区域增长格局已难以通过传统的四大板块视角来进行观察。例如，过去我们认为东部地区经济发展走在前列，但近年来环渤海区域的河北、天津甚至山东的经济增长相比过去减速明显；以往认为中西部地区发展相对落后，但近年来中南、川渝地区的追赶势头十分强劲。区域增长新格局也不能简单地用南北分化来概括，因为即便在南方地区，也存在广西、海南等转型发展压力较大的地区。在东中西划分、南北划分这种“田字格”思维下，区域增长呈现十分复杂的格局，因此需要新的线索来观察区域、思考趋势。

第一条可供讨论的新主线是回归我国地理学传统的“胡焕庸线”。这条线从黑龙江省瑷珲到云南省腾冲，大致为倾斜 45 度线。“胡焕庸线”的东南一侧土地占全国国土面积不到 40%，以平原、水网、丘陵、喀斯特和丹霞地貌为主要地理结构，自古以农耕为经济基础，居住着 90% 以上的人口。“胡焕庸线”西北一侧是以草原、沙漠和雪域高原为主的地带，人口密度较低。如果对传统的“胡焕庸线”稍加修正，顺时针旋转，基本可以将近年来发展分化的区域概括出来。其背后的逻辑是自然地理以及由此带来的人口、社会、文化等变量具有长期重要影响，在前期政策效力减退后，区域格局会复归于长期均衡。

第二条可供讨论的新主线是由长江、珠江两大水系串联起来的经济区域，即长江经济带和泛珠江合作区，这两个区域涵盖了近年来经济增速和质量效益最高的地区。长三角、珠三角是我国经济发展的前沿高地，中南、西南地区经由水系连接与长三角、珠三角地缘相亲、联系紧密，在要素流动、产业承接等方面相比中西部其他地区具有更大的优势，这可能是其近年来实现强劲追赶的地缘因素。

二、从增长结构和经济质量效益看，欠发达地区培育新动能的要求空前迫切

（一）工业是决定区域经济增长差异的主要产业部门

目前已有 28 个省市区公布了 2018 年分产业部门增加值增速，其中，第二产业增加值平均增长 5.9%，增速平均离差为 2.0%，第三产业增加值平均增长 8.0%，增速平均离差为 1.1%，区域层面第二产业增长的波动性要明显超过第三产业。

从分产业的相关性来看，2018 年各区域第一产业增加值增速与 GDP 增速的相关系数为 0.38，第二产业增加值增速与 GDP 增速的相关系数为 0.81，第三产业增加值增速与 GDP 增速的相关系数为 0.56（见图2）。这说明经济下行期区域经济增速差异较大程度取决于第二产业增长的差异，区域经济能否稳得住，主要是看工业能否稳得住。

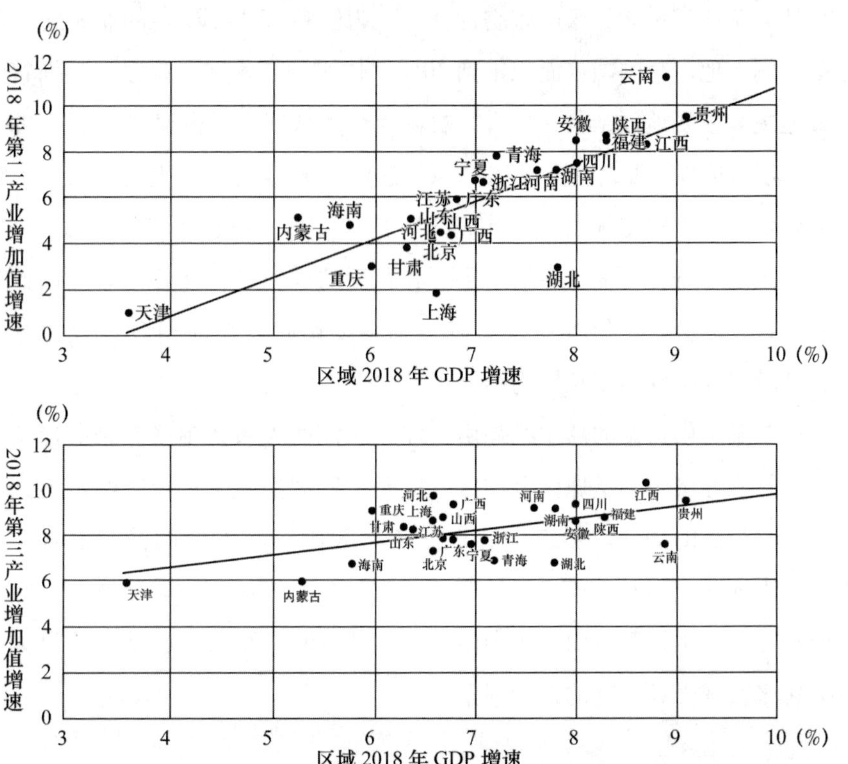

图 2　各区域 2018 年 GDP 增速与第二产业、第三产业增加值增速相关性

资料来源：国家统计局网站、各省市区统计局网站或 2018 年政府工作报告。

从部分典型区域的增长结构对比可以更清楚地看到，发展弱势地区主要弱在工业，而不是服务业。2018 年，西部地区 GDP 增速最低的 4 个区域是内蒙古、重庆、甘肃、广西。这 4 个地区第三产业增加值平均增速达到 8.2%，与东部地区经济增速最快的福建相比并不差；但这 4 个区域第二产业增加值平均仅增长 4.1%，比福建第二产业增加值增速低了 4.4 个百分点（见表2）。

表 2　　2018 年部分省区市分产业部门增加值增速对比　　单位:%

地区	GDP 增速	一产增加值增速	二产增加值增速	三产增加值增速
福建	8.3	3.5	8.5	8.8
内蒙古	5.3	3.2	5.1	6.0
重庆	6.0	4.4	3.0	9.1
甘肃	6.3	5.0	3.8	8.4
广西	6.8	5.6	4.3	9.4

资料来源：相关省区市统计局网站公布数据。

从工业部门内部来看，2018 年发展弱势地区增长相对疲软的主要是下游制造业行业。例如，2018 年西部地区钢材总产量达到 1.35 亿吨，比上年增长 1000 万吨，占全国钢材总产量比重达到 12.2%，比上年提高 0.3 个百分点；但是 2018 年西部地区的汽车总产量下降 135 万辆，微型计算机产量下降 500 万台，彩电产量下降 101 万台，这三类产品占全国总产量比重下降幅度都达到 2 个百分点左右（见表 3）。

表 3　　2018 年西部地区部分工业产品总产量及占全国比重变化

产品种类	西部地区总产量		西部占全国总产量比重（%）	
	2017 年	2018 年	2017 年	2018 年
钢材	1.25 亿吨	1.35 亿吨	11.9	12.2
汽车	680 万辆	545 万辆	22.7	19.5
微型计算机	1.36 亿台	1.31 亿台	44.5	42.5
彩电	1412 万台	1311 万台	8.2	6.4

资料来源：根据国家统计局网站公布数据计算。

（二）在需求侧，低增长区域呈现消费、投资双疲软

从投资来看，2018 年东部、中部、西部、东北地区固定资产投资增速分别达到 5.7%、10%、4.7%、1.0%，相比上年分别变化了 -2.6 个、3.1 个、-3.8 个、-1.8 个百分点，西部地区投资增速下滑幅度最大。分省份来看，2018 年全国有 26 个省级区域固定资产投资增速比上年下降，有 22 个省级区域固定资产投资增速达到 5 年来最低水平，有 4 个省级区域

固定资产投资出现两位数负增长，分别是：内蒙古，投资增速 -28.3%；新疆，投资增速 -25.2%；宁夏，投资增速 -18.2%；海南，投资增速 -12.5%。这其中有 3 个在西部地区（见图 3）。欠发达地区特别是西部地区以往投资更多集中在能源、交通、生态环境领域，制造业投资相对不足，这种不平衡的投资结构在本轮经济下行期面临着更大压力。

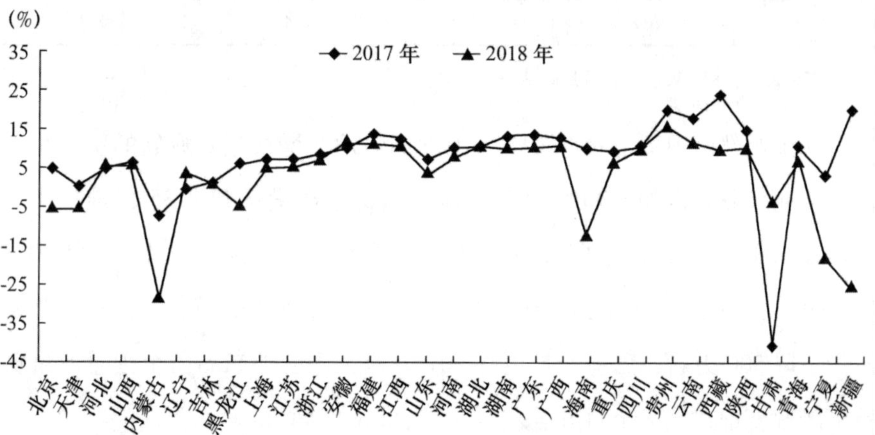

图 3 各区域 2017 年、2018 年固定资产投资增速对比

资料来源：国家统计局网站公布数据。

从消费来看，2018 年东部、中部、西部、东北地区社会消费品零售总额平均增速分别为 7.3%、10.8%、8.8%、5.9%，相比上年分别下降了 1.6 个、0.7 个、1.9 个、0.3 个百分点，消费增速下滑幅度最大的仍是西部地区。分省份来看，2018 年全国有 28 个省级区域社会消费品零售总额增速比上年下降，有 26 个省级区域社会消费品零售总额增速达到 5 年来最低水平，社零总额增速降幅最大的 10 个省级区域中有一半在西部地区（见图 4）。

从出口来看，2018 年东部、中部、西部、东北地区省级区域境内目的地和货源地统计的商品出口总额平均分别增长 11.3%、8.6%、14.5%、-2.2%，西部地区有 4 个省级区域出口增速达到 20% 以上，连续两年成为我国出口增速最快的区域板块（见图 5）。这是 2018 年西部地区在需求侧的主要增长亮点。

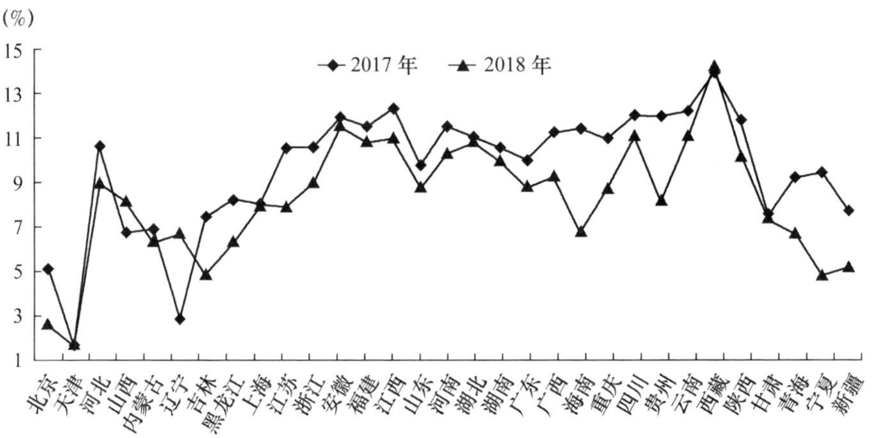

图 4　各区域 2017 年、2018 年社会消费品零售总额增速对比

资料来源：国家统计局网站公布数据。

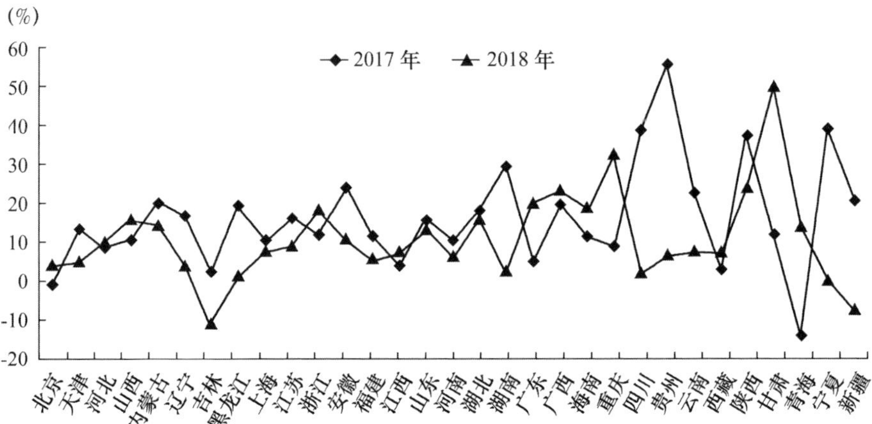

图 5　各区域 2017 年、2018 年商品出口增速对比

资料来源：国家统计局和海关总署公布数据，按境内目的地和货源地口径计算。

（三）欠发达地区企业效益总体状况不容乐观

2018 年是贯彻落实党的十九大精神的开局之年，各地区加快推动区域经济向高质量发展转变。从相关经济效益指标来看，发达地区推动高质量发展的基础相对较好，欠发达地区转向高质量发展的任务较为艰巨。2018 年随着经济下行，各地区企业亏损面都有所扩大，东西向比较，东部、中部、西部地区省级区域规模以上工业企业亏损比例平均分别达到 20.0%、

10.7%、24.3%，西部地区企业亏损问题较为突出。南北比较，华北、东北、西北地区的工业企业亏损比例平均分别为27.7%、28.6%、30.0%，华东、中南、西南地区工业企业亏损比例平均分别为14.0%、12.8%、19.5%，南方地区明显好于北方地区。整体来看，欠发达地区与发达地区的企业效益差别十分明显（见图6）。2017年以来，供给侧结构性改革深入推进，上游工业行业的价格和利润实现了快速增长，而下游制造业在今年面临较大需求压力。即便在这样的条件下，西北、华北地区的工业效益指标依然较弱，这说明制约欠发达地区经济发展质量的结构性矛盾仍然突出。

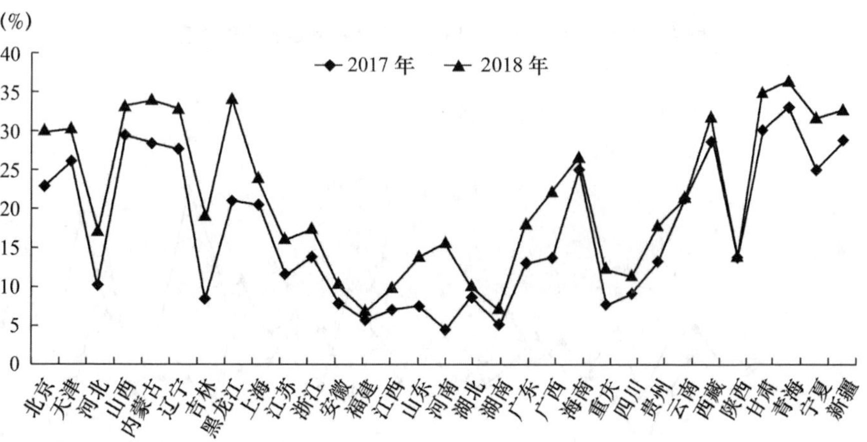

图6 各区域2017年、2018年规模以上工业企业亏损比例对比

资料来源：根据国家统计局公布数据计算。

（四）创新发展方面欠发达地区与发达地区存在基础性差距

党的十九大提出新时代要把创新作为引领发展的第一动力和建设现代化经济体系的战略支撑，但目前在创新发展的基础、资源和能力方面，区域不平衡的现象十分突出。2018年10月公布的《2017年全国科技经费投入统计公报》显示，从科技研发经费投入强度来看，区域创新第一梯队继续由北京、上海、江苏、广东、天津、浙江等东部省市构成，排名靠后的则主要是中西部省份（见图7）。其中，研发经费投入强度最高的北京达到5.64%，最低的西藏仅有0.22%，两者相差25.6倍，区域创新强度差距远远超过两者之间 3.3 倍的人均 GDP 差距。从研发经费投入总额来看，公报显示，2017 年西部 10 省区市合计投入 2064.3 亿元，而同年广东一个省研发经费投入就达到 2343.6 亿元。创新发展方面的巨大区域差距从深层次上决定了未来区域发展格局的变化，必须着力调整区域创新过度不平衡的局面。

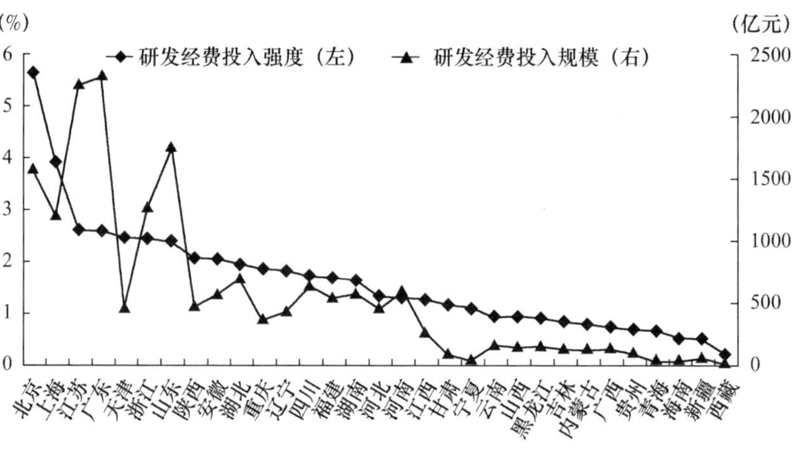

图 7　2017 年区域科技研发经费投入强度与规模

资料来源：国家统计局网站 2018 年 10 月公布《2017 年全国科技经费投入统计公报》，区域按研发经费投入强度自高向低排序。

（五）“未富先老”问题大幅削弱欠发达地区比较优势

按照传统区域发展理论，后发区域实现追赶的主要策略是“雁阵模型”逻辑下的产业梯度转移。在实际上，产业梯度转移需要的支撑要素非常多，如先发地区赖以起步的特惠性政策复制、使内陆与外部连通性增强的便利交通基础设施，等等，但最重要的一条是劳动力成本低的比较优势。然而，部分中西部地区目前的劳动力结构和成本条件使得传统产业梯度转移的空间极大压缩。

从人口结构来看，根据 2017 年全国人口抽样调查数据，全国老年人口抚养比达到 15.86%。分区域来看，人口老龄化程度最高的是重庆、四川，老年人口抚养比分别达到 20.6%、19.83%；西部地区的陕西、贵州、内蒙古、广西、甘肃老年人口抚养比处于 14.3% ~15.2%，接近全国平均水平；西部地区仅有云南、宁夏、青海、新疆、西藏等区域老年人口抚养比在12%以下（见图8）。整体来看，欠发达地区由于年轻劳动力大量流出，“未富先老”的问题十分突出。

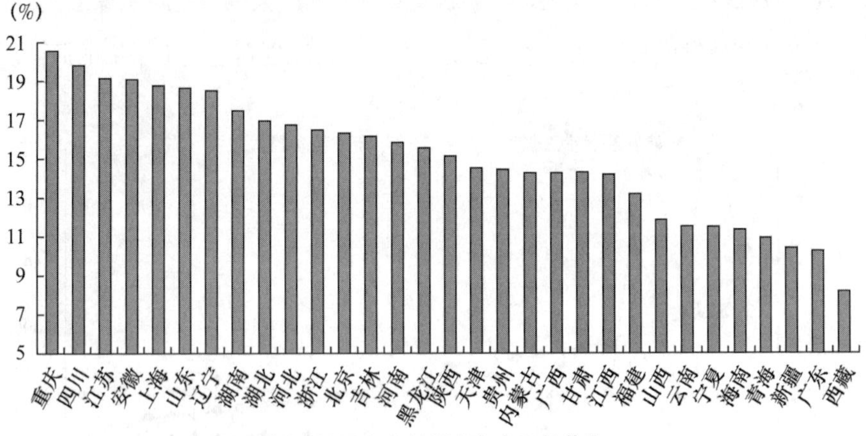

图8 2017年各地区老年人口抚养比

资料来源：国家统计局网站。

从劳动力成本来看，制造业平均工资区域差异在过去10年当中有明显收敛。2018年，西部地区的西藏、新疆、重庆三地制造业城镇就业人员平均工资均超过全国制造业工资平均水平；贵州、内蒙古、四川、陕西四地的制造业平均工资也在内地31个区域中的前15位；劳动力成本还有一定优势的西部区域仅有宁夏、广西、云南三地（见图9）。

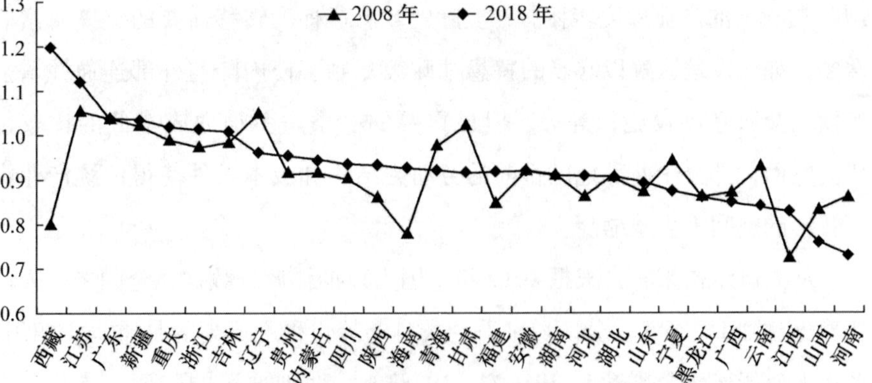

图9 2008年、2018年各地区制造业工资相对全国平均水平的变化

资料来源：国家统计局网站，京、津、沪工资最高，未列入比较。

从上面这些因素看，以西部地区为代表的欠发达地区想要依靠劳动力比较优势承接传统产业实现追赶的增长逻辑面临极大挑战，必须跳出区域发展理论和传统思维的束缚，以新发展理念打造新动能，实现“弯道超车”或“换道超车”。

三、对标全球领先，东部地区仍需进一步增强创新投入和创新引领带动作用

京津冀、长三角、珠三角三大城市群是我国产业发展和技术创新的高地，无论从规模还是内涵来看，对我国经济发展都具有全局性意义。例如，2017 年长三角地区生产总值占全球经济总量的 3.6%，如果视为一个经济体，长三角经济体量仅次于美、中、日、德，可以在全球排第五位，本文以长三角为例分析先发区域近年来重新走向领先的基础与未来发展要求。

（一）区域产业分工深化推动区域整体实现更好发展

在区域一体化程度不断提升的基础上优化区域分工，能够为区域发展提供基础性动力，长三角、珠三角地区在区域一体化和区域分工深化方面走在全国前列。前文区域增长短期形势分析对东部地区已有涉及，这里通过拉长对比的时间视野以更加清晰地观察区域分工长期趋势。

以长三角为例，从增加值结构变化看，经过过去 10 年的发展，上海金融中心功能进一步提升，江苏、安徽工业地位有所增强，浙江信息产业快速增长，长三角整体产业结构更趋均衡。2017 年，上海市工业增加值 8393 亿元，占全国工业增加值比重为 3%，比 2008 年下降了 1.2 个百分点；第三产业增加值达到 2.1 万亿元，占全国服务业比重达到 5%，比 2008 年下降 0.8 个百分点。服务业当中，金融业 2017 年增加值达到 5331 亿元，占地区生产总值比重达 17.4%，比 2008 年提高 7.3 个百分点；占全国金融业增加值比重达 8.2%，比 2008 年提高 0.5 个百分点。江苏省 2017 年地区

生产总值8.6万亿元，占全国GDP比重10.5%，比2008年提高0.8个百分点；其中，工业增加值3.4万亿元，占全国工业增加值12.2%，比2008年提高0.6个百分点。浙江省在全国工业增加值中所占比重下降，服务业内部结构出现明显变化，信息产业比重上升、金融业比重下降。浙江省2017年工业增加值1.9万亿元，占全国工业增加值7.0%，比2008年下降0.8个百分点；服务业当中，信息传输、软件和信息技术服务业增加值2915亿元，占全省地区生产总值5.6%，比2008年提高了3.1个百分点，比2017年全国信息产业比重高2.2个百分点。安徽省2017年地区生产总值2.7万亿元，占全国GDP比重3.3%，比2008年上升0.5个百分点。其中，工业增加值1.1万亿元，占全国工业增加值3.9%，比2008年提高1.3个百分点；服务业增加值1.2万亿元，占全国服务业增加值2.7%，比2008年提高0.4个百分点。长三角地区整体来看，2008~2017年三次产业增加值比重由6.3∶51.5∶42.2变为4.4∶42.5∶53.0，工业增加值占全国工业增加值比重下降0.1个百分点，达到26.2%，服务业增加值占全国比重上升1.1个百分点达到24.3%，在继续保持工业基础地位的同时，服务业发展相对不足的问题明显改观，产业结构更加平衡（见表4）。

表4　全国与长三角一市三省2008年、2017年产业结构变化对比　单位：%

产业	2008年分行业增加值比重					2017年分行业增加值比重				
	全国	上海	江苏	浙江	安徽	全国	上海	江苏	浙江	安徽
第一产业	10.2	0.8	6.8	5.1	16.0	7.6	0.4	4.7	3.7	9.6
第二产业	47.0	43.3	54.8	53.9	47.4	40.5	30.5	45.0	42.9	47.5
第三产业	42.9	56.0	38.4	41.0	36.5	51.9	69.2	50.3	53.3	42.9
交运仓储	5.1	5.1	4.3	3.9	5.0	4.5	4.4	3.6	3.7	3.2
批发零售	8.2	13.7	10.1	8.8	6.9	9.5	14.3	9.4	12.0	7.1
住宿餐饮	2.1	1.7	1.9	1.8	1.6	1.8	1.3	1.6	2.4	1.9
金融业	5.7	10.1	4.2	7.7	3.5	8.0	17.4	7.9	6.8	6.2
房地产业	4.6	6.7	5.2	4.9	4.9	6.6	6.1	5.8	6.2	5.1
其他行业	16.6	18.7	12.6	13.8	14.6	21.1	25.5	21.6	21.9	18.9

资料来源：根据国家统计局网站提供数据计算。

（二）在高技术密集度制造业领域一齐发力，在低技术密集度制造业领域提升产业集中度

根据《2017 年全国科技经费投入统计公报》公布的制造业各行业研发投入强度，可以判别各行业在当前发展阶段的技术密集度。例如，研发投入强度排在前列的制造业行业主要有铁路、船舶、航空航天和其他运输设备制造业，仪器仪表制造业，医药制造业，计算机、通信和其他电子设备制造业，专用设备制造业，电气机械和器材制造业，通用设备制造业，汽车制造业等，正是我国需要大力追赶工业化国家的行业。

采用衡量区域产业集聚程度常用的赫芬达尔指数（HHI），来分行业、在区域两两之间测算 2011 ~ 2017 年长三角制造业集聚程度的变化情况发现，研发投入强度大于 1% 的 13 个制造业行业中，长三角区域集聚度出现整体下降的有仪器仪表制造业，计算机、通信和其他电子设备制造业，通用设备制造业，汽车制造业，化学原料和化学制品制造业，橡胶和塑料制品业 6 个行业，这 6 个行业收入占区域制造业总收入比重为 40. 5%。而研发投入强度小于 1% 的 18 个制造业行业中，区域集聚度出现整体下降的仅有家具制造业，文教、工美、体育和娱乐用品制造业，皮革、毛皮、羽毛及其制品和制鞋业，石油加工、炼焦和核燃料加工业 4 个行业，4 个行业收入占区域制造业总收入比重仅为 5. 2%（见表 5）。

表 5　　2011 ~ 2017 年长三角制造业分行业区域集中度变化

制造业行业	2017 年行业研发投入强度（%）	2011 ~ 2017 年制造业集中度指数变化（上升表示集聚，下降代表分散，完全集中时指数为 100）					
		沪苏	沪浙	苏浙	苏皖	浙皖	沪皖
铁路、船舶、航空航天和其他运输设备制造业	2. 53	0. 0	-1. 2	4. 5	1. 6	-1. 5	2. 9
仪器仪表制造业	2. 11	0. 8	-1. 6	3. 2	-1. 0	-5. 4	-3. 0
医药制造业	1. 97	3. 6	-1. 0	5. 0	-3. 2	-5. 0	0. 5
计算机、通信和其他电子设备制造业	1. 88	2. 2	-7. 7	-6. 7	-12. 7	-9. 7	-21. 5

续表

制造业行业	2017 年行业研发投入强度（%）	2011～2017 年制造业集中度指数变化（上升表示集聚，下降代表分散，完全集中时指数为 100）					
		沪苏	沪浙	苏浙	苏皖	浙皖	沪皖
专用设备制造业	1.78	4.9	0.0	4.8	1.0	-1.3	-0.3
电气机械和器材制造业	1.73	3.8	2.8	1.1	-3.8	-2.3	5.5
通用设备制造业	1.53	3.8	0.7	1.8	-2.9	-4.9	-3.8
汽车制造业	1.38	-0.3	-1.6	-0.4	-1.5	-0.5	-3.0
金属制品、机械和设备修理业	1.35	25.3	9.6	15.3	8.7	0.3	12.0
化学纤维制造业	1.34	0.4	-0.3	0.8	-1.0	-2.7	5.3
其他制造业	1.31	-0.5	-2.3	-0.5	-9.9	-12.2	5.5
化学原料和化学制品制造业	1.11	-0.2	-0.2	0.0	-3.4	-3.9	-1.9
橡胶和塑料制品业	1.01	6.1	-2.3	0.9	-1.3	-7.9	2.9
黑色金属冶炼和压延加工业	0.99	2.0	-0.4	5.7	1.5	0.1	0.1
造纸和纸制品业	0.97	5.2	6.2	-0.1	-4.9	-4.0	0.8
金属制品业	0.95	5.8	3.4	2.0	-5.5	-6.0	3.3
有色金属冶炼和压延加工业	0.85	4.0	3.0	1.2	-3.2	1.2	10.5
印刷和记录媒介复制业	0.69	9.1	4.8	1.7	-2.7	-1.8	5.8
食品制造业	0.67	2.1	0.2	6.0	-0.4	1.3	-3.1
纺织业	0.64	1.7	0.5	1.0	-2.8	-6.4	8.4
家具制造业	0.63	-0.2	3.3	-2.0	-1.3	-9.5	-2.6
文教、工美、体育和娱乐用品制造业	0.63	8.8	2.0	3.0	-4.9	-11.4	-7.7
非金属矿物制品业	0.61	2.7	0.9	2.0	-3.5	1.1	7.6
酒、饮料和精制茶制造业	0.58	2.9	-4.9	7.2	2.1	1.2	0.8
纺织服装、服饰业	0.53	7.1	8.9	-0.2	-11.2	-10.4	11.8
木材加工和木、竹、藤、棕、草制品业	0.47	3.8	5.4	5.1	-1.0	1.8	9.8
农副食品加工业	0.46	2.1	-2.6	5.8	0.6	4.3	1.5
皮革、毛皮、羽毛及其制品和制鞋业	0.46	0.9	-7.0	-4.7	-5.1	-14.8	5.6

续表

制造业行业	2017 年行业研发投入强度（%）	2011～2017 年制造业集中度指数变化（上升表示集聚，下降代表分散，完全集中时指数为 100）					
		沪苏	沪浙	苏浙	苏皖	浙皖	沪皖
废弃资源综合利用业	0.42	-6.2	-4.0	0.4	2.8	1.1	0.4
石油加工、炼焦和核燃料加工业	0.36	3.6	1.3	0.5	-7.5	-9.5	-14.4
烟草制品业	0.22	-1.0	-2.4	-0.4	1.9	1.8	1.6

注：根据国家统计局与长三角一市三省统计局网站提供数据计算，制造业行业按照研发投入强度自高至低排列。

（三）创新投入不足是我国产业追赶的核心制约

企业是发展和创新的微观载体，在过去的发展中，东部地区在重要行业特别是战略新兴产业领域培育出一批发展和创新的引领性企业。根据普华永道公司整理的“2018 年全球创新企业 1000 强”，在信息技术、电子通信、生物医药、汽车、电气器材、机械装备、化工七大行业中，我国头部企业总部全部位于东部地区。其中，有 3 家位于长三角（阿里巴巴、恒瑞医药、上汽集团），2 家位于珠三角（华为、美的），2 家位于包括京津冀在内的环渤海地区（中国中车、万华化学）。

与全球行业领先企业相比，东部地区领先企业在创新投入方面仍有很大差距。例如，在信息技术领域，美国的亚马逊公司、字母表公司（谷歌母公司）2017 年研发支出分别达到 226 亿、162 亿美元，而根据工业和信息化部发布的数据，2017 年我国互联网前 100 强企业研发投入合计 1060 亿元，按年均汇率折算为 157 亿美元；在生物医药行业，美国的强生公司、默克公司 2017 年研发投入分别达到 106 亿、102 亿美元，而我国 2017 年在医药行业研发支出投入最多的恒瑞医药全年研发支出仅有 3 亿美元，2017 年我国医药制造全行业研发支出也只有 79 亿美元；在汽车行业，德国大众公司、日本丰田公司 2017 年研发支出分别为 158 亿、100 亿美元，我国

2017 年研发支出最多的上汽集团研发投入 17 亿美元，我国汽车全行业研发投入 172 亿美元（见表 6）。

表 6　2017 年主要行业中外代表性企业研发投入对比　单位：亿美元

行业	全球第一大研发投入企业		中国第一大研发投入企业		中国全行业研发投入
	企业名称	研发投入	企业名称	研发投入	
信息技术	亚马逊	226	阿里巴巴	36	157
电子通信	三星	153	华为	133	297
生物医药	罗氏制药	108	恒瑞	3	79
汽车	大众	158	上汽	17	172
电气器材	西门子	61	美的	13	184
机械装备	空中客车	34	中国中车	16	64
化工	巴斯夫	23	万华化学	2	135

资料来源：企业研发数据根据普华永道公司网站（www. pwc. com）提供的“2018 年全球创新企业 1000 强”数据整理，中国行业研发投入根据国家统计局公布的《2017 年全国科技经费投入统计公报》提供数据按人民币兑美元年均汇率折算。

创新具有极强的规模效应，企业实力的差距必然影响创新投入能力，从而在根本上限制一国的产业竞争力与经济发展的质量效益。以上对比表明，虽然我国已是全球第二大经济体、第一制造业大国，但是产业整合度不高造成企业实力不强、创新投入不足的问题仍然十分突出，这是我国当前产业发展面临的主要制约。未来要缩小与主要工业化国家的产业差距，必须进一步优化产业格局，壮大市场主体，增强创新资源统筹，加大创新投入力度，这是东部地区未来发展需要重点解决的问题。

四、下一阶段发展的政策思路

（一）进一步细化深化区域战略，在明确区域新时代发展功能定位的基础上加大区域政策精准性和政策支持力度

2012 年之前，我国区域战略以西部开发、东北振兴、中部崛起、东部

率先为主要框架，对促进区域协调发展起到了推动作用。近年来，随着内外部环境条件的变化，我国区域发展格局更趋复杂，东中西部差异继续存在的同时，四大板块内部也出现了明显分化，对于特定区域长期面临的特定制约、特定问题，基于四大板块的区域政策框架难以精准发力，政策一般化、资源分散化往往导致政策效果弱化。针对这种情况，党的十八大以来，中央在完善基于四大板块的区域协调发展战略的同时，针对一些具有全局意义的典型区域提出了一系列更加聚焦、更有针对性的区域战略，这是区域战略部署的重大突破性创新。例如，实施京津冀协同发展战略的重要出发点就是针对性解决北京的“大城市病”问题与河北省发展长期滞后的问题；又如，中央近期提出的建设海南自由贸易港，既是一项探索新时代实现更高质量对外开放的开放发展战略，也是一项着眼促进海南加快追赶的区域战略。未来，要在这一思路下继续细化深化区域战略，特别是针对转型发展长期陷于困局当中而已有区域战略尚未有效覆盖的区域，从其在新时代全局发展中的作用出发进行准确功能定位，采取更加聚焦、更大力度的区域战略进行支持。

（二）把区域经济稳增长、防范出现区域增长失速风险作为未来一段时期区域政策的战略重点，以弱势区域产业体系、社会民生领域补短板作为区域稳增长政策的发力主线

当前，在长期结构性矛盾逐步凸显和内外部需求紧缩的叠加影响下，各地区普遍面临下行压力，部分区域经济增长出现大幅下降。由于区域间日益深化的产业联系，区域经济增速下滑还会带来不利的外溢影响和连锁反应。中央经济工作会议已明确提出保持经济运行在合理区间的要求，各地区必须把稳增长作为当前工作的重要目标。从区域经济数据显示的情况看，稳工业、稳投资是区域稳增长的重点，制造业、社会民生也是欠发达地区的短板领域。因此，地方在落实中央陆续推出的稳增长政策过程中，一定要深入领会、准确把握中央精神，把稳增长与补短板、调结构、惠民生有机统一起来，选准政策发力领域，提高政策效力，坚决避免在传统领域进行低效重复投资。

（三）结合区域资源禀赋条件和产业基础进一步深化供给侧结构性改革，着力提升区域产业集中度和产业竞争力

实施供给侧结构性改革，是党中央为有效调整我国产业结构、提升发展质量效益、化解宏观金融风险所做的重大战略部署。经过几年来的努力，供给侧结构性改革取得了重要阶段性成效，相关行业供求关系发生显著变化，产能利用率和企业效益相比以往明显好转。但从最近的区域效益指标来看，部分区域尤其是资源能源型产业比重较高的区域，产业发展质量效益与高质量发展的要求相比仍有明显差距，结构性矛盾仍然突出，这还是反映出相关区域在推进供给侧结构性改革上存在一定问题。例如，一些地方在实施去产能过程中，为快速取得短期效果采取了“一刀切”的行政摊派手段，导致优胜劣汰机制作用丧失，一定程度上背离了中央政策初衷，也导致区域发展质量和效益难以真正提升。未来，各地区要继续坚持以供给侧结构性改革为主线，在中央提出的“巩固、增强、提升、畅通”方针指导下，以提升区域发展质量效益和产业竞争力为根本目标，综合运用改革和政策手段，加快推动产业兼并重组、优胜劣汰，减少低端无效供给，发展更多优质企业。

（四）把扩大对外开放作为促进内陆地区特别是西部地区发展追赶的有力抓手，进一步推动增强内外部连通性的大通道建设，重塑我国经济地理格局

经济地理区位是区域经济格局的决定性因素，地处内陆，对外交通成本高是内陆地区发展的根本制约。李克强总理在2014年参观国博人居科学研究展期间提出“胡焕庸线怎么破”的问题。要解决区域发展不平衡问题，就是要通过软硬件基础设施建设，从根本上改变内陆地区与外联系、

对外开放的条件。党的十八大以来，在共建“一带一路”、内陆自贸区建设等中央重大部署下，西部地区的交通条件极大改善，与外部区域的互联互通显著增强。受益于此，近年来西部地区对外贸易快速发展，有力地对冲了消费、投资增速下滑的影响。未来，内陆地区要牢牢把握不断扩大区域开放发展的有利形势，积极推进、抓紧落实南向通道建设等与区域开放密切相关的中央决策部署，在对外开放中实现区域赶超。

（五）以区域中心城市为依托，集中统筹资源推动欠发达地区区域创新中心建设，加快培育欠发达地区区域增长新动能

创新是新时代引领区域发展的第一动力。目前，东部沿海地区特别是一线城市在雄厚的经费投入和人才资源支撑下，创新发展大幅领先其他区域，欠发达地区无论研发投入强度还是投入规模都难以与其相比。区域创新发展的高度不平衡对未来区域格局走向有着长期影响，欠发达地区要改变被动追赶局面，必须加快创新能力建设。在各方面条件相对有限的情况下，欠发达地区必须集中统筹创新资源，先在区域中心城市建设具有一定能力的创新中心，再通过区域创新协同在更大区域范围内进行辐射带动。同时，中央要把推动发达地区支援欠发达地区创新能力建设作为构建区域协调发展新机制的重要工作和抓手，针对性制定相关政策来改变“孔雀东南飞”的人才流动势头，提供有效激励机制促进创新资源向欠发达地区平衡集聚。

执笔人：贾　珅